ÉGLISE DU
NAZARÉEN

MANUEL

2017-2021

•

HISTOIRE

CONSTITUTION

GOUVERNEMENT

SACREMENTS
ET
RITUELS

•

f & s

ÉDITIONS FOI ET SAINTETÉ
Lenxa, Kansas (États-Unis)

Ce livre a été initialement publié en anglais sous le titre
Manual 2017-2021, Church of the Nazarene
Copyright © 2017
par Nazarene Publishing House
Kansas City, Missouri 64109 USA
Édition française
Copyright © 2018
Éditions Foi et Sainteté
Lenexa, KS 66220 (ÉTATS-UNIS)
Tous droits réservés
ISBN 978-1-56344-896-6
Publié sous l'autorité de la vingt-neuvième Assemblée générale, tenue à Indianapolis, Indiana, (ÉTATS-UNIS) du 25 au 29 juin 2017.
Membres du comité de rédaction
DEAN G. BLEVINS
STANLEY J. RODES
JOHN E. SEAMAN
TERRY S. SOWDEN
DAVID P. WILSON
Responsable de l'édition française
ROLAND O. DAOUST
Membres du comité de rédaction
GEORGES CAROLE
ROLAND O. DAOUST
BRIAN KETCHUM
MARIE MADELEINE SARR
SANDRA TIBI
Sauf indication contraire, les citations bibliques renvoient à la version Louis Segond, édition de 1910.

CONSTITUTION DE L'ÉGLISE
ET ALLIANCE DE CONDUITE CHRÉTIENNE
(paragraphes 1 à 99)

GOUVERNEMENT LOCAL
(série des 100)

ADMINISTRATION DU DISTRICT
(série des 200)

GOUVERNEMENT GÉNÉRAL
(série des 300)

ENSEIGNEMENT SUPÉRIEUR
(série des 400)

MINISTÈRE ET SERVICE CHRÉTIEN
(série des 500)

ADMINISTRATION JUDICIAIRE
(série des 600)

SACREMENTS ET RITUELS
(série des 700)

JEUNESSE NAZARÉENNE INTERNATIONALE
MISSION NAZARÉENNE INTERNATIONALE
MINISTÈRES DE L'ÉCOLE DU DIMANCHE
ET DE LA FORMATION DE DISCIPLES
INTERNATIONAUX
(810-812)
FORMULAIRES
(813-815)

APPENDICES
(série des 900)

AVANT-PROPOS

L'*Énoncé de Mission* de l'Église du Nazaréen est de faire des disciples à l'image de Christ dans les nations.

Les *Valeurs de Base* de l'Église du Nazaréen sont celles d'un peuple chrétien, de sainteté et missionnaire.

Les sept *Caractéristiques* de l'Église du Nazaréen sont l'Adoration Authentique, la Cohérence Théologique, la Passion pour l'Évangélisation, le Discipulat Intentionnel, le Développement de l'Église, un Esprit Transformationnel et une Compassion Engagée.

« L'objectif principal de l'Église du Nazaréen est de faire progresser le royaume de Dieu par la préservation et la propagation de la sainteté chrétienne comme indiqué dans les Écritures. »

« Les grands objectifs, de l'Église du Nazaréen sont la sainte communion chrétienne, la conversion des pécheurs, l'entière sanctification des croyants, leur édification dans la sainteté, la simplicité et la puissance spirituelle manifeste au début de l'Église du Nouveau Testament, avec la proclamation de l'Évangile à toute créature. » (19)

L'Église du Nazaréen existe pour servir d'instrument à l'avancement du royaume de Dieu par la prédication et l'enseignement de l'Évangile à travers le monde. Notre mandat bien défini est de préserver et de répandre la sainteté chrétienne telle qu'elle est présentée dans les Écritures ; par la conversion des pécheurs, la restauration de ceux qui ont abandonné la foi et l'entière sanctification des croyants.

Notre objectif est spirituel ; à savoir d'évangéliser en réponse au Grand Mandat de notre Seigneur d'aller et de faire de toutes les nations des disciples (Matthieu 28.19-20 ; voir aussi Jean 20.21; Marc 16.15). Nous croyons que cet objectif peut être atteint par des principes et des procédures concertés ainsi que par des préceptes doctrinaux de foi et des normes de moralité et de style de vie éprouvés par le temps.

Cette édition 2017-2021 du Manuel comprend un bref exposé historique de l'Église ; la Constitution de l'église qui définit nos Articles de foi, notre compréhension de l'église, l'Alliance du caractère chrétien pour mener une vie de sainteté, les principes d'organisation et de gouvernement ; l'Alliance de conduite chrétienne qui aborde les enjeux clés de la société contemporaine ; ainsi que les principes de gouvernance de l'église traitant de la structure de l'église au niveau local, du district et général.

L'Assemblée Générale est l'instance suprême chargée de formuler la doctrine et de légiférer dans l'Église du Nazaréen. Le Manuel contient les décisions et les jugements des délégués ministériels et laïques de la vingt neuvième Assemblée Générale qui a eu lieu à Indianapolis en Indiana aux États-Unis du 25 au 29 juin 2017, et fait, donc, autorité en tant que plan d'action.

Parce que c'est la déclaration officielle de la foi et de la pratique de l'Église, et que ce Manuel est fidèle aux enseignements des saintes Écritures, nous tenons à ce que tous nos adhérents acceptent les préceptes doctrinaux, les directives et les aides pour la vie de sainteté qu'il contient. Manquer de le faire, après avoir formellement prononcé les vœux d'adhésion à l'Église du Nazaréen, heurte le témoignage de l'Église, viole sa conscience, et dilapide la solidarité du peuple appelé nazaréen.

L'Église du Nazaréen a un gouvernement qui lui est propre. Son régime est représentatif, ni purement épiscopal ni complètement congrégationaliste. Puisque le laïcat et le pastorat ont une autorité égale en ce qui concerne les aspects délibératifs et législatifs, il y a un équilibre efficace des pouvoirs. Nous le voyons non seulement comme une occasion de participation et de service dans l'Église, mais aussi comme une obligation de la part des laïcs et des pasteurs.

L'engagement et la détermination sont essentiels. Cependant, un peuple intelligent et informé suivant des pratiques et des procédures communément admises, accélère l'avancement du royaume et renforce leur témoignage pour Christ. Il incombe, par conséquent, à nos membres de se familiariser avec ce Manuel, l'histoire de l'Église, les doctrines et les pratiques morales du nazaréen modèle. L'acceptation des principes contenus dans ces pages assurera la loyauté et la fidélité tant à Dieu qu'à l'Église, et augmentera l'efficacité de nos efforts spirituels.

Avec la Bible pour guide suprême, éclairé par le Saint-Esprit, et le Manuel comme constat officiel de notre foi, pratique et régime ; nous anticipons la nouvelle période quadriennale avec une joie et une foi inébranlable en Jésus-Christ.

Le Conseil des Surintendants Généraux

EUGÉNIO R. DUARTE GUSTAVO A. CROCKER
DAVID W. GRAVES   FILIMÃO M. CHAMBO
DAVID A. BUSIC   CARLA D. SUNBERG

PARTIE I

Exposé historique

EXPOSÉ HISTORIQUE

L'Église du Nazaréen, confesse qu'elle est une composante de l'Église «une, sainte, universelle et apostolique» du Christ qui fait sienne l'histoire du peuple de Dieu relatée dans l'Ancien et le Nouveau Testaments et l'histoire du peuple de Dieu à travers les siècles, dans l'Église du Christ sous ses différentes formes. Elle reçoit les crédos œcuméniques des cinq premiers siècles du christianisme comme expressions de sa propre foi. L'Église du Nazaréen, s'identifie à l'église historique en prêchant la Parole, en administrant les sacrements, en maintenant un ministère apostolique par sa foi et ses actes et en inculquant des disciplines de vie et de service à l'image du Christ. Elle répond à l'appel biblique d'une vie sainte et d'une entière dévotion à Dieu que nous proclamons par la théologie de l'entière sanctification.

Notre héritage chrétien est passé par la Réforme anglaise du 16ème siècle et le Réveil wesleyen du 18ième siècle. Grace à la prédication de Jean et Charles Wesley, dans toute l'Angleterre, l'Écosse, l'Irlande et le Pays de Galles les gens se détournèrent du péché et devinrent habilités pour le service chrétien. Ce réveil est caractérisé par la prédication laïque, les témoignages, la discipline, des cercles de disciples fervents appelés «sociétés», «classes» et «bandes». Les repères théologiques du Réveil wesleyen étaient: la justification par la grâce au moyen de la foi, la sanctification ou la perfection chrétienne également par la grâce au moyen de la foi et l'assurance de la grâce par le témoignage de l'Esprit. Les contributions marquantes de John Wesley inclurent l'accent mis sur l'entière sanctification comme provision de Dieu par grâce pour la vie chrétienne. Ces idées centrales furent disséminées dans le monde entier. En Amérique du Nord, l'Église Méthodiste Épiscopale fut organisée en 1784 «pour réformer le Continent et répandre la sainteté biblique sur ces terres».

Une insistance renouvelée sur la sainteté chrétienne se développe au milieu du 19ieme siècle. À Boston, Timothy Merritt suscite l'intérêt en tant que rédacteur du Guide de la Perfection Chrétienne. Dans la ville de New York, Phoebe Palmer anime les rencontres du mardi pour la promotion de la sainteté et devient une oratrice, auteure et rédactrice très recherchée. En 1867, J. A. Wood, John Inskip et d'autres prédicateurs méthodistes sont à l'origine des premiers d'une longue série de camps de sainteté qui renouvellent la quête wesleyenne de la sainteté autour du monde. Les Méthodistes Wesleyens, les Méthodistes Libres, l'Armée du Salut ainsi que certaines Églises Mennonites, des Frères et des Quakers insistent tous sur l'importance de la sainteté chrétienne. Des évangélistes apportent ce mouvement en Allemagne, au Royaume-Uni, en Scandinavie, en Inde et en Australie. De nouvelles églises attachées à la doctrine de la sainteté apparaissent et notamment l'Église de Dieu (à Anderson en Indiana). Des églises indépendantes enseignant la doctrine de la sainteté, des missions urbaines ainsi que des organisations missionnaires sont établies par ces mouvements. L'Église du Nazaréen est née de l'impulsion d'unir plusieurs d'entre elles en une seule église de sainteté.

L'unité dans la sainteté

Fred Hillery a organisé l'Église Évangélique du Peuple (à Providence, Rhode Island) en 1887. L'Église de la Mission (à Lynn, au Massachusetts, EU) suit en 1888. En 1890, ces églises rejoignent huit autres assemblées de la Nouvelle Angleterre pour former l'Association Centrale de Sainteté Évangélique. Anna S. Hanscome, ordonnée en 1892, fut la première femme à être ordonnée ministre dans la lignée nazaréenne. En 1894-1895, William Howard Hoople organise trois congrégations de sainteté à Brooklyn lesquelles formèrent l'Association des Églises Pentecôtistes d'Amérique. Pour eux comme pour les autres fondateurs de l'Église du Nazaréen, le mot «pentecôtiste» était synonyme du mot «sainteté». Les groupes provenant de Hillery et Hoople se fusionnent en 1896 et établissent des œuvres en Inde (en 1899) et au Cap-Vert (en 1901). Le dirigeant missionnaire Hiram Reynolds organise des assemblées au Canada (en 1902). En 1907, ce groupe s'étend de la province de Nouvelle-Écosse jusqu'à l'état d'Iowa.

En 1894, Robert Lee Harris forme l'Église de Christ du Nouveau Testament. Mary Lee Cagle, sa veuve, poursuit son expansion dans l'ouest du Texas en 1895. C. B. Jernigan organise la première Église Indépendante de la Sainteté à Van Alstyne, Texas, EU, en 1901. Ces églises se fusionnent à Rising Star au Texas (1904) pour former l'Église du Christ de la Sainteté. Dès 1908, cette église s'étend de l'état de la Géorgie, EU au Nouveau Mexique, se mettant au service des marginaux et des défavorisés, accueillant les orphelins et les mères célibataires et soutenant des travailleurs en Inde et au Japon.

Phineas F. Bresee et Joseph P. Widney, avec une centaine d'autres personnes, forment l'Église du Nazaréen en 1895 à Los Angeles, EU. Ils affirment que, les chrétiens sanctifiés par la foi, devraient suivre l'exemple du Christ et prêcher l'Évangile aux pauvres. Ils croient que leur temps et leur argent devraient être consacrés à des ministères à semblables à Christ pour le salut des âmes et le soulagement des défavorisés. L'Église du Nazaréen s'étends principalement le long de la côte ouest des États-Unis, avec certaines églises s'établissant plus à l'est jusqu'en Illinois, EU. Ils soutiennent une mission indigène à Calcutta en Inde.

En octobre 1907, l'Association des Églises Pentecôtistes d'Amérique et l'Église du Nazaréen se rassemblent conjointement à Chicago pour adopter un système de gouvernement qui permet l'équilibre entre la surintendance et les droits des assemblées locales. Les surintendants devaient soutenir et prendre soin des églises établies, organiser et encourager les nouvelles églises mais sans interférer avec les activités autonomes des églises pleinement établies. Les délégués de l'Église de la Sainteté du Christ participent. La première assemblée générale adopte un nom tiré des deux organisations : l'Église Pentecôtiste du Nazaréen. Bresee et Reynolds sont élus surintendants généraux.

En septembre 1908, la Conférence de Pennsylvanie de l'Église de la sainteté du Christ dirigée par H. G. Trumbaur, se joint aux Nazaréens Pentecôtistes.

En octobre, la deuxième Assemblée Générale est convoquée à Pilot Point au Texas avec le Conseil Général de l'Église de la Sainteté du Christ. Le mardi 13 octobre au matin, R.B. Mitchum a proposé et C.W. Ruth a appuyé la proposition : « Que l'union des deux églises soit maintenant consommée. » Bresee a déployé des efforts continus vers ce résultat, et à 10h40, au milieu d'un grand enthousiasme, la motion d'unité a été adoptée à l'unanimité en se mettant debout pour voter.

Dirigée par J. O. McClurkan, la Mission Pentecôtiste est formée à Nashville en 1898 rassemblant des fidèles de la doctrine de la sainteté dans le Tennessee et les états adjacents. Ils envoient des pasteurs et des enseignants à Cuba, au Guatemala, au Mexique et en Inde. En 1906, George Sharpe est expulsé de l'Église Congrégationaliste de Parkhead à Glasgow en Écosse pour avoir prêché la doctrine wesleyenne de la sainteté chrétienne. L'Église Pentecôtiste de Parkhead se forme, d'autres congrégation sont établies et l'Église Pentecôtiste d'Écosse est formée en 1909. La Mission Pentecôtiste et l'Église Pentecôtiste d'Écosse s'unissent aux Nazaréens Pentecôtistes en 1915.

La cinquième assemblée générale (en 1919) change le nom officiel de la dénomination pour adopter l'appellation Église du Nazaréen parce que le mot « pentecôtiste » a pris un nouveau sens.

Une élise mondiale

Le caractère essentiel de l'Église du Nazaréen a été façonné par union des églises mères avant 1915. Ce caractère avait une dimension internationale. La dénomination soutenait des églises pleinement organisées aux États-Unis, en Inde, au Cap-Vert, à Cuba, au Canada, au Mexique, au Guatemala, au Japon, en Argentine, au Royaume-Uni, au Swaziland, en Chine et au Pérou. Dès 1930, la dénomination avait atteint l'Afrique du Sud, la Syrie, la Palestine, le Mozambique, la Barbade et Trinidad. Des leaders nationaux jouent un rôle essentiel dans ce développement, notamment les surintendants de district V. G. Santin au Mexique, Hiroshi Kitagawa au Japon et Samuel Bhujbal en Inde. Ce caractère international a été renforcé par de nouvelles adhésions.

En 1922, J. G. Morrison aide de nombreux ouvriers de l'Association des Laïcs de la Sainteté avec plus de 1000 membres dans les Dakotas, EU, au Minnesota, EU, et au Montana, EU, à rejoindre l'église. En Corée, Robert Chung mène un réseau de pasteurs et de congrégations à se joindre à l'Église du Nazaréen dans les années 1930. Sous la direction de A. A. E. Berg, des églises d'Australie s'unissent l'église en 1945. Alfredo del Rosso mène des églises italiennes à s'unir à la dénomination en 1948. L'œuvre de l'Association Missionnaire Hephzibah de la Foi en Afrique du Sud et le siège à Tabor dans l'Iowa se joignent aux Nazaréens autour de 1950.

La Mission Internationale de la Sainteté fondée à Londres par David Thomas en 1907 développe d'importantes œuvres en Afrique du Sud sous la direction de David Jones. En 1952, ses églises en Angleterre dirigées par J. B. Maclagan et ses œuvres africaines s'unissent aux Nazaréens. Maynard James et Jack Ford forment l'Église de la sainteté du calvaire en Grande-Bretagne en 1934 et rejoignent les Nazaréens en 1955. L'Église des ouvriers de l'Évangile, organisée en 1918 par Frank Goff en Ontario au Canada rejoint l'Église du Nazaréen en 1958. Une Église du Nazaréen indigène est formée par des Nigérians dans les années 1940 et sous Jeremiah U. Ekaidem, se joint à la famille mondiale en 1988.

Les Nazaréens ont consciemment développé un modèle d'église qui diffère de la norme protestante. En 1976, un comité d'étude est chargé d'examiner la forme que prendrait la dénomination à l'avenir. Dans son rapport présenté en 1980, il est recommandé l'internationalisation fondée sur deux principes. Premièrement, il a reconnu que les églises et les districts nazaréens de la planète constituaient une «communauté mondiale de croyants dans lesquels il existe une pleine acceptation du contexte culturel de chacune». Deuxièmement, l'existence d'un engagement commun à la «mission distinctive de l'Église du Nazaréen» est identifiée, mission qui consiste à «répandre la sainteté biblique ... [comme] l'élément clé des caractéristiques non négociables de l'identité nazaréenne».

L'Assemblée Générale de 1980 a adopté «l'uniformité théologique mondiale» autour des articles de foi, affirmé l'importance de la formation théologique de tous les ministres et a réclamé un soutien adéquat de toutes les institutions de formation théologique dans chaque région du monde. Elle appelle les

Nazaréens à la maturité en tant que communauté mondiale
de sainteté au sein d'un seul cadre relationnel dans lequel la
mentalité coloniale qui évaluait les peuples et les nations en
termes de «fort et faible, donateur et bénéficiaire» a laissé place
à «une mentalité qui adopte une toute nouvelle manière de voir
le monde : reconnaissant les forces et l'égalité de tous les parte-
naires» (*Journal de la vingtième assemblée générale, Église du
Nazaréen, 1980,* p. 232).

L'Église du Nazaréen a un modèle de croissance unique parmi les protestants. En 1998, la moitié des nazaréens vit hors
des États-Unis et du Canada et 41% des délégués à l'Assemblée Générale de 2001 ne parlent pas l'anglais ou l'ont appris
comme langue seconde. En 2009, un Africain, Eugenio Duarte
originaire du Cap-Vert, est élu Surintendant général de l'église.
En 2013, un centraméricain, Gustavo Crocker du Guatemala,
a été élu Surintendant général. En 2017, un autre Africain,
Filimão Chambo, natif du Mozambique, a également été élu
Surintendant général et, pour la première fois, plus de la moitié des membres du Conseil des surintendants généraux étaient
des individus qui sont nés et ont grandi en dehors de l'Amérique
du Nord.

En 2017, l'église comptait 2,5 millions de membres dans 471
districts et plus de 160 nations du monde. Près de 28% des
Nazaréens étaient des Africains, 29% vivaient en Amérique latine et dans les Caraïbes, et environ un quart aux États-Unis
et au Canada. Les districts européens établis de l'église ont aidé
de nouveaux contacts en Europe de l'Est, et l'église en Asie a
déménagé hors des bases traditionnelles en Corée, au Japon et
en Inde, et en Asie du Sud-Est, entre autres. En 2017, les trois
plus grands districts Nazaréens étaient en Asie et en Afrique,
et les trois plus grandes congrégations de culte se trouvaient en
Amérique du Sud et dans les Caraïbes.

Caractéristiques du Ministère Mondiale

Au fil de leur histoire, les ministères stratégiques nazaréens
se sont centrés sur l'évangélisation, le ministère social et l'éducation. Ceux-ci prospèrent grâce à la coopération mutuelle des
missionnaires interculturels et des milliers de pasteurs et laïcs
qui ont adapté les principes wesleyens dans leurs cultures
respectives.

L'évangélisation. Hiram F. Reynolds prit la décision stratégique d'établir des ministères interculturels nazaréens et de
développer le concept d'évangélisation mondiale à l'échelle de
la dénomination. Dans ses fonctions de surintendant général
qu'il assume pendant un quart de siècle, son soutien constant
contribue à faire de la mission une priorité de la dénomination.
Depuis 1915, la Mission Nazaréenne Internationale (appelée à
son origine Société Missionnaire des Femmes) lève des fonds et

fait la promotion de l'éducation des missions dans les églises du monde entier.

La compassion. Les premiers nazaréens étaient pleins de compassion et rendaient témoignage de la grâce de Dieu en soutenant les efforts de lutte contre la faim en Inde, en fondant des orphelinats, des foyers maternels pour les adolescentes et les mères célibataires et des missions urbaines accueillant les toxicomanes et les sans-abris. Dans les années 1920, les priorités des ministères sociaux de l'église se tournent vers la médecine et des hôpitaux sont construits en Chine et au Swaziland puis en Inde et en Papouasie-Nouvelle-Guinée. Des nazaréens professionnels de la santé soignent des malades, opèrent, forment des infirmiers et parrainent des cliniques mobiles parmi les populations les plus pauvres de la planète. Des cliniques spécialisées sont établies, notamment des cliniques pour lépreux en Afrique. La création des Ministères de Compassion Nazaréens dans les années 1980 permet de développer un éventail plus large de ministères sociaux qui se poursuivent encore aujourd'hui avec, entre autres, le parrainage d'enfants, secours aux sinistrés, l'éducation sur le SIDA, des projets d'eau potable et la distribution de vivres.

L'éducation. Les écoles du dimanche nazaréennes et les études bibliques ont toujours fait partie intégrante de la vie des assemblées et jouent un rôle important dans la formation des disciples à l'image du Christ. L'église investit dans l'enseignement de base et l'alphabétisation depuis les premières années de l'École de l'Espérance pour filles de Calcutta fondée en 1905. Les écoles nazaréennes autour du monde préparent les personnes à participer plus pleinement à la vie sociale, économique et religieuse. La plupart des premières universités nazaréennes aux États-Unis avaient des écoles primaires et secondaires en annexe jusqu'aux années 1950.

Les fondateurs de l'Église du Nazaréen investirent largement dans l'enseignement supérieur estimant qu'elle est indispensable pour la formation des pasteurs et autres travailleurs chrétiens ainsi que pour la formation des laïcs. Le Conseil International De l'Éducation rassemble les établissements d'enseignement supérieur nazaréens dans le monde dont des universités situées en Afrique, au Brésil, au Canada, dans les Caraïbes, en Corée et aux États-Unis ainsi que des instituts bibliques, des écoles d'infirmiers en Inde et en Papouasie-Nouvelle-Guinée et des séminaires dispensant des formations théologiques au niveau maîtrise et doctorat en Australie, au Costa Rica, en Angleterre, aux Philippines et aux États-Unis.

L'Église du Nazaréen a évolué au fil du temps d'une église ayant une présence internationale vers une communauté mondiale de croyants. Établis dans la tradition wesleyenne, les Nazaréens se conçoivent comme un peuple chrétien, de sainteté et missionnaire et épousent l'énoncé de mission suivant : «Faire des disciples à l'image du Christ dans les nations».

Constitution de l'Église

PRÉAMBULE
À LA CONSTITUTION DE L'ÉGLISE

Afin de préserver l'héritage que Dieu nous a donné, la foi transmise aux saints une fois pour toutes, surtout la doctrine et l'expérience de l'entière sanctification comme une seconde œuvre de grâce et aussi afin de coopérer effectivement avec d'autres branches de l'Église de Jésus-Christ pour l'avancement du Royaume de Dieu, nous, ministres et membres laïcs de l'Église du Nazaréen, en conformité avec les principes de la législation constitutionnelle établie parmi nous, ordonnons par les présentes, adoptons et établissons comme loi fondamentale ou Constitution de l'Église du Nazaréen, les articles de foi, Alliance de conduite chrétienne et les Articles d'organisation et de gouvernement mentionnés ci-après, à savoir :

LES ARTICLES DE FOI

NOTE : Les références bibliques soutiennent les articles de foi et ont été placées ici par l'action de l'Assemblée générale de 1976, mais ne doivent pas être considérées comme faisant partie du texte constitutionnel.

I. Le Dieu trinitaire

1. Nous croyons en un Dieu unique existant éternellement, infini, souverain créateur qui soutient l'univers ; lui seul est Dieu, saint dans sa nature, dans ses attributs et dans ses desseins. Ce Dieu qui est amour saint et lumière est trinitaire dans son être essentiel, révélé comme Père, Fils et Saint-Esprit.

(Genèse 1 ; Lévitique 19.2 ; Deutéronome 6.4-5 ; Esaïe 5.16 ; 6.1-7 ; 40.18-31 ; Matthieu 3.16-17 ; 28.19-20 ; Jean 14.6-27 ; 1 Corinthiens 8.6 ; 2 Corinthiens 13.14 ; Galates 4.4-6 ; Éphésiens 2.13-18 ; 1 Jean 1.5 ; 4.8)

II. Jésus-Christ

2. Nous croyons en Jésus-Christ, la deuxième personne de la trinité divine, qui de toute éternité est un avec le Père ; qui s'est fait chair par l'opération du Saint-Esprit et qui est né de la Vierge Marie, de sorte que deux natures entières et parfaites, divine et humaine, sont alors unies dans une seule personne, vraiment Dieu et vraiment homme, le Dieu-homme.

Nous croyons que Jésus-Christ est mort pour nos péchés, qu'il est vraiment ressuscité d'entre les morts, a revêtu son corps et tout ce qui a trait à la perfection de la nature humaine, avec quoi il est monté au ciel d'où il intercède pour nous.

(Matthieu 1.20-25 ; 16.15-16 ; Luc 1.26-35 ; Jean 1.1-18 ; Actes 2.22-36 ; Romains 8.3, 32-34 ; Galates 4.4-5 ; Philippiens 2.5-11 ; Colossiens 1.12-22 ; 1 Timothée 6.14-16 ; Hébreux 1.1-5 ; 7.22-28 ; 9.24-28 ; 1 Jean 1.1-3 ; 4.2-3, 15)

III. Le Saint-Esprit

3. Nous croyons au Saint-Esprit, la troisième personne de la trinité divine, qui est toujours présent dans l'Église de Christ et qui agit efficacement avec elle. Il convainc le monde de péché, régénère ceux qui se repentent et croient, sanctifie les croyants et les mène dans toute la vérité telle qu'elle est en Jésus.

(Jean 7.39; 14.15-18, 26; 16.7-15; Actes 2.33; 15.8-9; Romains 8.127; Galates 3.1-14; 4.6; Éphésiens 3.14-21; 1 Thessaloniciens 4.7-8; 2 Thessaloniciens 2.13; 1 Pierre 1.2; 1 Jean 3.24; 4.13)

IV. Les Saintes Écritures

4. Nous croyons à la pleine inspiration des Saintes Écritures, c'est-à-dire les soixante-six livres de l'Ancien et du Nouveau Testament donnés par inspiration divine, révélant infailliblement la volonté de Dieu à notre égard pour tout ce qui est nécessaire à notre salut, de telle sorte que ce qui n'y est pas contenu ne peut être prescrit comme article de foi.

(Luc 24.44-47; Jean 10.35; 1 Corinthiens 15.3-4; 2 Timothée 3.15-17; 1 Pierre 1.10-12; 2 Pierre 1.20-21)

V. Le péché - originel et personnel

5. Nous croyons que le péché est entré dans le monde par la désobéissance de nos premiers parents[1] et par le péché, la mort. Nous croyons que le péché est de deux sortes : le péché originel ou dépravation et le péché commis ou personnel.

5.1. Nous croyons que le péché originel ou dépravation est cette corruption de la nature de toute la postérité d'Adam, en raison de laquelle toute l'humanité s'est éloignée de l'état de justice originelle ou de pureté de nos premiers parents dès leur création ; que cette corruption est ennemie de Dieu, sans vie spirituelle, encline au mal et cela continuellement. Nous croyons de plus que le péché originel subsiste dans la nouvelle vie de la personne régénérée jusqu'à ce que son cœur soit pleinement purifié par le baptême du Saint-Esprit.

5.2. Nous croyons que le péché originel se différencie du péché commis en ce qu'il constitue une tendance héréditaire à commettre le péché. Aucune personne n'est tenue pour responsable du péché originel, sauf si elle ne tient pas compte du remède divin ou le rejette.

5.3. Nous croyons que le péché commis ou personnel est une violation volontaire d'une loi de Dieu connue par une personne moralement responsable. Il ne doit donc pas être confondu avec les effets involontaires et inévitables tels que les manquements, les infirmités, les défauts, les erreurs, les échecs ou d'autres déviations d'une norme de conduite parfaite qui sont tous des effets résiduels de la Chute. Cependant, ces effets n'incluent pas

---

[1] C'est-à-dire, Adam et Ève.

les attitudes ou réponses contraires à l'esprit de Christ qui sont, à proprement parler, les péchés de l'esprit. Nous croyons que le péché personnel est tout d'abord et essentiellement une violation de la loi de l'amour; et que par rapport à Christ ce péché peut être défini comme de l'incrédulité.

(Péché originel: Genèse 3; 6.5; Job 15.14; Psaume 51.7; Jérémie 17.910; Marc 7.21-23; Romains 1.18-25; 5.12-14; 7.1-8.9; 1 Corinthiens 3.1-4; Galates 5.16-25; 1 Jean 1.7-8.

Péché personnel: Matthieu 22.36-40 (avec 1 Jean 3.4); Jean 8.34-36; 16.8-9; Romains 3.23; 6.15-23; 8.18-24; 14.23; 1 Jean 1.9-2.4; 3.7-10)

VI. L'expiation

6. Nous croyons que Jésus-Christ, par ses souffrances, par l'effusion de son propre sang et par sa mort sur la croix, a pleinement expié tout péché humain, que cette expiation est l'unique moyen de salut et qu'elle est suffisante pour chaque personne de la race adamique. L'expiation est gracieusement offerte pour le salut de la personne qui n'est pas moralement responsable et des enfants innocents, mais elle n'est efficace pour le salut de la personne qui atteint l'âge de la responsabilité que lorsque celle-ci se repent et croit.

(Esaïe 53.5-6, 11; Marc 10.45; Luc 24.46-48; Jean 1.29; 3.14-17; Actes 4.10-12; Romains 3.21-26; 4.17-25; 5.6-21; 1 Corinthiens 6.20; 2 Corinthiens 5.14-21; Galates 1.3-4; 3.13-14; Colossiens 1.19-23; 1 Timothée 2.3-6; Tite 2.11-14; Hébreux 2.9; 9.11-14; 13.12; 1 Pierre 1.18-21; 2.19-25; 1 Jean 2.1-2)

VII. La grâce prévenante

7. Nous croyons que la grâce de Dieu en Jésus-Christ est librement accordée à tout être humain, permettant à tous ceux qui veulent abandonner le péché pour la justice, de croire en Jésus-Christ pour le pardon et la purification des péchés et d'accomplir des œuvres bonnes et agréables à Dieu. Nous croyons aussi que la création de la race humaine à l'image de Dieu impliquait la faculté de choisir entre le bien et le mal et les êtres humains furent ainsi créés comme étant moralement responsables; que par la chute d'Adam, ils sont devenus dépravés de sorte qu'ils ne peuvent se détourner et invoquer Dieu par leurs propres forces naturelles et leurs propres œuvres pour arriver à la foi.

(Ressemblance avec Dieu et responsabilité morale: Genèse 1.26-27; 2.16-17; Deutéronome 28.1-2; 30.19; Josué 24.15; Psaume 8.3-5; Esaïe 1.8-10; Jérémie 31.29-30; Ézéchiel 18.1-4; Michée 6.8; Romains 1.19-20; 2.1-16; 14.7-12; Galates 6.7-8

Incapacité naturelle: Job 14.4; 15.14; Psaume 14.1-4; 51.7; Jean 3.6a; Romains 3.10-12; 5.12-14, 20a; 7.14-25

Libre grâce et œuvres de foi: Ézéchiel 18.25-26; Jean 1.12-13; 3.6b; Actes 5.31; Romains 5.6-8, 18; 6.15-16, 23; 10.6-8; 11.22; 1 Corinthiens 2.9-14; 10.1-12; 2 Corinthiens 5.18-19; Galates 5.6; Éphésiens 2.8-10; Philippiens 2.12-13; Colossiens 1.21-23; 2 Timothée 4.10a; Tite 2.11-14; Hébreux 2.1-3; 3.12-15; 6.4-6; 10.26-31; Jacques 2.18-22; 2 Pierre 1.10-11; 2.20-22)

VIII. La repentance

8. Nous croyons que l'Esprit de Dieu accorde à tous ceux qui choisissent de se repentir l'aide gracieuse d'un cœur pénitent et l'espérance de la miséricorde, afin qu'en croyant ils puissent recevoir le pardon et la vie spirituelle. La repentance est exigée de tous ceux qui, par pensée ou par action, sont devenus pécheurs contre Dieu. Elle est un changement d'esprit sincère et complet quant au péché, impliquant un sentiment de culpabilité personnelle et un abandon volontaire du péché.

Nous croyons que toute personne peut déchoir de la grâce et apostasier et, à moins qu'elle ne se repente de ses péchés, peut être perdue sans espoir et pour l'éternité. Nous croyons que toute personne régénérée est libre de ne pas retourner au péché mais peut vivre une communion ininterrompue avec Dieu par la puissante présence du Saint-Esprit qui rend témoignage à notre esprit que nous sommes enfants de Dieu.

(2 Chroniques 7.14; Psaume 32.5-6; 51.1-19; Esaïe 55.6-7; Jérémie 3.12-14; Ézéchiel 18.30-32; 33.14-16; Marc 1.14-15; Luc 3.1-14; 13.1-5; 18.9-14; Actes 2.38; 3.19; 5.31; 17.30-31; 26.16-18; Romains 2.4; 2 Corinthiens 7.8-11; 1 Thessaloniciens 1.9; 2 Pierre 3.9)

IX. La justification, la régénération et l'adoption

9. Nous croyons que la justification est l'acte juridique et miséricordieux de Dieu, par lequel il accorde plein pardon de toute culpabilité et rémission complète de la peine pour les péchés commis, ainsi que l'acceptation comme justes de tous ceux qui croient en Jésus-Christ et le reçoivent comme Seigneur et Sauveur.

9.1. Nous croyons que la régénération ou nouvelle naissance est cette œuvre miséricordieuse de Dieu par laquelle la nature morale du croyant repentant est stimulée spirituellement, lui accordant ainsi une vie spirituelle authentique, capable de foi, d'amour et d'obéissance.

9.2. Nous croyons que l'adoption est cet acte miséricordieux de Dieu par lequel le croyant justifié et régénéré est établi enfant de Dieu.

9.3. Nous croyons que la justification, la régénération et l'adoption sont simultanées dans l'expérience de ceux qui cherchent Dieu et sont reçues par la foi, précédée par la repentance; et que le Saint-Esprit rend témoignage de cette œuvre et de cet état de grâce.

(Luc 18.14; Jean 1.12-13; 3.3-8; 5.24; Actes 13.39; Romains 1.17; 3.21-26, 28; 4.5-9, 17-25; 5.1, 16-19; 6.4; 7.6; 8.1, 15-17; 1 Corinthiens 1.30; 6.11; 2 Corinthiens 5.17-21; Galates 2.16-21; 3.1-14, 26; 4.4-7; Éphésiens 1.6-7; 2.1, 4-5; Philippiens 3.3-9; Colossiens 2.13; Tite 3.4-7; 1 Pierre 1.23; 1 Jean 1.9; 3.1-2, 9; 4.7; 5.1, 9-13, 18)

X. La sainteté chrétienne et l'entière sanctification

10. Nous croyons que la sanctification est l'œuvre de Dieu qui transforme les croyants à l'image de Christ. Elle s'opère par la grâce de Dieu par l'action du Saint-Esprit: d'abord par la sanctification initiale ou régénération (en même temps que la justification); ensuite par l'entière sanctification; puis par l'œuvre continue de transformation du Saint-Esprit culminant à la glorification. Au moment de la glorification, nous sommes totalement conformes à son image.

Nous croyons que l'entière sanctification est l'acte de Dieu, suivant la régénération, par lequel les croyants sont libérés du péché originel ou dépravation et sont amenés à un état d'entière consécration à Dieu et à la sainte obéissance de l'amour rendu parfait.

Elle est accomplie par le baptême ou effusion du Saint-Esprit et intègre dans une seule expérience la purification du cœur de tout péché ainsi que la présence constante et intime du Saint-Esprit, fortifiant le croyant pour la vie et le service.

L'entière sanctification est rendue possible par le sang de Jésus. Elle est réalisée instantanément par la grâce au moyen de la foi, précédée par l'entière consécration. Le Saint-Esprit rend témoignage de cette œuvre et de cet état de grâce.

Cette expérience est exprimée par différents termes qui illustrent ses diverses phases, tels que: perfection chrétienne, amour parfait, pureté du cœur, baptême ou effusion du Saint-Esprit, plénitude de la bénédiction et sainteté chrétienne.

10.1. Nous croyons qu'il y a une nette distinction entre un cœur pur et un caractère mature. Le premier s'obtient instantanément, résultat de l'entière sanctification; quant au second, il résulte de la croissance dans la grâce.

Nous croyons que le don de l'entière sanctification inclut l'impulsion divine de croître dans la grâce en tant que disciple à l'image de Christ. Cependant, cette impulsion doit être consciencieusement nourrie et il faut donner une attention soigneuse aux conditions requises et aux processus de développement spirituel et d'amélioration du caractère et de la personnalité à l'image de Christ. Cela requiert un effort soutenu sans lequel le témoignage peut être affaibli et la grâce contrariée et finalement perdue.

Les croyants grandissent en grâce et en amour sans réserve pour Dieu et le prochain en participant aux moyens de grâce, en particulier la communion fraternelle, les disciplines spirituelles et les sacrements de l'Église.

(Jérémie 31.31-34; Ézéchiel 36.25-27; Malachie 3.2-3; Matthieu 3.11-12; Luc 3.16-17; Jean 7.37-39; 14.15-23; 17.6-20; Actes 1.5; 2.1-4; 15.8-9; Romains 6.11-13, 19; 8.1-4, 8-14; 12.1-2; 2 Corinthiens 6.14-7.1; Galates 2.20; 5.16-25; Éphésiens 3.14-21; 5.17-18, 25-27; Philippiens 3.10-15; Colossiens 3.1-17; 1 Thessaloniciens 5.23-24; Hébreux 4.9-11; 10.10-17; 12.1-2; 13.2; 1 Jean 1.7, 9

(Perfection chrétienne, amour parfait: Deutéronome 30.6; Matthieu 5.43-48; 22.37-40; Romains 12.9-21; 13.8-10; 1 Corinthiens 13; Philippiens 3.10-15; Hébreux 6.1; 1 Jean 4.17-18

Pureté du cœur: Matthieu 5.8; Actes 15.8-9; 1 Pierre 1.22; 1 Jean 3.3

Baptême ou effusion du Saint-Esprit: Jérémie 31.31-34; Ézéchiel 36.2527; Malachie 3.2-3; Matthieu 3.11-12; Luc 3.16-17; Actes 1.5; 2.14; 15.8-9

Plénitude de la bénédiction: Romains 15.29

Sainteté chrétienne: Matthieu 5.1-7.29; Jean 15.1-11; Romains 12.1-15.3; 2 Corinthiens 7.1; Éphésiens 4.17-5.20; Philippiens 1.9-11; 3.12-15; Colossiens 2.20-3.17; 1 Thessaloniciens 3.13; 4.78; 5.23; 2 Timothée 2.19-22; Hébreux 10.19-25; 12.14; 13.20-21; 1 Pierre 1.15-16; 2 Pierre 1.1-11; 3.18; Jude 20-21)

XI. L'Église

11. Nous croyons en l'Église, la communauté qui confesse Jésus-Christ comme Seigneur, le peuple de l'alliance de Dieu rendu nouveau en Christ et le corps de Christ rassemblé par le Saint-Esprit au moyen de la Parole.

Dieu appelle l'Église à exprimer sa vie dans l'unité et la communion de l'Esprit; dans l'adoration par la prédication de la Parole, l'observance des sacrements et le ministère en son nom; par l'obéissance à Christ, la vie de sainteté et la responsabilité mutuelle.

La mission de l'Église dans le monde est de participer au ministère de rédemption et de réconciliation de Christ dans la puissance de l'Esprit. L'Église accomplit sa mission en faisant des disciples par l'évangélisation, l'éducation, les actes de compassion, l'engagement pour la justice sociale et le témoignage du Royaume de Dieu.

L'Église est une réalité historique qui s'organise selon les divers contextes culturels; elle existe à la fois comme assemblée locale et en tant que corps universel, aussi elle met à part des personnes appelées par Dieu pour des ministères spécifiques. Dieu appelle l'Église à vivre sous son règne dans l'attente de la fin de toutes choses et du retour de notre Seigneur Jésus-Christ.

(Exode 19.3; Jérémie 31.33; Matthieu 8.11; 10.7; 16.13-19, 24; 18.15-20; 28.19-20; Jean 17.14-26; 20.21-23; Actes 1.7-8; 2.32-47; 6.1-2; 13.1; 14.23; Romains 2.28-29; 4.16; 10.9-15; 11.13-32; 12.1-8; 15.1-3; 1 Corinthiens 3.5-9; 7.17; 11.1, 17-33; 12.3, 12-31; 14.26-40; 2 Corinthiens 5.11-6.1; Galates 5.6, 13-14; 6.1-5, 15; Éphésiens 4.1-17; 5.25-27; Philippiens 2.1-16; 1 Thessaloniciens 4.1-12; 1 Timothée 4.13; Hébreux 10.19-25; 1 Pierre 1.1-2, 13; 2.4-12, 21; 4.1-2, 10-11; 1 Jean 4.17; Jude 24; Apocalypse 5.9-10)

XII. Le baptême

12. Nous croyons que le baptême chrétien, ordonné par notre Seigneur, est un sacrement qui signifie que nous acceptons les bienfaits découlant de l'expiation et l'intégration au corps du Christ. Le baptême est un moyen de grâce proclamant la foi en Jésus-Christ comme sauveur. Il doit être administré aux croyants indiquant leur pleine intention d'obéissance dans la sainteté et la justice. En tant que participants à la nouvelle alliance, les jeunes enfants et les personnes qui ne sont pas moralement responsables peuvent être baptisés à la requête des parents ou tuteurs. L'église s'engagera à leur formation chrétienne. Le baptême peut être administré par aspersion, par versement ou par immersion.

(Matthieu 3.1-7; 28.16-20; Actes 2.37-41; 8.35-39; 10.44-48; 16.29-34; 19.1-6; Romains 6.3-4; Galates 3.26-28; Colossiens 2.12; 1 Pierre 3.18 22)

XIII. La sainte cène

13. Nous croyons que la sainte cène, instituée par notre Seigneur et Sauveur Jésus-Christ, est un sacrement proclamant sa vie, ses souffrances, sa mort sacrificatoire, sa résurrection et l'espérance de son retour. La sainte cène est un moyen de grâce où le Christ est présent par l'Esprit. Tous sont invités par la foi en Christ à y participer et à être renouvelés dans la vie, le salut, et l'unité en tant qu'Église. Tous doivent venir avec une appréciation respectueuse de sa signification et, par ceci, annoncent la mort du Seigneur jusqu'à ce qu'il revienne. Ceux qui ont la foi en Christ et l'amour pour les saints sont invités par Christ à y participer aussi souvent que possible.

(Exode 12.1-14; Matthieu 26.26-29; Marc 14.22-25; Luc 22.17-20; Jean 6.28-58; 1 Corinthiens 10.14-21; 11.23-32)

XIV. La guérison divine

14. Nous croyons à la doctrine biblique de la guérison divine et nous encourageons nos membres à offrir la prière de la foi pour la guérison des malades. Nous croyons également que Dieu guérit par le moyen de la médecine.

(2 Rois 5.1-19; Psaume 103.1-5; Matthieu 4.23-24; 9.18-35; Jean 4.46-54; Actes 5.12-16; 9.32-42; 14.8-15; 1 Corinthiens 12.4-11; 2 Corinthiens 12.7-10; Jacques 5.13-16)

XV. La seconde venue de Christ

15. Nous croyons que le Seigneur Jésus-Christ reviendra; que ceux qui seront vivants au moment de sa venue ne précéderont pas ceux qui sont endormis en Jésus-Christ; mais que, si nous demeurons en lui, nous serons enlevés avec les saints ressuscités pour rencontrer le Seigneur dans les airs, ainsi nous serons toujours avec le Seigneur.

(Matthieu 25.31-46; Jean 14.1-3; Actes 1.9-11; Philippiens 3.20-21; 1 Thessaloniciens 4.13-18; Tite 2.11-14; Hébreux 9.26-28; 2 Pierre 3.3-15; Apocalypse 1.7-8; 22.7-20)

XVI. La résurrection, le jugement et la destinée

16. Nous croyons à la résurrection des morts; que les corps des justes et des injustes seront rappelés à la vie et unis à leur esprit. «Ceux qui auront fait le bien ressusciteront pour la vie, mais ceux qui auront fait le mal ressusciteront pour le jugement.»

16.1. Nous croyons au jugement dernier, au cours duquel chaque personne se tiendra devant Dieu pour être jugée selon les actions accomplies dans sa vie.

16.2. Nous croyons que la vie glorieuse et éternelle est assurée à tous ceux qui croient au salut et suivent dans l'obéissance Jésus-Christ notre Seigneur; et que le pécheur qui meurt impénitent souffrira éternellement en enfer.

(Genèse 18.25; 1 Samuel 2.10; Psaume 50.6; Esaïe 26.19; Daniel 12.2-3; Matthieu 25.31-46; Marc 9.43-48; Luc 16.19-31; 20.27-38; Jean 3.16-18; 5.25-29; 11.21-27; Actes 17.30-31; Romains 2.1-16; 14.7-12; 1 Corinthiens 15.12-58; 2 Corinthiens 5.10; 2 Thessaloniciens 1.5-10; Apocalypse 20.11-15; 22.1-15)

L'ÉGLISE

I. L'Église générale

17. L'Église de Dieu est composée de toute personne régénérée spirituellement dont le nom est inscrit dans le ciel.

II. Les églises individuelles

18. Les églises individuelles sont composées de personnes régénérées, qui par grâce providentielle et la direction du Saint-Esprit se sont assemblées pour la sainte communion fraternelle et les ministères.

III. L'Église du Nazaréen

19. L'Église du Nazaréen est composée de personnes qui se sont volontairement réunies selon les doctrines et le régime de cette Église et qui recherchent la sainte communion chrétienne, la conversion des pécheurs, l'entière sanctification des croyants, leur édification dans la sainteté, la simplicité et la puissance spirituelle qui étaient manifestes dans l'église primitive du Nouveau Testament, ainsi que la prédication de l'Évangile à toute créature.

IV. Profession de foi commune

20. Reconnaissant que le droit et le privilège des personnes de devenir membres d'église reposent sur le fait qu'elles sont régénérées, nous requérons uniquement les professions de foi essentielles à l'expérience chrétienne. Par conséquent nous estimons que la croyance dans les brèves déclarations suivantes est suffisante. Nous croyons:

20.1. En un Dieu: le Père, le Fils et le Saint-Esprit.

20.2. Les Écritures de l'Ancien et du Nouveau Testaments, données par inspiration plénière, contiennent toutes les vérités nécessaires à la foi et à la vie chrétienne.

20.3. Tout être humain est né avec une nature déchue et est, par conséquent, enclin au mal et cela continuellement.

20.4. Les impénitents définitifs sont perdus éternellement et sans espoir.

20.5. L'expiation accomplie par Jésus-Christ s'applique à toute la race humaine; et que quiconque se repent et croit en Jésus-Christ est justifié, régénéré et affranchi de la domination du péché.

20.6. Que les croyants devront être entièrement sanctifiés, après leur régénération, par la foi en Jésus-Christ le Seigneur.

20.7. Le Saint-Esprit rend témoignage de la nouvelle naissance ainsi que de l'entière sanctification des croyants.

20.8. Notre Seigneur reviendra, les morts ressusciteront et le jugement final aura lieu.

V. L'ALLIANCE DU CARACTÈRE CHRÉTIEN

21. Être identifié avec l'Église visible est le privilège béni et le devoir sacré de tous ceux qui sont délivrés de leurs péchés et qui recherchent la perfection en Jésus-Christ. Il est demandé à tous ceux qui désirent s'unir à l'Église du Nazaréen et ainsi agir en harmonie avec nous, de montrer l'évidence de la délivrance de leurs péchés par une conduite sainte et une piété active; d'être, ou de s'efforcer d'être, purifiés de tout péché inné. Ils mettront en évidence leur consécration à Dieu:

21.1 PREMIÈREMENT. En faisant ce qui est recommandé dans la parole de Dieu, qui est à la fois notre règle de foi et de pratique, à savoir:

(1) Aimer Dieu de tout son cœur, de toute son âme, de toute sa pensée et de toute sa force et son prochain comme soi-même (Exode 20.3-6; Lévitique 19.17-18; Deutéronome 5.7-10; 6.4-5; Marc 12.28-31; Romains 13.8-10).

(2) Attirer l'attention des perdus sur les exigences de l'Évangile, les inviter à la maison du Seigneur et chercher à obtenir leur salut (Matthieu 28.19-20; Actes 1.8; Romains 1.14-16; 2 Corinthiens 5.18-20).

(3) Être courtois envers tout le monde (Éphésiens 4.32; Tite 3.2; 1 Pierre 2.17; 1 Jean 3.18).

(4) Aider les autres croyants, se supportant les uns les autres dans l'amour (Romains 12.13; Galates 6.2, 10; Colossiens 3.12-14).

(5) Chercher à faire du bien aux corps et aux âmes de tous; nourrir les affamés, vêtir les dévêtus, visiter les malades

et les prisonniers et s'occuper des nécessiteux selon les occasions et les possibilités (Matthieu 25.35-36; 2 Corinthiens 9.8-10; Galates 2.10; Jacques 2.15-16; 1 Jean 3.17-18).

(6) Contribuer au soutien du ministère et de l'Église et de sa mission par les dîmes et les offrandes (Malachie 3.10; Luc 6.38; 1 Corinthiens 9.14; 16.2; 2 Corinthiens 9.6-10; Philippiens 4.15-19).

(7) Obéir fidèlement à toutes les ordonnances de Dieu et aux moyens de grâce, y compris l'adoration publique de Dieu (Hébreux 10.25), le ministère de la Parole (Actes 2.42), le sacrement de la Sainte Cène (1 Corinthiens 11.23-30); sonder les Écritures et les méditer (Actes 17.11; 2 Timothée 2.15; 3.14-16); avoir des dévotions privées et familiales (Deutéronome 6.6-7; Matthieu 6.6).

21.2. DEUXIÈMEMENT. En évitant le mal sous toutes ses formes, y compris:

(1) Prendre le nom de Dieu en vain (Exode 20.7; Lévitique 19.12; Jacques 5.12).

(2) Profaner le jour du Seigneur en participant à des activités profanes qui ne sont pas nécessaires, se complaire ainsi dans des pratiques qui nient sa sainteté (Genèse 19.4-11; Exode 20.8-11; Esaïe 58.13-14; Marc 2.27-28; Actes 20.7; Apocalypse 1.10).

(3) L'immoralité sexuelle, telles que les relations intimes avant ou en dehors du mariage ou les relations homosexuelles; la perversion sous toutes ses formes ou le relâchement et l'inconvenance dans la conduite (Genèse 19.4-11; Exode 20.14; Lévitique 18.22; 20.13; Matthieu 5.27-32; Romains 1.26-27; 1 Corinthiens 6.9-11; Galates 5.19; 1 Thessaloniciens 4.3-7; 1 Timothée 1.10).

(4) Les habitudes et les pratiques reconnues comme étant néfastes à la santé physique et mentale. Les chrétiens doivent considérer leurs corps comme des temples du Saint-Esprit (Proverbes 20.1; 23.1-3; 1 Corinthiens 6.17-20; 2 Corinthiens 7.1; Éphésiens 5.18).

(5) Se quereller, rendre le mal pour le mal, jaser, médire, répandre des soupçons injurieux pour la bonne réputation des autres (2 Corinthiens 12.20; Galates 5.15; Éphésiens 4.30-32; Jacques 3.5-18; 1 Pierre 3.9-10).

(6) Tirer profit malhonnêtement en achetant et en vendant; porter de faux témoignages et accomplir d'autres œuvres des ténèbres similaires (Lévitique 19.10-11; Romains 12.17; 1 Corinthiens 6.7-10).

(7) L'orgueil dans l'habillement ou le comportement. Nos adhérents doivent s'habiller avec la simplicité chrétienne et la modestie qui conviennent à la sainteté (Proverbes

29.23; 1 Timothée 2.810; Jacques 4.6; 1 Pierre 3.3-4; 1 Jean 2.15-17).

(8) La Musique, la littérature et les divertissements qui déshonorent Dieu (1 Corinthiens 10.31; 2 Corinthiens 6.14-17; Jacques 4.4).

21.3. TROISIÈMEMENT. En demeurant dans une communion cordiale avec l'Église; en ne s'opposant pas à ses doctrines et coutumes, mais en y adhérant complètement; et en s'engageant activement dans son témoignage et son œuvre d'évangélisation (Éphésiens 2.18-22; 4.1-3, 11-16; Philippiens 2.1-8; 1 Pierre 2.9-10).

ARTICLES D'ORGANISATION ET DE GOUVERNEMENT

Article I. Forme de gouvernement

22. L'Église du Nazaréen a un gouvernement représentatif.

22.1. Nous sommes d'accord qu'il y a trois entités législatives dans la structure de l'Église du Nazaréen : local, district, général. Les régions agissent en tant qu'entités administratives de la stratégie missionnaire et sa mise en œuvre.

22.2. Nous sommes d'accord sur la nécessité d'une surintendance qui complémentera et assistera l'église locale dans l'accomplissement de sa mission et de ses objectifs. La surintendance renforcera le moral, sera une source de motivation, d'aide en gestion et méthode, organisera et encouragera l'organisation de nouvelles églises et missions en tout lieu.

22.3. Nous reconnaissons que l'autorité donnée aux surintendants ne doit pas gêner la prise de décision indépendante d'une église complètement organisée. Chaque église aura le droit de choisir son propre pasteur, selon les principes établis par l'Assemblée générale. Chaque église élira aussi des délégués aux diverses assemblées, administrera ses propres finances et se chargera de toutes les autres questions concernant sa vie locale et son œuvre.

Article II. Les églises locales

23. La composition de l'église locale consistera de tous ceux qui ont été organisés en église par les personnes autorisées à le faire et qui ont été publiquement reçus par ceux qui sont investis d'une telle autorité, après avoir affirmé leur expérience du salut, leur croyance à nos doctrines et leur acceptation de se soumettre à notre direction. (100-107)

Article III. Les assemblées de district

24. L'Assemblée générale organisera les membres de l'Église en assemblées de district. Les laïcs et les pasteurs seront représentés de la manière que l'Assemblée générale trouvera équitable. Cette dernière déterminera les qualifications de ces représentants, avec la condition que tous les ministres ordonnés affectés en soient membres. L'Assemblée générale définira aussi les pouvoirs et devoirs des assemblées de district. (200-207.6)

Article IV. L'Assemblée générale

25. Composition. L'Assemblée générale sera composée de délégués ministres et laïcs en nombre égal, élus pour cela par les assemblées de district de l'Église du Nazaréen; des membres d'office que l'Assemblée générale indiquera parfois; des délégués qui sont sélectionnés selon les dispositions de l'Assemblée générale.

25.1. Élection des délégués. Au cours d'une assemblée de district dans les seize mois qui précèderont la réunion de l'Assemblée générale ou dans les vingt-quatre mois pour les endroits où les visas ou d'autres préparatifs exceptionnels seront nécessaires, un nombre égal de délégués ministres et laïcs sera élu par vote à la majorité relative pourvu que les délégués ministres soient des ministres ordonnés affectés de l'Église du Nazaréen. Chaque district en phase 3 aura droit à au moins un délégué ministériel et un délégué laïc et à autant de délégués supplémentaires que le nombre de ses membres lui donnera droit selon le critère de représentation fixé par l'Assemblée générale. Chaque assemblée de district élira des délégués suppléants dont le nombre ne dépassera pas le double de ses délégués. Dans les cas où il est difficile d'obtenir un visa, une assemblée de district peut autoriser le conseil consultatif de district à choisir des suppléants additionnels. (205.23, 301-301.1)

25.2. Accréditations. Le secrétaire de chaque assemblée de district fournira des certificats d'élection aux délégués et aux suppléants individuellement élus à l'Assemblée générale et il ou elle enverra aussi ces certificats d'élection au Secrétaire général de l'Église du Nazaréen immédiatement après la clôture de l'assemblée de district.

25.3. Quorum. Le quorum de toute réunion de l'Assemblée générale doit être composé de la majorité des délégués votants qui ont été inscrits sur place par le comité d'accréditations de l'Assemblée générale. Si un quorum a été une fois constitué, un nombre plus restreint peut approuver le procès-verbal qui reste à approuver et ajourner la session.

25.4. Surintendants généraux. L'Assemblée générale élira par scrutin parmi les anciens de l'Église du Nazaréen six surintendants généraux, qui constitueront le Conseil des

surintendants généraux. Tout poste vacant de surintendant général, durant l'intervalle entre deux assemblées générales, sera
pourvu par un vote à la majorité des deux tiers du Conseil général de l'Église du Nazaréen. (305.2, 316)

25.5. Présidents des sessions. Un surintendant général
nommé à cette fonction par le Conseil des surintendants généraux présidera les réunions journalières de l'Assemblée générale. Mais si aucun surintendant général n'a été nommé ou n'est
présent, l'Assemblée générale élira un de ses membres comme
président par intérim des sessions. (300.1)

25.6. Règles de conduite des réunions. L'Assemblée générale adoptera des règles de conduite pour régir son système
d'organisation, sa procédure, les comités et toutes autres questions concernant la conduite ordonnée de ses affaires. Elle
sera l'arbitre pour l'élection et les qualifications de ses propres
membres. (300.2-300.3)

25.7. La Cour d'appel générale. L'Assemblée générale élira, parmi les membres de l'Église du Nazaréen, une Cour d'appel générale et définira sa juridiction et ses pouvoirs. (305.7)

25.8. Pouvoirs et restrictions.

(1) L'Assemblée générale aura le pouvoir de légiférer pour
l'Église du Nazaréen et d'adopter des règles et des ordonnances pour tous les départements en rapport ou associés
avec elle de quelque façon, mais qui ne sont pas en conflit
avec cette constitution. (300, 305-305.8)

(2) Aucune église locale ne sera privée du droit de choisir son
pasteur, sous réserve de l'approbation que l'Assemblée générale instituera judicieusement. (115)

(3) Toutes les églises locales, les responsables, ministres et
laïcs auront toujours droit à un jugement équitable et ordonné ainsi que le droit de faire appel.

AMENDEMENTS

26. Les dispositions de cette Constitution peuvent être abrogées ou amendées par un vote favorable des deux tiers de tous
les membres présents et votants de l'Assemblée générale et par
un vote favorable d'au moins les deux tiers de toutes les assemblées de district en phase 3 et en phase 2 de l'Église du
Nazaréen. Un vote des deux tiers est requis sur chaque point
de la modification constitutionnelle par toutes les assemblées
de district en phase 3 ou en phase 2. L'Assemblée générale ou
n'importe quelle assemblée de district en phase 3 ou en phase 2
peut prendre l'initiative de proposer de tels amendements. Dès
que ces amendements auront été adoptés, comme il est ici prévu, le résultat du vote sera annoncé par le Conseil des surintendants généraux, après quoi de tels amendements auront pleine
force et plein effet.

27. Les résolutions modifiant les articles de foi (paragraphes 1- 16.2) seront adressées par l'Assemblée générale au Conseil des surintendants généraux pour évaluation par un comité d'étude, y compris des théologiens et des ministres ordonnés, nommé par le Conseil des surintendants généraux qui reflètent la nature mondiale de notre Église. Le comité fera rapport avec des recommandations ou des résolutions au Conseil des surintendants généraux qui fera rapport à l'Assemblée générale suivante.

A. La vie chrétienne

28. L'Église proclame joyeusement la Bonne Nouvelle, à savoir que nous pouvons être délivrés de tout péché pour une vie nouvelle en Christ. Par la grâce de Dieu nous, chrétiens, devons «nous dépouiller du vieil homme», c'est-à-dire les anciens modes de conduite et de pensée charnelle et devons «nous revêtir de l'homme nouveau», c'est-à-dire acquérir une manière nouvelle et sainte de vivre ainsi que la pensée de Christ.

(Éphésiens 4.17-24)

28.1. L'Église du Nazaréen se propose de présenter à la société contemporaine des principes bibliques éternels, de telle sorte que les doctrines et les alliances de l'église puissent être comprises et connues dans de nombreux pays et dans une variété de cultures. Nous affirmons que les dix commandements, tels qu'ils sont réaffirmés dans le Nouveau Testament, constituent l'éthique chrétienne de base et qu'ils doivent être scrupuleusement observés.

28.2. En outre, nous reconnaissons la validité du concept de conscience chrétienne collective, éclairée et guidée par le Saint-Esprit. L'Église du Nazaréen, en tant qu'expression internationale du corps de Christ, reconnait sa responsabilité à chercher des moyens de concrétiser la vie chrétienne, afin qu'elle conduise à une éthique de sainteté. Les normes éthiques historiques de l'église sont en partie exprimées dans les articles mentionnés à partir du paragraphe 34. Elles doivent être soigneusement et consciencieusement observées comme guides et aides pour une vie de sainteté. Ceux qui violent la conscience de l'église le font à leur propre péril et au détriment du témoignage de l'église. Les adaptations culturelles seront soumises à l'approbation du Conseil des surintendants généraux.

28.3. L'Église du Nazaréen croit que ce style de vie, nouveau et saint, implique des comportements à éviter et des gestes d'amour rédempteurs à accomplir pour l'âme, l'esprit et le corps de notre prochain. Un domaine rédempteur de l'amour concerne la relation spéciale qu'avait Jésus avec les pauvres de ce monde, tel qu'il l'avait commandé à ses disciples. Ainsi, son Église devrait d'abord rester dans la simplicité et éviter toute recherche de richesse et de luxe. Ensuite, elle doit se consacrer à prendre soin, nourrir, vêtir et loger les pauvres et les exclus. Dieu, tout au long de la Bible et dans la vie et l'exemple de Jésus, s'identifie et soutient le pauvre, l'opprimé et la personne qui n'a pas de voix dans la société. Nous sommes également appelés à nous identifier et à être solidaire avec les pauvres. Nous affirmons que le ministère de la compassion envers les pauvres inclut aussi bien des actes de charité qu'une lutte visant à leur obtenir l'opportunité, l'égalité et la justice. Nous sommes également convaincus que la responsabilité du chrétien envers les pauvres est un aspect essentiel de la vie de tout croyant qui cherche une foi agissant par l'amour. Nous affirmons que la sainteté chrétienne est inséparable du ministère envers les pauvres en ce qu'elle incite le chrétien à aller au-delà de la recherche de sa propre perfection et vers la création d'une société et d'un monde plus justes et équitables. La sainteté nous motive à consacrer nos moyens pour soulager les personnes dans le besoin et ajuster nos désirs en conséquence, plutôt que de s'éloigner des situations économiques désespérées de personnes dans le monde.

(Exode 23.11; Deutéronome 15.7; Psaumes 41.2; 82.3; Proverbes 19.17; 21.13; 22.9; Jérémie 22.16; Matthieu 19.21; Luc 12.33; Actes 20.35; 2 Corinthiens 9.6; Galates 2.10)

28.4. En mentionnant les pratiques à éviter, nous reconnaissons qu'aucune liste, aussi exhaustive soit-elle, ne pourrait contenir toutes les formes de mal présentes dans le monde. Par conséquent il est essentiel que nos fidèles recherchent ardemment le secours de l'Esprit, en cultivant un discernement par rapport au mal, qui transcende la lettre de la loi, en se rappelant la recommandation biblique : «Examinez toutes choses; retenez ce qui est bon; abstenez-vous de toute espèce de mal.»

(1 Thessaloniciens 5.21-22)

28.5. Nous attendons de nos responsables et pasteurs qu'ils insistent, dans nos publications périodiques et dans les prédications, sur les vérités bibliques fondamentales propres à développer la capacité de discernement entre le bien et le mal.

28.6. L'éducation est de la plus haute importance pour le bien-être social et spirituel de la société. Les écoles publiques ont reçu le mandat d'instruire toute personne. Cependant, dans certaines régions du monde, leur champ d'action est limité et les décisions des cours de justice les empêchent d'enseigner les principes essentiels du christianisme. Les organisations et les institutions nazaréennes d'éducation telles que l'école du dimanche, les garderies et les écoles (jusqu'au secondaire), les centres pour adultes, les universités et les séminaires doivent enseigner aux enfants, aux jeunes et aux adultes les principes bibliques et les normes d'éthique de telle façon que notre doctrine soit connue. Cette instruction pourrait remplacer celle des écoles publiques ou la compléter, car elles enseignent souvent l'humanisme au détriment des principes de la vie de sainteté. En outre, l'éducation publique doit être complétée par l'enseignement de la sainteté dans les foyers. Il faut de plus encourager les chrétiens à travailler en relation avec les institutions publiques pour qu'ils puissent rendre témoignage auprès de ces institutions et avoir sur elles une influence positive pour le royaume de Dieu.

(Matthieu 5.13-14)

29. Nous affirmons que les pratiques spécifiques suivantes doivent être évitées :

29.1. Les divertissements qui nuisent à l'éthique chrétienne. Nos fidèles, aussi bien en tant qu'individus chrétiens qu'en tant que familles chrétiennes, doivent fonder leur comportement sur trois principes. Le premier est l'intendance chrétienne du temps de loisirs. Le deuxième est la reconnaissance de l'obligation chrétienne de mettre en pratique les normes morales les plus élevées de vie chrétienne. Étant donné que nous vivons à une époque de grande confusion morale dans laquelle les maux du siècle pénètrent jusque dans l'enceinte sacrée de nos foyers, par divers moyens tels que la littérature contemporaine, la radio, la télévision, les ordinateurs et l'internet, il est essentiel que les précautions les plus strictes soient prises afin de garder nos foyers de la sécularisation et de la mondanité. Cependant, nous croyons que les divertissements qui mettent en valeur et encouragent une vie de sainteté, qui affirment les valeurs bibliques et qui appuient le caractère sacré du vœu de mariage et l'exclusivité de l'alliance du mariage, devraient être promus et encouragés. En particulier, nous encourageons nos jeunes à exercer leurs talents dans les médias et les arts pour avoir un impact positif dans ce domaine influent de la culture. Le troisième principe est l'obligation de s'opposer publiquement à tout ce qui banalise ou blasphème Dieu et à tous les maux sociaux comme la violence, la sensualité, la pornographie, l'obscénité et l'occultisme, tels qu'ils sont dépeints dans le domaine de l'industrie du spectacle sous ses nombreuses formes, ainsi que de travailler ensemble afin de mettre fin aux entreprises qui pourvoient à ce genre de divertissement. Cela implique d'éviter tout divertissement et production des médias qui promeuvent, encourage ou reflète la violence, la sensualité, la pornographie, l'obscène ou l'occulte, ou qui présente ou valorise le sécularisme, la sensualité, le matérialisme et mine la norme divine de la sainteté du cœur et de la vie.

Ceci rend nécessaire l'enseignement et la prédication de ces normes morales de la vie chrétienne et que l'on enseigne à nos fidèles à exercer un discernement basé sur la prière pour choisir continuellement la «voie élevée» de la vie sainte. Nous faisons donc appel à nos responsables et nos pasteurs pour qu'ils enseignent avec insistance, dans nos publications comme dans les prédications, les vérités fondamentales qui aident au développement du principe de discernement entre le bien et le mal dans ces médias.

Nous suggérons que la norme donnée à John Wesley par sa mère, c'est-à-dire, «tout ce qui affaiblit ta raison, nuit à la délicatesse de ta conscience, obscurcit ta sensibilité à Dieu ou enlève le goût des choses spirituelles, tout ce qui favorise l'autorité du corps sur l'esprit, cela est péché pour toi,» forme la base de cet enseignement de discernement. (29.2-29.4 ; 903.-903.16)

(Romains 14.7-13 ; 1 Corinthiens 10.31-33 ; Éphésiens 5.1-18 ; Philippiens 4.8-9 ; 1 Pierre 1.13-17 ; 2 Pierre 1.3-11)

29.2. Les loteries et autres formes de jeu de hasard, qu'elles soient légales ou illégales. L'Église affirme que le résultat de ces pratiques est nuisible à l'individu et à la société.

(Matthieu 6.24-34 ; 2 Thessaloniciens 3.6-13 ; 1 Timothée 6.6-11 ; Hébreux 13.5-6 ; 1 Jean 2.15-17)

29.3. L'adhésion aux sociétés ou aux confréries secrètes, tels que la franc-maçonnerie, entre autres. La nature quasi-religieuse de telles organisations affaiblit l'engagement chrétien et leur caractère secret est en contradiction avec le caractère ouvert et public du témoignage chrétien. Cette question sera considérée à la lumière du paragraphe 112.1 traitant de la qualité de membre dans l'église.

(1 Corinthiens 1.26-31 ; 2 Corinthiens 6.14-7.1 ; Éphésiens 5.11-16 ; Jacques 4.4 ; 1 Jean 2.15-17)

29.4. Les formes de danses qui détournent de la croissance spirituelle et qui éliminent les inhibitions morales et le sens de la retenue.

(Matthieu 22.36-39 ; Romains 12.1-2 ; 1 Corinthiens 10.31-33 ; Philippiens 1.9-11 ; Colossiens 3.1-17)

29.5. Consommer ou faire le commerce de boissons alcoolisées ; exercer une influence ou voter pour qu'on accorde une autorisation de vente de tels produits ; user ou trafiquer des stupéfiants ; consommer ou vendre du tabac sous une forme quelconque. En tant que communauté de foi consacrée à la poursuite d'une vie de sainteté, à la lumière des Saintes Écritures, de l'expérience humaine concernant les conséquences désastreuses de l'usage de l'alcool comme boisson et en raison des conclusions scientifiques concernant l'effet néfaste de l'alcool et du tabac sur le corps et l'esprit, notre position et pratique est l'abstinence plutôt que la modération. Les Sainte Écritures enseignent que notre corps est le temple du Saint-Esprit. Par un égard aimant pour nous-mêmes et pour autrui, nous appelons nos fidèles à l'abstinence complète de l'usage de toute substance intoxicante.

En outre, notre responsabilité sociale en tant que chrétiens nous appelle à utiliser tous les moyens légitimes et légaux pour réduire la disponibilité des boissons alcoolisées ainsi que du tabac. L'influence de l'abus d'alcool dans le monde entier exige que nous prenions une position qui serve de témoignage aux autres. (903.12-903.14)

(Proverbes 20.1 ; 23.29-24.2 ; Osée 4.10-11 ; Habacuc 2.5 ; Romains 13.8 ; 14.15-21 ; 15.1-2 ; 1 Corinthiens 3.16-17 ; 6.9-12, 19-20 ; 10.3133 ; Galates 5.13-14, 21 ; Éphésiens 5.18).

(Seul le vin non fermenté devrait être utilisé pour le sacrement de la Sainte Cène). (514.4, 532.7, 533.2, 534.1, 700)

29.6. L'usage de stimulants, tranquillisants, d'hallucinogènes et d'autres substances intoxicantes en dehors des soins et des conseils médicaux appropriés. À la lumière des preuves médicales mettant en évidence les dangers de telles substances, ainsi que des recommandations bibliques, de rester en contrôle responsable de l'esprit et du corps, nous choisissons de nous abstenir de consommer des substances intoxicantes, des stimulants, des tranquillisants et des hallucinogènes en dehors des soins et conseils médicaux appropriés, indépendamment de la légalité et de la disponibilité de ces substances.

(Matthieu 22.37-39 ; 27.34 ; Romains 12.1-2 ; 1 Corinthiens 6.19-20 ; 9.24-27)

B. Caractère sacré de la vie humaine

30. L'Église du Nazaréen croit au caractère sacré de la vie humaine et s'efforce de la protéger contre l'avortement, la recherche sur les cellules souches, l'euthanasie et le refus d'administrer des soins médicaux raisonnables aux personnes handicapées ou âgées.

30.1. Interruption volontaire de grossesse. L'Église du Nazaréen affirme le caractère sacré de la vie humaine établie par Dieu le Créateur et croit que ce caractère sacré s'étend à l'enfant à naitre. La vie est un don de Dieu. Toute vie humaine, y compris celle se développant dans l'utérus, est créée par Dieu et à son image et doit par conséquent être nourrie, soutenue et protégée. Dès le moment de sa conception, l'enfant est un être humain avec toutes les caractéristiques en devenir de la vie humaine et cette vie dépend de la mère pour sa croissance. Par conséquent, nous croyons que la vie humaine doit être respectée et protégée dès le moment de la conception. Nous sommes opposés à toute forme d'interruption volontaire de grossesse que ce soit par convenance personnelle ou pour la planification familiale. Nous sommes opposés aux lois qui permettent l'avortement. Reconnaissant qu'il existe de rares mais réelles situations médicales où la mère ou l'enfant ne pourraient pas survivre à la grossesse, une interruption de grossesse ne devrait être réalisée qu'après un conseil médical compétent et un accompagnement chrétien.

Une opposition responsable à l'avortement requiert de notre part un engagement à initier et soutenir des programmes destinés à prendre soin des mères et des enfants. La crise provoquée par une grossesse non désirée demande que la communauté des croyants (il ne s'agit ici que de ceux ayant des raisons d'être informés de la crise) offre un environnement d'amour, de prière et d'accompagnement. Dans de tels cas, le soutien peut prendre la forme de centres d'accompagnement, de maisons pour futures mères et la création ou le recours à des services chrétiens d'adoption.

L'Église du Nazaréen reconnaît que considérer l'avortement comme un moyen d'interruption de grossesse non désirée résulte souvent de la négligence des normes chrétiennes pour une sexualité responsable. Par conséquent, l'église demande de pratiquer l'éthique du Nouveau Testament par rapport à la sexualité humaine et de se confronter au problème de l'avortement en l'intégrant dans le cadre plus large des principes bibliques qui guident les décisions morales.

(Genèse 2.7, 9.6; Exode 20.13; 21.12-16, 22-25; Lévitique 18.21; Job 31.15; Psaumes 22.9; 139.3-16; Esaïe 44.2, 24; 49.5; Jérémie 1.5; Luc 1.15, 23-25; 36-45; Actes 17.25; Romains 12.1-2; 1 Corinthiens 6.16; 7.1; 1 Thessaloniciens 4.3-6)

L'Église du Nazaréen reconnaît également que beaucoup ont été affectés par la tragédie de l'avortement. Chaque assemblée locale et chaque croyant est exhorté à offrir le message du pardon de Dieu à toute personne ayant été touchée par un avortement. Nos assemblées locales sont appelées à être des communautés de rédemption et d'espoir pour tous ceux qui souffrent physiquement, émotionnellement et spirituellement à cause d'une interruption volontaire de grossesse.

(Romains 3.22-24, Galates 6.1)

30.2. Manipulation génétique et thérapie génétique. L'Église du Nazaréen est en faveur de la pratique de la manipulation génétique en vue de la thérapie génétique. Nous reconnaissons que la thérapie génétique peut mener à la prévention et au traitement de maladies et désordres anatomiques et mentaux. Nous sommes opposés à toute manipulation génétique qui promeut l'injustice sociale, néglige la dignité des personnes, ou tente de développer une supériorité raciale, intellectuelle ou sociale par rapport aux autres (eugénisme). Nous sommes opposés à toute tentative d'étude d'ADN dont les résultats encourageraient ou soutiendraient l'avortement humain en tant qu'alternative à une grossesse portée à son terme. Dans tous les cas l'humilité, le respect pour l'inviolable dignité de la vie humaine, l'égalité humaine devant Dieu et un engagement en faveur de la miséricorde et de la justice devraient motiver la manipulation génétique et la thérapie génétique.

30.3. La recherche sur les cellules souches humaines et les autres efforts médicaux ou scientifiques qui détruisent la vie humaine après la conception. L'Église du Nazaréen encourage fortement la communauté scientifique à poursuivre ardemment toute recherche sur la technologie des cellules souches dont les sources seraient les tissus humains adultes, le placenta, le sang du cordon ombilical, les animaux et autres sources embryonnaires d'origine non humaine. Ceci a pour juste fin d'essayer d'apporter la guérison au plus grand nombre et cela sans violer le caractère sacré de la vie humaine. Notre position au sujet des recherches sur les cellules souches humaines embryonnaires découle de notre affirmation que l'embryon humain est une personne créée à l'image de Dieu. Par conséquent, nous nous opposons à l'utilisation de cellules souches produites à partir d'embryons humains pour la recherche, les interventions thérapeutiques et pour tout autre but.

Alors que de futures avancées scientifiques rendent disponibles de nouvelles technologies, nous soutenons fortement cette recherche lorsqu'elle ne viole pas le caractère sacré de la vie humaine ou d'autres lois morales ou bibliques. Cependant, nous nous opposons à la destruction d'embryons humains pour tout objectif et tout type de recherches qui ôte la vie d'un être humain après sa conception. En accord avec cette perspective, nous nous opposons à l'usage, quel qu'en soit le but, de tissus provenant de fœtus humains issus d'un avortement.

30.4. Clonage humain. Nous sommes opposés au clonage humain. L'humanité est précieuse aux yeux de Dieu, qui nous a créés à son image et le clonage d'un être humain traite ce dernier comme un objet, reniant ainsi la dignité de l'individu et la valeur que notre Créateur nous a donnée.

(Genèse 1.27)

30.5. Euthanasie (incluant l'assistance médicale au suicide). Nous croyons que l'euthanasie (mettre fin à la vie d'une personne malade en phase terminale, ou qui a une maladie débilitante ou incurable n'étant pas immédiatement mortelle, dans le but de mettre un terme à la souffrance) est incompatible avec la foi chrétienne. Ceci s'applique au cas où l'euthanasie est demandée ou acceptée par la personne malade en phase terminale (euthanasie volontaire) et également lorsque la personne malade en phase terminale n'a pas les capacités mentales pour donner son consentement (euthanasie involontaire). Nous croyons que le rejet historique de l'euthanasie par l'église chrétienne est confirmé par des convictions chrétiennes issues de la Bible qui sont essentielles à la confession de foi faite par l'église que Jésus est Seigneur. L'euthanasie viole la confiance chrétienne en Dieu comme souverain Seigneur de la vie en réclamant une souveraineté pour soi-même. L'euthanasie s'oppose à notre rôle d'intendants devant Dieu ; elle contribue à l'érosion de la valeur que la Bible accorde à la vie humaine et à la communauté. L'euthanasie accorde beaucoup trop d'importance à l'interruption de la souffrance et elle reflète une arrogance humaine devant un Dieu miséricordieux et souverain. Nous exhortons nos fidèles à s'opposer à tout effort de légalisation de l'euthanasie.

30.6. Le droit de mourir. Lorsque la mort humaine est imminente, nous croyons qu'interrompre ou ne pas démarrer des systèmes de soutien artificiel de la vie est permis dans les limites de la foi et de la pratique chrétienne. Cette position s'applique aux personnes qui sont dans un état végétatif permanent et à celles pour qui l'utilisation de moyens extraordinaires pour prolonger leur vie ne donne aucun espoir raisonnable d'un recouvrement de la santé. Nous croyons que lorsque la mort est imminente, rien dans la foi chrétienne ne requiert qu'elle ne soit artificiellement retardée. En tant que chrétiens, nous avons confiance en la fidélité de Dieu et avons l'espérance de la vie éternelle. Cela rend possible pour les chrétiens d'accepter la mort comme une expression de leur foi en Christ, Lui qui a vaincu la mort pour nous et lui a dérobé sa victoire.

C. Le mariage et la sexualité humaine

31. L'Église du Nazaréen considère la sexualité humaine comme une expression de la sainteté et de la beauté que Dieu le Créateur a voulue pour sa création. Étant donné que tous les êtres humains sont des êtres créés à l'image de Dieu, ils ont une valeur inestimable. Il en résulte que nous croyons que la sexualité humaine a pour but d'inclure bien plus qu'une expérience sensuelle, elle est un don de Dieu conçu pour refléter la totalité de notre état d'être créés sur le plan physique et relationnel.

En tant que peuple de sainteté, l'Église du Nazaréen affirme que le corps humain est important pour Dieu. Les chrétiens sont à la fois appelés et habilités par l'œuvre de transformation et de sanctification de l'Esprit Saint à glorifier Dieu dans leur corps et avec leur corps. Nos sens, nos appétits sexuels, notre capacité à faire l'expérience du plaisir et notre désir d'être en contact les uns aux autres proviennent du caractère même de Dieu. Nos corps sont bons, ils sont même très bons.

Nous affirmons notre foi en un Dieu dont la création est un acte d'amour. Ayant fait l'expérience de Dieu comme étant celle d'un saint amour, nous comprenons la Trinité comme l'unité de l'amour entre le Père, le Fils et le Saint Esprit. Ainsi, nous avons au fond de notre être, un désir profond d'être en relation avec les autres. Ce désir profond n'est pleinement satisfait que lorsque nous vivons dans une relation engagée avec Dieu, la création et aimons notre prochain comme nous même. Notre création en tant qu'êtres sociaux est à la fois bonne et belle. Nous reflétons l'image de Dieu dans notre capacité à être en contact les uns avec les autres et dans notre désir de le faire. Le peuple de Dieu est formé comme une seule entité en Christ, une communauté riche en amour et en grâce.

Les croyants sont appelés à vivre dans cette communauté comme des membres fidèles du corps de Christ. Le célibat dans le peuple de Dieu doit être valorisé et alimenté par la richesse de la communauté de l'église et la communion des saints. Vivre comme célibataire c'est s'engager, comme Jésus l'a fait, dans l'intimité de la communauté, entouré d'amis, invitant et étant invité aux tables et en exprimant un témoignage fidèle.

Nous affirmons que certains croyants dans cette communauté sont appelés à se marier. Tel que définit en Genèse : « l'homme quittera son père et sa mère et s'attachera à sa femme et les deux ne feront qu'une seule chair. » (Genèse 2 :24) L'alliance du mariage, un reflet de l'alliance entre Dieu et le peuple de Dieu, est une alliance de fidélité sexuelle exclusive, d'un service dévoué et d'un témoignage social. Une femme et un homme se vouent publiquement l'un à l'autre comme témoignant de la façon que Dieu aime. L'intimité du mariage a pour intention de refléter l'union de Christ et l'Église, un mystère de la grâce. C'est également l'intention de Dieu que dans cette union sous forme de sacrement, l'homme et la femme fassent l'expérience de la joie et du plaisir de l'intimité sexuelle et que de cet acte d'amour intime, une vie nouvelle entre dans le monde et dans une communauté engagée. Un domicile centré sur Christ doit servir comme premier endroit pour la formation spirituelle. L'église doit prendre un grand soin de la formation au mariage à travers des cours de préparation au mariage et des enseignements démontrant le caractère sacré du mariage.

Les Écritures comprennent aussi le triste chapitre de la fracture du désir humain dans la Chute, résultant en des comportements qui élèvent la souveraineté de soi, endommagent et objectivent l'autre et pervertissent le désir humain. En tant qu'êtres déchus, nous avons fait l'expérience de ce fléau à tous les niveaux – personnellement et collectivement. Les principautés et les pouvoirs d'un monde déchu nous ont saturés de mensonges sur notre sexualité. Nos désirs ont été tordus par le péché et nous sommes repliés sur nous-mêmes. Nous avons également contribué à la fracture de la création par notre choix volontaire de violer l'amour de Dieu et de vivre à notre façon à l'écart de Dieu.

Cette rupture dans les domaines de la sexualité prend plusieurs formes dont certaines proviennent de nos propres choix et d'autres nous arrivent de ce monde déchiré. Cependant, la grâce de Dieu est à la hauteur de nos faiblesses, assez pour provoquer la conviction, la transformation et la sanctification dans nos vies. Par conséquent, afin d'éviter de répandre la rupture du péché et de pouvoir témoigner de la beauté et du caractère unique des fins sacrées de Dieu pour notre corps, nous croyons que les membres du corps du Christ, activé par l'Esprit, peuvent et doivent s'abstenir de :

- Relations sexuelles en dehors du mariage et de toutes autres formes de liaisons sexuelles inappropriées. Parce que nous croyons que l'intention de Dieu est que notre sexualité soit vécue au sein d'une alliance nuptial entre un homme et une femme, nous croyons que ces pratiques

mènent souvent à l'objectivation de l'autre dans une relation. Toutes ces formes ont le potentiel de nuire à notre
capacité d'entrer pleinement dans la beauté et la sainteté
du mariage chrétien.

- L'activité sexuelle entre personnes du même sexe. Étant
donné que nous croyons que l'intention de Dieu pour notre
sexualité est qu'elle soit vécue au sein de l'alliance nuptial entre une femme et un homme, nous croyons que la
pratique de l'intimité sexuelle entre personnes du même
sexe est contraire à la volonté de Dieu pour la sexualité
humaine. Bien que l'attirance homosexuelle ou bisexue-
lle d'une personne puisse avoir des origines complexes et
variées, et que l'implication de cet appel à la pureté sexuelle soit contraignante, nous croyons que la grâce de
Dieu est suffisante pour un tel appel. Nous reconnaissons
la responsabilité partagée du corps de Christ d'être une
communauté accueillante, indulgente et aimante où l'hospitalité, l'encouragement, la transformation et la responsabilité sont à la disposition de tous.

- Les relations sexuelles hors mariage. L'adultère est un
acte égoïste, un choix qui détruit la famille et offense
Dieu qui nous a aimé avec pureté et dévotion, ainsi nous
croyons que ce comportement est une violation des vœux
que nous avons faits devant Dieu et au sein du corps de
Christ.

- Le divorce. Étant donné que le mariage doit être un engagement à vie, le brisement de l'alliance du mariage, qu'il
soit initié personnellement ou par le choix d'un des con-
joints, est une atteinte aux meilleures intentions de Dieu.
L'église doit prendre soin de préserver le lien du mariage
avec sagesse et dans la mesure du possible et offrir conseils et grâce aux personnes blessées par le divorce.

- Les pratiques telles que la polygamie ou la polyandrie.
Étant donné que nous croyons que la fidélité de l'alliance de Dieu est reflétée dans l'engagement monogame d'un
mari et d'une femme, ces pratiques étouffent la fidélité
unique et exclusive prévue dans le mariage.

Le péché sexuel et la rupture ne sont pas seulement personnels mais se répandent dans les systèmes et structures du
monde. Par conséquent, alors que l'église rend témoignage à la
réalité de la beauté et du caractère unique des fins sacrées de
Dieu, nous croyons également que l'église doit s'abstenir et plai-
der contre :

- La pornographie sous toutes ses formes, car c'est une forme de désir dénaturé. C'est l'objectivation des personnes
pour la gratification de désirs sexuels égoïstes. Cette habitude détruit notre capacité à aimer généreusement.

- La violence sexuelle sous toutes ses formes, telles que le viol, l'agression sexuelle, l'intimidation sexuelle, les paroles haineuses, les violences domestiques, l'inceste, le trafic du sexe, le mariage forcé, la mutilation génitale féminine, la bestialité, le harcèlement sexuel, et les abus sexuels sur mineurs et autres populations vulnérables. Toute personne ou système qui pratique la violence sexuelle, transgresse le commandement d'aimer et de protéger notre prochain. Le corps du Christ doit toujours être un lieu de justice, de protection et de guérison pour les personnes qui sont, qui ont été et qui continuent d'être affectées par la violence sexuelle.

Ainsi, nous affirmons que :

- Là où le péché abonde, la grâce surabonde. Bien que les conséquences du péché soient universelles et holistiques, l'efficacité de la grâce est également universelle et holistique. En Christ, nous sommes renouvelés à l'image de Dieu par le Saint Esprit. Les choses anciennes sont passées, toutes choses sont devenues nouvelles. Bien que la transformation de notre vie en une nouvelle création puisse être un processus progressif, la guérison divine est efficace pour restaurer l'humanité qui a été brisée dans les domaines de la sexualité.

- Le corps humain est le temple du Saint Esprit. Nous affirmons qu'il est nécessaire que notre sexualité soit conforme à la volonté de Dieu. Nos corps ne nous appartiennent pas, mais nous avons été rachetés à un grand prix. Ainsi, nous sommes appelés à glorifier Dieu dans nos corps et par une vie d'obéissance soumise.

- Le peuple de Dieu est caractérisé par l'amour saint. Nous affirmons que, par-dessus toutes les vertus, l'amour doit revêtir le peuple de Dieu. Le peuple de Dieu a toujours accueilli les personnes brisées dans ses rencontres. Une telle hospitalité chrétienne n'est ni une manière d'excuser la désobéissance individuelle ni un refus de participer de manière rédemptrice au processus de discernement des racines de la rupture. Restaurer les humains à l'image de Jésus exige la confession, le pardon, des pratiques formatives, la sanctification et des conseils éclairés. Si nous ne parvenons pas à affronter honnêtement le péché et la rupture, nous n'avons pas aimé. Si nous n'arrivons pas à aimer, nous ne pouvons pas participer avec Dieu à la guérison de la rupture.

Vu que l'église mondiale reçoit et exerce un ministère auprès des gens de toute la planète, la mise en pratique fidèle de ces déclarations en tant qu'assemblées est complexe et doit être gérée avec prudence, humilité, courage et discernement.

D. Intendance chrétienne

32. Signification de l'intendance. Les Écritures enseignent que Dieu est le propriétaire de toute personne et de toute chose. Par conséquent, nous sommes ses intendants à la fois de la vie et des biens. Le droit de propriété de Dieu et notre intendance doivent être reconnus, car nous serons tenus personnellement responsables devant Dieu de l'exercice de notre intendance. Dieu, étant un Dieu de structure et d'ordre dans toutes ses voies, a établi un système d'offrande qui reconnaît qu'il est propriétaire de toute ressource humaine et relation. À cette fin, tous ses enfants devraient fidèlement donner leur dîme et présenter leurs offrandes pour le soutien de l'Évangile. (140)

(Malachie 3.8-12; Matthieu 6.24-34; 25.31-46; Marc 10.17-31; Luc 12.13-24; 19.11-27; Jean 15.1-17; Romains 12.1-13; 1 Corinthiens 9.7-14; 2 Corinthiens 8.1-15; 9.6-15; 1 Timothée 6.6-19; Hébreux 7.8; Jacques 1.27; 1 Jean 3.16-18)

32.1. Le trésor et la dîme. L'accumulation de la dîme dans la maison du trésor est l'acte biblique et pratique de verser fidèlement et régulièrement le dixième de son revenu à l'église à laquelle le membre appartient. Par conséquent, le financement de l'église doit être fondé sur un plan de contribution de la dîme au trésor de l'Église du Nazaréen locale considérée par tous ses membres comme la maison du trésor. Tous ceux qui font partie de l'Église du Nazaréen sont exhortés à verser fidèlement la dîme, comme obligation financière minimale au Seigneur et d'y ajouter des offrandes volontaires dans la mesure où Dieu les a rendus prospères pour le soutien de l'église toute entière; locale, district, éducative et générale. La dîme versée à l'Église du Nazaréen locale sera la priorité par rapport à toute autre occasion de donner que Dieu pourrait mettre sur le cœur de ses fidèles intendants, au soutien de l'ensemble de l'église.

32.2. Collecte de fonds et distribution. À la lumière de l'enseignement biblique concernant le don de la dîme et des offrandes pour le soutien de l'Évangile et pour la construction des bâtiments d'église, aucune Église du Nazaréen au niveau local ne devrait employer une méthode de collecte de fonds qui porterait atteinte à ces principes, gênerait le message de l'Évangile, ternirait le nom de l'église, discriminerait les pauvres ou détournerait l'énergie des fidèles de la promotion de l'Évangile.

Concernant les dépenses nécessaires à la réalisation des programmes de l'Église du Nazaréen aux niveaux local, de district, international et pour l'éducation, les églises locales sont exhortées à adopter et à mettre en pratique un plan de répartition financière et à payer mensuellement leur contribution au niveau international, du district et pour l'éducation. (130, 154, 154-154.2, 516.13)

32.3. Soutien du ministère. «De même aussi, le Seigneur a ordonné à ceux qui annoncent l'Évangile de vivre de l'Évangile» (1 Corinthiens 9.14). L'église est tenue de soutenir ses pasteurs, qui ont été appelés par Dieu et qui, sous la direction de l'église, se sont donnés entièrement à l'œuvre du ministère. Par conséquent, nous exhortons les membres de l'église à s'engager volontairement à soutenir le ministère, en recueillant l'argent chaque semaine pour cette œuvre sainte et à ce que le salaire du pasteur lui soit payé hebdomadairement. (115.4 115.6 129.8)

32.4. Dons planifiés et différés. Dans l'exercice de l'intendance chrétienne, il est essentiel de déterminer soigneusement la façon dont on disposera des revenus et biens sur lesquels le Seigneur a établi le chrétien comme intendant pendant cette vie. L'Église du Nazaréen, reconnaissant la nécessité d'une intendance fidèle au cours de cette vie ainsi que la vision donnée par Dieu de léguer un héritage pour les générations futures, a établi La Fondation de l'Église du Nazaréen pour promouvoir l'intendance chrétienne au moyen de dons planifiés et différés. Les lois civiles ne prévoient souvent aucune disposition concernant la répartition d'une succession d'une façon qui soit à la gloire de Dieu. Chaque chrétien devrait veiller à préparer un testament d'une façon soigneuse et légale et l'Église du Nazaréen à travers ses divers ministères de missions, d'évangélisation, d'éducation et de bienfaisance (au niveau local, du district, international et pour l'éducation) est recommandée à la considération de tous.

32.5. Responsabilité partagée pour la mission de l'organisation. Le gouvernement de Église du Nazaréen est représentatif. Chaque assemblée locale soutient la mission globale de l'église telle qu'elle est définie par l'Assemblée générale. Cette mission est mise en œuvre sous la direction du Conseil des surintendants généraux dans les domaines suivants : évangélisation mondiale, éducation, soutien aux ministres et aux ministères du district.

Le Conseil des surintendants généraux est autorisé, avec le Conseil général, à répartir le Fonds pour l'Évangélisation Mondiale aux diverses assemblées de district.

Selon le paragraphe 337.1 du *Manuel*, les Conseils nationaux et/ou les Conseils consultatifs régionaux sont autorisés et habilités à mettre en place des plans de retraite ministérielle dans leur région. Le rapport de ces plans de retraite se fera selon le paragraphe 337.2. Les dispositions du paragraphe 32.5 ne s'appliqueront pas au Conseil des pensions/retraites et prestations des États-Unis.

Les Conseils nationaux et/ou Conseils consultatifs régionaux sont également autorisés et habilités à mettre en place un système de soutien financier aux institutions d'enseignement supérieur dans leur région.

Chaque district est autorisé et habilité à établir un système de répartition à travers le Comité des finances de l'assemblée de district. (238.1, 317.10, 345, 346.3)

E. Les dirigeants de l'église

33. Nous recommandons vivement de n'élire comme dirigeants de l'église locale que des personnes qui sont membres actifs et professent l'expérience de l'entière sanctification et dont les vies rendent un témoignage public à la grâce de Dieu qui nous appelle à une vie de sainteté; qui sont en accord avec les doctrines, le régime et les pratiques de l'Église du Nazaréen; qui soutiennent fidèlement l'œuvre de l'église locale par leur présence régulière, leur service actif et avec leurs dîmes et leurs offrandes. Les dirigeants de l'église devraient pleinement s'engager à «faire des disciples à l'image de Christ dans les nations.» (113.11, 127, 145-147)

F. Règles de procédure

34. Les réunions et délibérations des membres de l'Église du Nazaréen au niveau local, du district et général, ainsi que les organismes de la société seront soumis aux lois en vigueur, aux statuts constitutifs et aux règlements administratifs du *Manuel* et seront régis et contrôlés par la plus récente édition du *Robert's Rules of Order Newly Revised* (édition actuelle) (Code de règles de procédure Robert pour la procédure parlementaire). (113, 203, 300.3)

G. Amendement de l'Alliance de conduite chrétienne

35. Les dispositions de l'alliance de conduite chrétienne peuvent être abrogées ou amendées par vote majoritaire aux deux tiers des membres présents et votants d'une Assemblée générale donnée.

PRÉAMBULE AU GOUVERNEMENT DE L'ÉGLISE

La tâche de l'Église du Nazaréen est de faire connaître à tous les peuples la grâce transformatrice de Dieu par le pardon des péchés et la purification du cœur en Jésus-Christ. Notre mission essentielle est de «faire des disciples», d'intégrer les croyants dans la communion fraternelle puis comme membres de l'église (les assemblées) et enfin de préparer (enseigner) au ministère tous ceux qui répondent par la foi à cet appel. L'objectif principal de la communauté de foi est de présenter à Dieu toute personne devenue adulte en Christ.» (Colossiens 1.28) au dernier jour.

C'est dans l'église locale qu'on expérimente le salut, le perfectionnement, l'enseignement et la consécration au service. L'église locale, le corps de Christ, est l'expression de notre foi et de notre mission. Ces églises sont organisées en districts et régions.

Les bases d'unité de l'Église du Nazaréen sont les croyances, les règlements, les définitions et les procédures qui sont articulés dans le *Manuel* de l'Église du Nazaréen.

Ce qui maintient cette unité est affirmé dans les Articles de foi du *Manuel*. Nous encourageons l'Église de toutes régions et de toutes langues à traduire, à distribuer librement et à enseigner ces croyances à nos adhérents. C'est le fil d'or qui est tissé dans l'étoffe de tout de ce que nous sommes et faisons en tant que nazaréens.

Un reflet visible de cette unité est représenté par l'Assemblée générale qui est «l'autorité suprême de formulation de la doctrine, de législation et d'élection de l'Église du Nazaréen.»

Un second reflet est le Conseil général qui représente l'église internationale.

Un troisième reflet est le Conseil des surintendants généraux, qui peuvent interpréter le *Manuel*, approuver des adaptations culturelles et consacrer des personnes au ministère.

Le gouvernement de l'Église du Nazaréen est représentatif et, de ce fait, évite les extrêmes de l'épiscopalisme, d'une part et du congrégationalisme illimité, d'autre part.

Dans les régions du monde desservies par l'Église où des différences culturelles et politiques peuvent l'exiger, des adaptations aux procédures de gouvernance de l'église aux niveaux local, du district et régional contenues dans la Partie IV, sections 100, 200, 300, peuvent être faites. Les demandes pour toute adaptation de ce type seront soumises par écrit au Conseil des surintendants généraux pour son approbation. (300)

I. GOUVERNEMENT LOCAL

A. Organisation de l'église locale, nom, constitution en association, propriété, restrictions, fusions, désorganisation

100. L'organisation de l'église locale. Les églises locales peuvent être organisées par le surintendant de district, ou par le surintendant général ayant juridiction, ou par un ancien autorisé par l'un d'eux. Les rapports officiels de nouvelles églises seront classés dans le Bureau du Secrétaire général par l'intermédiaire du bureau juridictionnel approprié. (23, 107, 211.1, 538.15)

100.1. L'Église de type mission. Le travail d'une congrégation qui n'a pas encore été organisé selon le paragraphe 100, peut être enregistré par le Secrétaire général en Église de type mission, avec l'approbation du surintendant de district où ce travail est situé. Un membre du clergé servant une Église de type mission en tant que pasteur ou associé sera considéré comme un ministre affecté avec l'approbation du surintendant de district. Une Église de type mission peut être constituer en associations, selon le paragraphe 102, recevoir et faire rapport de ces membres. (100.2, 107.2, 138.1, 159, 211.6)

100.2. L'Église à assemblées multiples. Les églises locales organisées peuvent élargir leur ministère en établissant des groupes d'étude biblique dans diverses langues, en utilisant leurs locaux. Ces études bibliques peuvent se développer en églises de type mission ou en églises organisées. Cela peut conduire à plus d'une assemblée sous un même nom d'église, avec l'approbation du surintendant de district. Dans de telles églises à assemblées multiples, où les assemblées ne sont pas toutes des églises organisées, le Conseil consultatif de district, avec l'approbation du surintendant de district et du surintendant général ayant juridiction, peut accorder à de telles assemblées les droits et privilèges d'une église locale organisée sous les conditions suivantes :

(1) De telles assemblées ne peuvent pas se constituer en associations séparées de l'église locale organisée.

(2) De telles assemblées n'acquerront pas de titres de propriété distincts de l'église locale organisée.

(3) De telles assemblées ne contracteront pas de dettes sans l'approbation du surintendant de district, du conseil de l'église locale organisée et du Conseil consultatif de district.

(4) Une telle assemblée ne peut en aucune façon se séparer ou rompre sa relation avec l'église locale organisée, sauf avec la permission formelle du surintendant de district en consultation avec le pasteur de l'église locale. (100-100.1)

101. Nom. Le nom d'une église nouvellement organisée sera choisi par l'église locale en consultation avec le surintendant de district et avec l'approbation du Conseil consultatif de district. (102.4)

101.1. Changement de nom. Une assemblée locale de l'Église du Nazaréen put changer de nom de la façon suivante :

(1) Le conseil de l'église locale soumet le changement proposé au surintendant de district qui obtiendra l'approbation écrite du Conseil consultatif du district ;

(2) Un vote par scrutin majoritaire dans une assemblée annuelle ou spéciale des membres de l'assemblé locale ;

(3) Le Conseil consultatif de district rapporte le changement à l'assemblée de district et l'assemblée de district vote pour approuver le nom. (102.4)

102. Constitution en association. Partout où les statuts le permettront, les gérants constitueront l'église locale en association et ces derniers ainsi que leurs successeurs en seront les gérants. Sauf en cas de contradiction avec la loi civile, les statuts constitutifs préciseront les pouvoirs de cette association et indiqueront que celle-ci sera soumise au gouvernement de l'Église du Nazaréen, comme cela est parfois autorisé et déclaré dans le *Manuel* par l'Assemblée générale de cette église. Tous les biens de cette association seront gérés et contrôlés par les gérants et leurs décisions seront soumises à l'approbation de l'église locale.

102.1. Quand une propriété est achetée et aménagée par le Conseil consultatif de district pour une église locale, ou encore là où une nouvelle église est établie, il est recommandé au conseil consultatif du district de transférer le titre de propriété quand l'argent investi par le Conseil consultatif de district aura été remboursé par l'église locale.

102.2. Quand une église locale se constituera en association, toute propriété acquise sera, autant que possible, transférée directement à l'association au nom de l'église. (102.6)

102.3. Le pasteur et le secrétaire du conseil de l'église seront le président et le secrétaire de l'église, qu'elle soit constituée en association ou non et ils exécuteront et signeront tous les transferts de propriété, hypothèques, décharges d'hypothèques, contrats et tout autre document légal pour lequel ce *Manuel* ne prévoit aucune autre disposition et leurs actions seront sujettes aux restrictions énoncées aux paragraphes 104-104.3.

102.4. Les statuts constitutifs de chaque église locale comprendront les dispositions suivantes :

(1) Le nom de l'association doit comprendre les mots Église du Nazaréen.

(2) Le règlement intérieur de l'association sera le *Manuel* de l'Église du Nazaréen.

(3) Les statuts constitutifs ne contiendront aucune clause qui pourrait empêcher l'église locale de recevoir une

exonération d'impôts offerte aux églises dans le même secteur.

(4) En cas de désorganisation les biens de l'association seront transférés au conseil consultatif de district.

Les statuts constitutifs peuvent contenir des dispositions supplémentaires, lorsque cela est conforme aux lois locales. Cependant, on ne peut ajouter aucune disposition qui permettrait que la propriété de l'église locale soit soutirée de l'Église du Nazaréen. (101-101.1, 104.3, 106.1-106.3)

102.5. Dans les églises ayant des assemblées multiples, où plusieurs églises organisées partagent les mêmes locaux, la constitution en association peut se faire en collaboration avec une autre communauté, en conformité avec la législation locale.

102.6. Dans les lieux où la constitution en association n'est pas possible, le nom de l'église locale inclura les mots « Église du Nazaréen » sur tous les documents légaux, incluant entre autres les actes de vente de propriété ou actes fiduciaire. (102.2)

103. Propriété. L'église locale qui désire acheter ou vendre des biens immobiliers, ou ériger une église ou des bâtiments liés à l'église, ou effectuer des travaux de rénovation importants, ou bien louer un immeuble pour une raison quelconque, doit soumettre la proposition au surintendant de district et au Comité de gestion des propriétés du district, pour leur examen, avis et autorisation. Aucune dette, impliquant ou non une hypothèque, ne doit être contractée lors de l'achat de biens immobiliers, la construction d'édifices, ou les travaux de rénovation importants, sans l'approbation écrite du surintendant de district et du Comité de gestion des propriétés du district. L'église locale devra soumettre à ce Conseil des rapports financiers et d'avancement trimestriels tout au long du processus de construction. (236-237.5)

103.1. Au cas où le conseil de l'église, le surintendant de district et le Comité de gestion des propriétés du district n'arrivent pas à se mettre d'accord, le cas peut être soumis au surintendant général ayant juridiction pour qu'il prenne une décision. L'église locale ou le surintendant de district peuvent faire appel au Conseil des surintendants généraux pour une décision finale. Tous les appels, rejets d'appels ou arguments relatifs à la question en litige, qu'ils soient adressés au surintendant général ayant juridiction ou au Conseil des surintendants généraux, seront présentés par écrit. Une copie de l'appel, des rejets d'appels ou des arguments relatifs à la question en litige par le conseil de l'église ou le surintendant de district sera envoyé à l'autre partie intéressée. Les procès-verbaux du conseil de l'église contiendront la résolution d'appel, les arguments en faveur et le résultat du scrutin.

104. Restrictions. L'église locale ne peut d'aucune manière acheter ou louer, vendre, hypothéquer, refinançant avec accumulation de dette supplémentaire, échanger, ou grever des biens immobiliers, sauf sur approbation par un vote majoritaire des deux tiers des membres présents au cours d'une réunion annuelle, ou d'une réunion spéciale dûment convoquée. Si une église refinance une dette existante et que les conditions de refinancement n'augmentent pas la dette de l'église et n'hypothèquent pas davantage le patrimoine immobilier de l'église, le refinancement peut être approuvé par un vote aux deux tiers du conseil, sans qu'un vote de l'assemblée soit nécessaire sur le sujet. L'église locale peut approuver par un vote aux deux tiers des voix de ses membres présents et votants, la vente de biens immobiliers offerts dans le but précis de fournir des fonds pour l'église locale. Toutes les situations citées ci-dessus nécessitent l'approbation écrite du surintendant de district et du comité de gestion des propriétés du district. (113.4, 113.4, 113.7-113.8, 237.3-237.4)

104.1. Les biens immobiliers de l'église locale ne seront pas hypothéqués pour solder les dépenses courantes.

104.2. Une église locale qui vend ou qui hypothèque des biens immobiliers, ou qui reçoit des indemnités d'assurances par rapport à une propriété, ne peut utiliser ces fonds que pour l'achat ou la rénovation de la propriété ou l'implantation d'une nouvelle église, pour rembourser ses dettes en rapport avec la propriété. Tout autre emploi doit recevoir l'approbation du surintendant de district et du conseil consultatif de district.

104.3. Les gérants ou l'église locale ne peuvent détourner une propriété à d'autres fins que celles de l'Église du Nazaréen. (113-113.1)

104.4. Retrait d'églises. Aucune église locale ne peut sortir de l'Église du Nazaréen ou d'une façon ou d'une autre rompre ses relations avec elle, sauf sous directive de l'Assemblée générale et selon les conditions et les modalités convenues. (106.2-106.3)

105. Fusions. Deux ou plusieurs églises locales peuvent être fusionnées sur un vote favorable au scrutin aux deux tiers des membres des églises présents et votants au cours d'une réunion spéciale tenue par les églises concernées. Toutefois, la fusion doit être recommandée par un vote au scrutin à la majorité de tous les membres des conseils des églises respectifs et approuvée par écrit par le surintendant de district, le conseil consultatif de district et le surintendant général ayant juridiction.

La fusion sera close au cours d'une réunion spéciale de la nouvelle assemblée, dans le but d'élire les dirigeants et déterminer les arrangements pastoraux. Le surintendant de district ou un ancien nommé par le surintendant de district présidera la réunion.

L'organisation ainsi créée doit combiner l'ensemble des membres des anciennes églises, des membres de tous les comités de ces églises et une partie ou l'ensemble de l'actif et du passif de ces églises. Une telle action est sujette à l'approbation du surintendant de district, du conseil consultatif de district et du surintendant général ayant juridiction. La fusion combinera aussi toutes leurs cotisations : générales, d'éducation et du district.

Sur avis du surintendant de district, le Secrétaire général de l'Église du Nazaréen est autorisé à rayer les noms des églises inactives de la liste des églises.

106. Déclarer des églises comme inactives ou désorganisées. Les églises peuvent être déclarées inactives pour une période de transition par une décision du conseil consultatif de district avant d'être désorganisées, réactivées ou réorganisées

106.1. Une église locale peut être désorganisée de la façon suivante :

1. recommandation du surintendant de district;
2. réponse affirmative du surintendant général ayant juridiction; et,
3. un vote des deux tiers du conseil consultatif de district.

106.2. Au cas où une église locale serait inactive ou désorganisée, ou en cas de retrait ou d'une tentative de retrait de l'Église du Nazaréen (tel que certifié par le conseil consultatif de district), les biens que l'église peut détenir ne pourront en aucun cas être détournés à d'autres fins. Cependant, les titres de propriété seront transférés au conseil consultatif de district agissant comme représentant du district là où le district a été constitué en association, ou à d'autres représentants autorisés, pour l'usage de l'Église du Nazaréen sans fonction déterminée, suivant la décision de l'assemblée de district. Les gérants de l'église locale détenant la propriété pour le compte de l'église inactive ou désorganisée la vendront ou en disposeront uniquement sur l'ordre et sous la direction du conseil consultatif de district ou d'un autre représentant désigné par l'assemblée de district, avec l'approbation écrite du surintendant général ayant juridiction. Les gérants transféreront cette propriété ou bien disposeront du produit de la vente suivant la décision de l'assemblée de district ou du conseil consultatif de district. (104.4, 106, 225.23)

106.3. Aucun gérant d'une église inactive ou désorganisée, ou une église ou en cas de retrait ou tentative de retrait de l'Église du Nazaréen, ne peut détourner des biens de l'usage de l'Église du Nazaréen. (104.4, 141-144, 225.23)

106.4. Seules les églises officiellement désorganisées peuvent être retirées du registre du Secrétaire général.

106.5. Quand une église locale a été déclarée inactive, les signataires de tous les comptes financiers et comptes sociaux doivent transférer leur produit au conseil consultatif de district pour dépôt dans les comptes du district. Tout refus d'être conforme autorise le conseil consultatif de district par résolution à fermer tous les comptes et assumer la gestion la juridiction de tous les actifs de l'église où la loi le permet.

B. Appartenance à l'église locale

107. Membres à part entière. Les membres à part entière de l'église locale seront composés de toutes les personnes qui ont été organisées dans une église locale par les instances compétentes, ainsi que celles publiquement reçues par le pasteur, le surintendant de district ou le surintendant général après avoir déclaré leur expérience du salut, leur croyance aux doctrines de l'Église du Nazaréen et leur désir de se soumettre à son régime. Les responsables de l'église locale chercheront à intégrer chaque membre dans un ministère de service et dans un réseau d'aide et de soutien. (23, 107.2, 111, 113.1, 516.1, 520, 532.8, 538.8, 538.9)

107.1. Lorsque des personnes désirent s'unir à l'église, le pasteur leur expliquera les privilèges et les responsabilités de l'appartenance à l'église, les Articles de foi, les conditions requises de l'Alliance du caractère chrétien et de l'Alliance de la conduite chrétienne, l'objectif et la mission de l'Église du Nazaréen.

Après avoir consulté le Comité d'évangélisation et d'appartenance à l'église, le pasteur recevra les candidats qualifiés à l'appartenance de l'église, au cours d'une assemblée publique selon le formulaire pour la réception des membres. (21, 28-33, 110-110.4, 704)

107.2. Membres d'une Église de type mission. Là où l'organisation en tant qu'église locale n'a pas été faite, une Église de type mission recevra des membres et en fera un rapport dans ses statistiques annuelles, conformément aux paragraphes 107 et 107.1

107.3. Votes et Responsabilités. Seuls les membres à part entière et actifs de l'église locale, âgés d'au moins quinze ans, pourront si la loi locale le permet : avoir un poste de responsabilité dans l'église, voter aux assemblées annuelles ou spéciales, ou représenter l'église comme délégués à l'assemblée de district.

108. Membres sympathisants. Là où un district le prévoit, une église locale peut avoir des membres sympathisants qui jouiront de tous les privilèges des membres de l'église, sauf qu'ils ne pourront pas voter ou occuper une fonction dans l'église. (205.24)

108.1. Les membres sympathisants peuvent être reçus comme membres à part entière ou retirés à n'importe quel moment, à la discrétion du pasteur et Comité d'évangélisation et d'appartenance à l'église.

109. Membres inactifs. L'église peut identifier des personnes comme «membres inactifs» pour les raisons indiquées aux paragraphes 109.1 et 109.2. (112.3, 133)

109.1. Un membre d'une église locale qui a déménagé dans une autre localité et qui cesse d'être actif dans l'église où il est membre, devrait être encouragé à assister à l'Église du Nazaréen et à demander le transfert de son appartenance à l'église dans sa nouvelle localité.

109.2. Quand un membre d'une église a été absent de tous les services religieux de l'église pendant six mois successifs, sans une raison jugée satisfaisante par le conseil de l'église et qu'un effort a été fait pour l'encourager à devenir actif quand c'est possible, ce membre peut être déclaré inactif sur la recommandation du Comité d'évangélisation et d'appartenance à l'église et une décision du conseil de l'église. La personne sera informée par une lettre de courtoisie du pasteur dans les sept jours de l'action du conseil de l'église. Après une telle action du conseil de l'église, le pasteur doit mettre à jour la liste des membres de l'église locale et écrira à côté du nom : « Placé sur la liste des membres inactifs par le conseil de l'église le (date). »

109.3. Les membres inactifs seront compris dans l'effectif total de l'église locale avec les membres actifs et cet effectif sera soumis comme tel dans le rapport à l'assemblée de district en catégories séparées, à savoir (1) membres actifs et (2) membres inactifs.

109.4. Les membres inactifs n'auront pas le droit de voter au cours des réunions annuelles ou spéciales de l'église, ou occuper des fonctions dans l'église.

109.5. Un membre inactif peut demander par écrit que le conseil de l'église remette son nom dans la liste des membres actifs de l'église. Une telle demande doit inclure une réaffirmation des vœux d'appartenance et une participation renouvelée au culte d'adoration de l'église locale. Le conseil de l'église devra répondre à la demande dans les soixante jours. Le statut de membre à part entière peut être restauré à une telle personne sur la recommandation du Comité d'évangélisation et d'appartenance à l'église et une décision du conseil de l'église.

C. Comité d'évangélisation et d'appartenance
de l'église locale

110. Le conseil de l'église formera un Comité d'évangélisation et d'appartenance à l'église composé d'au moins trois personnes agissant dans la capacité de conseillers auprès du pasteur qui sera le président (138.3). Ses devoirs seront :

110.1. Promouvoir l'évangélisation dans l'église locale et de chercher à conserver les fruits de l'évangélisation. (107-107.1, 129.24)

110.2. Étudier et de recommander au conseil de l'église et à ses départements les méthodes visant à accentuer l'évangélisation dans la vie entière de l'église.

110.3. Agir en tant que comité local chargé d'exécuter à la fois, les programmes d'évangélisation de la dénomination, de district et général.

110.4. Encourager les nouveaux convertis à se qualifier pour devenir membres de l'église par une vie de dévotion régulière, une étude de la Bible et du *Manuel* dirigés par le pasteur individuellement et/ou dans une classe pour futurs membres, en se rappelant que les membres reçus sur leur profession de foi aident à conserver les fruits de l'évangélisation. (20-21)

110.5. S'efforcer d'engager les nouveaux membres dans la communion fraternelle et le service de l'église.

110.6. Travailler avec le pasteur au développement d'un programme continu d'orientation spirituelle pour les nouveaux membres.

110.7. Recommander au conseil de l'église, sur nomination du pasteur, des évangélistes pour des campagnes locales de réveil. Il est recommandé qu'au moins une campagne par année soit tenue par un évangéliste titulaire, commissionné ou inscrit.

110.8. Personne ne sera reçu comme membre de l'église locale avant que le pasteur n'ait d'abord consulté le Comité d'évangélisation et d'appartenance à l'église au sujet de la réception de la personne en question. (107.1)

D. Changement d'appartenance à une église locale

111. Transfert. À la demande d'un membre, le pasteur peut accorder un transfert d'un membre de l'église (voir formulaire au paragraphe 813.5) à toute église locale de l'Église du Nazaréen indiquée par le membre. Un tel transfert n'est valable que pour une durée de trois mois. Quand l'accusé de réception du transfert est transmis par l'église d'accueil, une telle appartenance du membre de l'église précédente cessera. (818)

111.1. Recommandation. Le pasteur peut accorder, sur la demande d'un membre, un certificat de recommandation (voir formulaire au (voir formulaire au paragraphe 813.3) à toute église évangélique, après quoi une telle appartenance du membre à l'église locale cessera immédiatement. (112.2, 539.5, 815)

E. Cessation de l'appartenance à l'église locale

112. Ministres. Quand un ministre habilité ou ordonné s'est joint à l'effectif ou au ministère d'une église autre que l'Église du Nazaréen, le pasteur de l'église locale où le ministre est membre doit en aviser immédiatement le comité d'accréditations ministérielles de district ou le conseil des ministères de district de ce fait. Le comité d'accréditations ministérielles de district ou le conseil ministériel de district fera une enquête et confirmera le statut du membre du clergé. Si le comité d'accréditations ministérielles de district ou le conseil ministériel de district détermine que le nom du membre du clergé doit être rayé de la liste des ministres, le pasteur de l'église locale rayera également le nom de la personne de la liste des membres de l'église et écrira à côté du nom : « Rayé dû à son appartenance à une autre église, dénomination ou ministère. » (532.9, 538.10, 538.13, 538.14)

112.1. Laïcs. Quand un membre laïc d'une église locale aura accepté de devenir membre, une habilitation pour prêcher ou l'ordination dans une autre organisation religieuse, ou impliquer dans une œuvre ecclésiastique ou missionnaire indépendante, son appartenance à l'église locale cessera immédiatement, sauf dans le cas où cette personne aura obtenu chaque année la permission par écrit du conseil de l'église locale dont il est membre et du conseil consultatif de district représentant le district où cette église est située.

112.2. Cessation d'appartenance. Le pasteur peur accorder, sur la demande d'un membre, une lettre de cessation d'appartenance (voir formulaire au paragraphe 816), mettant ainsi fin immédiatement à son appartenance. (111.1, 112)

112.3. Deux ans après qu'un membre ait été déclaré inactif, son nom peut être supprimé de la liste des membres de l'église par une décision du conseil de l'église. Après une telle décision du conseil de l'église, le pasteur fera la mise à jour de la liste de membres et écrira à côté du nom du membre : « Rayé par le conseil de l'église le (date). » (109, 133)

F. Réunions de l'église locale

113. Une réunion des membres d'une église locale, pour une conférence et pour l'avancement des travaux, s'appellera réunion d'église. Les réunions et délibérations des membres de l'Église du Nazaréen au niveau local, du district et général, ainsi que les organismes de l'association seront soumis aux lois en vigueur, aux statuts constitutifs et aux règlements administratifs du *Manuel* et seront régis et contrôlés par la plus récente édition du *Robert's Rules of Order Newly Revised* (édition actuelle) (Code de règles de procédure Robert pour la procédure parlementaire). (34, 104, 113.7-113-8, 115, 518)

113.1. Seules les personnes qui sont membres à part entière et actifs et qui ont atteint l'âge de quinze ans auront le droit de voter aux réunions d'église. (107.3, 109-109.4)

113.2. Il n'existe aucune disposition permettant la votation des absents lors des réunions d'église.

113.3. Délibérations. Tous travaux, y compris des élections, en harmonie avec l'esprit et l'ordre de l'église, non prévu ailleurs, peuvent être traités dans toute réunion d'église.

113.4. Conformité à la loi civile. Dans tous les cas où la loi civile exige un cadre spécifique de procédures pour la convocation et la conduite des réunions d'église, ce cadre devrait être appliqué à la lettre. (142)

113.5. Le président de séance. Le pasteur qui sera le président d'office de l'église locale, ou le surintendant de district, ou le surintendant général ayant juridiction, ou une autre personne nommée par le surintendant de district ou le surintendant général, présidera les réunions d'église annuelles ou spéciales. (213.1, 307.10, 516.15)

113.6. Le secrétaire. Le secrétaire du conseil de l'église sera le secrétaire de toutes les réunions d'église; en son absence un secrétaire temporaire sera élu. (135.4)

113.7. Réunion annuelle. Une réunion annuelle de l'église aura lieu dans les 90 jours précédant la réunion de l'assemblée de district. Une annonce publique au sujet de la réunion annuelle doit être annoncée du haut de la chaire, au moins deux dimanches avant la réunion. Cette réunion annuelle peut se dérouler sur plus d'un jour ou durant plus d'un service, avec l'approbation du conseil de l'église.

113.8. Réunions spéciales. Des réunions spéciales de l'église peuvent être convoquées à tout moment par le pasteur, ou par le conseil d'église après avoir obtenu le consentement du pasteur, ou du surintendant de district, ou du surintendant général ayant juridiction. Une annonce publique d'une réunion spéciale de l'église devra toujours être annoncée du haut de la chaire au moins deux cultes réguliers avant, ou en conformité avec la loi civile du pays. (104, 113.1, 115-115.1, 123, 123.7, 137, 139, 142.1, 144)

113.9. Rapports. Des rapports seront présentés à la réunion annuelle de l'église par le pasteur, le surintendant des MEDFDI, le président de la JNI, le président de la MNI, les diaconesses, les ministres locaux, le secrétaire et le trésorier du conseil de l'église. (135.2, 136.5, 146.6, 1052.2, 508, 516.7, 531.1)

113.10. Comité de sélection. Un comité de sélection sera utilisé pour nommer les dirigeants, les conseils et les délégués à l'assemblée de district, dont la sélection n'est pas prévue ailleurs.

Le comité de sélection sera composé d'au moins trois membres de l'église et de sept au plus, y compris le pasteur. Le comité de sélection doit chaque année être nommé par le pasteur et approuvé par le conseil de l'église. Le pasteur sera le président du comité. Toute personne proposée par ce comité devra confirmer qu'elle remplit les conditions requises pour les dirigeants de l'église mentionnées au paragraphe 33.

113.11. Élections. À la réunion annuelle de l'église, il y aura une élection, par voie de scrutin, des intendants, des gérants, du surintendant des MEDFDI et des membres du conseil des MEDFDI qui siègeront durant la prochaine année ecclésiastique et jusqu'à ce que leurs successeurs soient élus et qualifiés.

Là où la loi le permet et quand c'est approuvé par un vote à la majorité des membres présents de l'église, les personnes élues pourront siéger pour une période de deux ans. Tous les élus seront des membres actifs et locaux de cette même Église locale du Nazaréen.

Nous demandons à nos églises locales d'élire comme dirigeants de l'église des membres actifs de l'église locale qui professent l'expérience de l'entière sanctification et dont les vies témoignent de la grâce de Dieu qui nous appelle à une vie de sainteté, qui sont en harmonie avec les doctrines, le régime et les pratiques de l'Église du Nazaréen et qui soutiennent l'église locale par une présence fidèle, un service actif et par des dîmes et offrandes. Les dirigeants de l'église devraient être pleinement engagés à «faire des disciples à l'image de Christ dans les nations.» (33, 127, 137, 141, 142.1, 145-147)

113.12. Là où la loi le permet et dans les églises où une telle procédure et le nombre de membres à élire sont approuvés par un vote à la majorité des membres présents, le conseil de l'église peut être élu, puis la proportion appropriée d'intendants et de gérants choisie par ce conseil en harmonie avec les paragraphes 137 et 141. Quand le conseil de l'église est élu de cette manière, il s'organisera en comités qui se chargeront des responsabilités attribuées. Si une église a élu un comité d'éducation faisant partie de son conseil, en harmonie avec 145, ce comité constituera le Comité d'éducation du conseil de l'église. Une structure alternative de conseil ou de comité peut être utilisée par une église locale si elle s'organise pour le ministère et l'action missionnaire, dans la mesure où cette alternative est approuvée par écrit par le surintendant de district et par le conseil consultatif de district et que la structure est conforme aux conditions civiles. (145-145.10)

113.13. Là où la loi le permet et dans les églises où une telle procédure est approuvée par un vote à la majorité des membres de l'église présents, au cours d'une réunion annuelle dûment convoquée, après avoir reçu l'approbation écrite du surintendant de district, une église peut élire la moitié des membres du conseil de l'église pour une durée de deux ans, ou un tiers des membres du conseil de l'église pour une durée de trois ans, en désignant dans chacun des cas un nombre égal à élire chaque année. Quand le conseil de l'église est élu de cette manière, le nombre d'intendants et de gérants choisis devra être en accord avec les paragraphes 137 et 141.

113.14. À la réunion annuelle de l'église, il y aura une élection par voie de scrutin, des délégués laïcs à l'assemblée de district, ou si c'est approuvé par un vote à la majorité des membres de l'église lors de la réunion annuelle, les délégués peuvent être recommandés par le pasteur et approuvés par le conseil de l'église locale, basé sur la représentation fixée par l'Assemblée générale conformément aux paragraphes 201-201.2. Toutes les personnes élues comme déléguées doivent être des membres actifs de cette même église locale de l'Église du Nazaréen. (107.3, 113.11)

113.15. Les délègues à l'assemblée de district d'une église de type mission peuvent être nommés par leurs pasteurs d'après les critères établis dans les paragraphes 33, 201.1 et 201.2. Les délégués peuvent aussi être nommés par le pasteur d'une église de type mission pour les conventions de district selon la Charte de la JNI, la constitution de la MNI et les règlements administratifs des MEDFDI. (100.1)

G. L'année ecclésiastique de l'église locale

114. L'année administrative ira de pair avec l'année statistique de l'église locale et sera reconnue comme l'année ecclésiastique.

114.1. L'année statistique prendra fin dans les 90 jours précédant l'ouverture de l'assemblée de district; et la nouvelle année statistique débutera le lendemain de la clôture de l'assemblée. La date exacte du début et de la fin de l'année statistique à l'intérieur de cette période sera fixée par le conseil consultatif de district. (225.1)

H. Appel d'un pasteur

115. Un ancien ou un ministre habilité peut être appelé à être pasteur d'une église par un vote favorable au scrutin des deux-tiers des membres de l'église en âge de voter présents et votant lors d'une assemblée annuelle ou spéciale de l'église dûment convoquée, pourvu que :
(1) la nomination aura été approuvée par le surintendant de district.
(2) La nomination aura été approuvée par le conseil consultatif de district quand l'individu nominé est un membre de cette même église locale ou sert comme associé, rémunéré ou non, de cette l'église locale, et
(3) l'individu aura été proposé à l'église par le conseil de l'église suite à un vote aux deux tiers de tous ses membres.

Cet appel fera l'objet d'évaluation et de continuation comme prévu ci-après. (119, 122-125.5, 129.2, 159.8, 211.10, 225.16, 514, 532, 533.4, 534.3)

115.1. Le ministre qui veut accepter l'appel à la relation pastorale doit le faire dans les 15 jours qui suivent la date de la réunion d'église votant l'appel.

115.2. Le conseil de l'église et le pasteur devraient communiquer avec clarté à l'un et l'autre leurs buts et leurs prévisions par écrit. (122, 129.3-129.4)

115.3. Aussitôt que cela est faisable, dès lors qu'un pasteur arrive en poste, le pasteur et l'assemblée participeront à un culte d'installation ou d'accueil. Ce service devrait avoir pour objectif de célébrer l'unité et la direction concernant la volonté de Dieu. Là où cela est faisable, le surintendant de district présidera.

115.4. Lors de l'appel, l'église locale indiquera la rémunération proposée. Le montant de cette rémunération sera déterminé par le conseil de l'église. Quand l'église locale ou son conseil et le pasteur se seront mis d'accord sur la rémunération, le paiement intégral du salaire sera compris comme étant une obligation morale de l'église. Si toutefois l'église devient incapable de continuer à payer le salaire convenu, une telle incapacité ne sera pas considérée comme une cause suffisante pour que le pasteur intente une action civile contre l'église. En aucun cas, ni l'église ou ni le conseil consultatif de district seront tenus légalement responsables au-delà des fonds recueillis, non désignés à d'autres fins, pendant la période de service effectif du pasteur. Si une action civile est entreprise contre l'église ou le conseil consultatif de district par un pasteur en service ou un ex-pasteur, un district peut entreprendre des démarches pour obtenir l'accréditation du ministre et retirer son nom de la liste des membres.

L'église locale doit aussi prévoir de couvrir les coûts de voyage et de déménagement du pasteur. (32-32.3, 129.8-129.9)

115.5. La rémunération du pasteur commencera le lundi qui précède son premier dimanche de service officiel dans l'église locale.

115.6. Les églises locales, avec la collaboration de leurs districts respectifs, peuvent considérer des plans alternatifs concernant le support pastoral. (32.3, 129.8)

116. Affirmant la valeur de la famille et l'importance pour les pasteurs de modeler des vies pacifiques et intégrées, les églises locales devraient envisager de fournir un congé de maternité ou de paternité au pasteur et leurs adjoints. Les surintendants de district devraient encourager les églises locales à adopter des règles concernant les congés de maternité/paternité et fournir des ressources pour leur développement. Ces règles peuvent inclure les dispositions suivantes :

1. Les dates et la durée du congé de maternité ou de paternité devraient être déterminés d'un commun accord par le pasteur et le conseil de l'église avant l'accouchement anticipé ou l'adoption

2. Le congé de maternité ou de paternité devrait être considéré en plus de supplément et séparément des vacances.

3. L'église locale devrait consulter le pasteur et le surintendant du district pour organiser un pasteur suppléant pendant la période de congé de maternité ou de paternité.

4. Pendant le congé de maternité ou de paternité, le plein salaire et les avantages sociaux du pasteur continuent.

Toute autre disposition doit être écrite et signée par le pasteur, le secrétaire du conseil de l'église et le surintendant du district.

117. Le pasteur d'une église qui a été organisée depuis moins de cinq ans, ou qui avait moins de 35 membres en âge de voter lors de la réunion d'église annuelle précédente, ou qui reçoit régulièrement une assistance financière du district, peut être nommé ou réaffecté par le surintendant de district, avec le consentement du conseil consultatif de district. (211.17)

117.1. Si une église a plus de trente-cinq membres votants ou a été organisée pour au moins cinq ans et que son pasteur a servi comme pasteur nommé pour au moins deux ans, un processus peut être initié pour changer son «statut de pasteur nommé». Un tel processus doit inclure une évaluation de la relation église/pasteur, un vote majoritaire des membres présents du conseil de l'église et l'approbation du conseil consultatif de district. La date d'anniversaire pour une future évaluation quadriennale de la relation église/pasteur sera la date de l'approbation finale.

118. En cas de désaccord entre le conseil de l'église et le surintendant de district concernant les arrangements, le conseil de l'église ou le surintendant de district peut soumettre le sujet au surintendant général ayant juridiction, pour qu'il prenne une décision. À partir d'une telle décision, le conseil de l'église ou le surintendant de district peut faire appel au Conseil des surintendants généraux. Tous ces types d'appels ou rejets d'appels, ou tout argument relatif au sujet en litige, adressés au surintendant général ayant juridiction ou au Conseil des surintendants généraux, le seront par écrit. Une copie de l'appel, des rejets d'appels ou des arguments relatifs au sujet en litige sera envoyée à l'autre partie intéressée, soit par le conseil de l'église ou par le surintendant de district. Le procès-verbal d'un appel au conseil de l'église comprendra la résolution d'appel, les arguments en faveur de l'appel et le rapport du vote. Si un ministre considéré pour cette fonction se retire, ou si un candidat pastoral n'ait pas disponible pour être considéré, le processus d'appel devra prendre fin immédiatement et le surintendant de district et le conseil de l'église continueront le processus d'arrangements pastoraux.

119. L'appel d'un pasteur qui est un ministre habilité (formation d'ancien) prendra fin à la clôture de l'assemblée de district, si son habilitation de ministre n'est pas renouvelée.

120. Le pasteur désirant démissionner de son affectation pastorale devrait :

    (1) consulter d'abord le surintendant de district,

    (2) fournir une lettre de démission au conseil de l'église au moins trente jours avant la fin de son pastorat et

(3) donner une copie de cette lettre au surintendant de district.

Lorsque la lettre de démission a été reçue par le conseil d'église et approuvée par écrit par le surintendant de district, la date de départ sera déterminée dans les trente jours.

120.1. Le pasteur démissionnaire en collaboration avec le secrétaire du conseil de l'église, préparera une liste précise de tous les membres de l'église comprenant leur adresse la plus récente. Cette liste doit correspondre numériquement avec le dernier procès-verbal du district faisant état des pertes et des gains pour l'année en cours.

121. Sur recommandation du conseil de l'église et avec l'approbation du surintendant de district, une assemblée pourra élire des co-pasteurs. Dans ce cas, les exigences suivantes s'appliqueront:

(1) Les co-pasteurs devront travailler avec le conseil de l'église, sous la direction du surintendant de district, afin de développer un plan des responsabilités et une autorité partagée.

(2) Les co-pasteurs sont égaux dans la charge pastorale. Si la loi l'exige, une personne devra être désignée officiellement par le conseil de l'église comme président de séance, servant comme président de l'association et président du conseil de l'église.

(3) Le processus d'évaluation de la relation église/pasteur se déroulera en accord avec les paragraphes 123-123.7.

(4) Une église locale dont le pasteur n'a pas été nommé et qui a servi pendant au moins deux ans peut ajouter un ou plusieurs ministres en tant que co-pasteurs en suivant le processus décrit au paragraphe 115. Suite à l'approbation du surintendant du district et un vote des deux tiers de tous les membres du conseil d'église, l'église votera s'il faut ajouter un co-pasteur. Le candidat co-pasteur devrait recevoir un vote des deux tiers de la congrégation afin d'être approuvé pour servir de co-pasteur pour cette église locale.

(5) Si le vote nécessaire des deux tiers est reçu, le mandat de deux ans débutera alors à la même date pour chaque ministre. Un examen régulier des relations entre l'église et la pastorale serait prévu dans les 60 jours suivant le deuxième anniversaire du service pastoral des co-pasteurs (115, 123-123.7).

121.1. Dans les soixante jours suivant la démission ou la cessation d'emploi d'un co-pasteur, le surintendant de district ou le représentant désigné doit procéder à une révision régulière des relations entre l'église et la pastorale, comme indiqué aux paragraphes 123-123.7. Si le conseil d'église décide de ne plus appeler un co-pasteur, une telle décision nécessitera l'approbation du surintendant du district et le vote des deux tiers des membres de l'église locale.

I. La relation entre l'église locale et le pasteur

122. Chaque année, le pasteur et le conseil de l'église effectueront une session de planification, afin de renouveler les attentes et objectifs de l'église et du pasteur. L'accord écrit sur les buts, les plans et les objectifs entre l'église et le pasteur devra être mis à jour. Une copie de cet accord écrit devra être transmise au surintendant de district. (115.2, 129.4)

122.1. Les pasteurs et les assemblées chercheront à articuler une compréhension claire de leurs attentes respectives et résoudre leurs différences en suivant sincèrement les principes bibliques incluant ceux trouvés dans Matthieu 18.15-20 et Galates 6.1-5. Dans un esprit de coopération et de réconciliation dans l'assemblée :

(1) Les membres individuels ou collectifs de la congrégation doivent être encouragés à résoudre les différends en les discutant en face à face avec le pasteur ou discrètement avec un membre du conseil de l'église. Les membres individuels ou collectifs du conseil d'église doivent chercher à résoudre les divergences en les discutant en face à face avec le pasteur.

(2) Si le face à face ne conduit pas à une résolution, le plaignant cherchera l'aide d'un ou de deux membres spirituellement mûrs de l'assemblée ou du conseil de l'église pour résoudre leurs différends.

(3) Les personnes impliquées dans de tels efforts en petits groupes n'apporteront les différends au conseil de l'église qu'après l'échec des discussions face à face et des efforts des petits groupes. S'il y est appelé, le conseil de l'église travaillera à la résolution des différends dans un esprit d'amour, d'acceptation mutuelle et de pardon en harmonie avec la discipline dans l'église. (123-126.2, 129.1)

J. Renouvellement de la relation entre l'église locale et le pasteur

123. L'évaluation périodique de la relation entre l'église et le pasteur. La relation entre le pasteur et l'église sera évaluée par le conseil de l'église, se réunissant avec le surintendant de district ou un ministre ordonné ou un laïc nommé par le surintendant de district, dans les 60 jours du deuxième anniversaire du service pastoral et tous les quatre ans par la suite. Durant la réunion d'évaluation, le sujet de la poursuite de la relation entre le pasteur et l'église sera abordé. L'objectif est d'arriver à un consensus sans avoir recours à un vote officiel du conseil de l'église.

123.1. Le surintendant de district ou un ministre ordonné ou un laïc nommé par le surintendant de district sera responsable de planifier et de diriger la (les) rencontre(s) d'évaluation avec le conseil de l'église. Le surintendant de district déterminera la méthode d'évaluation. Les réunions d'évaluation se tiendront en séance à huis clos (conseil de l'église, incluant le pasteur). Une partie de l'évaluation pourra se dérouler en l'absence du pasteur, à la discrétion du surintendant de district. Dans le cas où l'épouse (époux) du pasteur est membre élue du conseil, il (elle) ne pourra pas participer à l'évaluation. De plus, d'autres membres de la famille proche du pasteur peuvent être écartés de l'évaluation, sur la requête du surintendant de district ou son représentant nommé.

123.2. Une annonce publique ou imprimée expliquant la raison de cette réunion du conseil de l'église sera transmise à l'assemblée le dimanche avant que le conseil de l'église et le surintendant de district se réunissent pour l'évaluation périodique de la relation entre l'église locale et le pasteur.

123.3. Si l'église ne vote pas présenter la question de continuer la relation entre l'église et le pasteur, alors la relation se continuera.

123.4. Le conseil de l'église peut voter de présenter aux membres de l'église, la question de la continuation de l'appel pastoral. Le vote du conseil se fera par voie de scrutin et nécessitera un vote aux deux tiers de tous les membres présents du conseil pour qu'il soit valable.

123.5. Si le conseil de l'église vote de présenter aux membres de l'église la question de la continuation de la relation entre l'église et le pasteur, elle sera présentée au cours d'une réunion d'église dument convoquée à cette fin dans les trente jours suivant cette décision. La question sera présentée sous la forme suivante : « Est-ce que la présente relation entre l'église locale et le pasteur devrait continuer ? ». Le vote se fera par voie de scrutin et nécessitera un vote aux deux tiers pour qu'il soit valable, sauf dans le cas où la loi civile du pays en exige autrement.

123.6. Si les membres de l'église votent pour que la relation entre l'église et le pasteur continue, cette relation continuera comme si un tel vote n'avait pas eu lieu ; autrement, la relation entre l'église et le pasteur prendra fin à une date fixée par le surintendant de district, pas moins de trente ni plus de 180 jours après le vote. Si le pasteur décide de ne pas procéder au vote des membres de l'église, ou choisit de ne pas accepter le vote, il donnera sa démission ce qui terminera la relation entre l'église et le pasteur à une date fixée par le surintendant de district, non moins de 30 jours ni plus de 180 jours après la décision du pasteur de ne pas procéder ou de ne pas accepter le vote de l'assemblée. (120)

123.7. Au cours de l'évaluation périodique, un rapport sera présenté au surintendant de district par le pasteur et le conseil de l'église concernant le progrès vers l'accomplissement de la mission, de la vision et des valeurs fondamentales de l'église.

124. Le président du Comité de scrutateurs informera le pasteur personnellement des résultats d'un vote pastoral avant que l'annonce publique ne soit faite.

125. L'évaluation spéciale de la relation entre l'église et le pasteur. Entre deux évaluations périodiques, une réunion du conseil de l'église locale ne deviendra une réunion d'évaluation spéciale de la relation entre l'église et le pasteur que par un vote majoritaire de l'ensemble des membres élus du conseil de l'église en présence du surintendant de district ou d'un ancien nommé qui le représente.

125.1. Cette réunion d'évaluation spéciale de la relation entre l'église et le pasteur se tiendra en séance à huis clos (conseil de l'église, incluant le pasteur). Une partie de l'évaluation pourra se dérouler en l'absence du pasteur, à la discrétion du surintendant de district. Dans le cas où l'épouse (époux) du pasteur est membre élue du conseil, il (elle) ne pourra pas participer à l'évaluation. De plus, le surintendant de district ou le représentant nommé peut récuser d'autres proches parents du pasteur de l'évaluation.

125.2. Si le surintendant de district et le conseil de l'église locale sont d'avis que la question de continuation de la relation entre l'église et le pasteur devrait être présentée à l'église, le surintendant de district et le conseil de l'église locale peuvent demander que, par un vote aux deux tiers de tous les membres présents, sauf quand le code civil en exige autrement, que la question soit soumise au vote lors d'une réunion spécial de l'église sous la forme suivante: «Est-ce que la présente relation église et le pasteur devrait continuer?»

125.3. Si, par un vote aux deux tiers des membres de l'église présents, en âge de voter et votant, sauf quand le code civil du pays exige autrement, l'église décide de continuer sa présente relation église/pasteur, le pasteur continuera à exercer ses fonctions comme si un tel vote n'avait pas eu lieu.

125.4. Si cependant, l'église ne décide pas par un tel vote de maintenir la présente relation église/pasteur, les fonctions du pasteur prendront fin à une date, déterminée par le surintendant de district, pas plus de 180 jours après le vote.

125.5. Si le pasteur choisit de ne pas procéder au vote de l'assemblée ou de ne pas accepter le vote, il devra donner sa démission. Dans un tel cas, la relation église/pasteur se terminera à la date choisie par le surintendant de district, pas moins de trente ni plus de 180 jours après la décision du pasteur de ne pas procéder au vote ou d'accepter le vote de l'assemblée. (113.8, 123, 124)

126. L'église locale en crise. Quand une église locale est sur le point d'être en crise, le surintendant, avec l'approbation du conseil consultatif de district, peut constituer un comité pour évaluer la situation et mettre en place des procédures pour éviter une crise. Le comité sera constitué de deux anciens ordonnés affectés et de deux membres laïcs du conseil consultatif de district et le surintendant de district sera le président du comité. (211.3)

126.1. Quand selon l'avis du surintendant de district et du conseil consultatif de district, une église locale est déclarée en crise financière, morale ou autre et que cette crise affecte sérieusement la stabilité et l'avenir de l'église, (a) la question de continuation de la relation entre l'église et le pasteur peut être soumise à l'assemblée locale par le surintendant de district ou par un membre du conseil consultatif de district nommé par le surintendant de district , comme si le conseil de l'église locale en avait fait la demande selon les paragraphes 123-123.7, ou (b) le mandat d'un pasteur et d'un conseil de l'église peut être terminé avec l'approbation du surintendant général ayant juridiction et par un vote majoritaire du conseil consultatif de district. Le surintendant de district, avec l'approbation du conseil consultatif de district, peut désigner les membres au conseil de l'église pour toute église ayant été déclarée être en crise. Un avis de la décision du conseil consultatif de district sera envoyé au surintendant général ayant juridiction dans les trente jours. (211.3)

126.2. Quand selon l'avis du surintendant de district, une église locale déclarée en crise conformément au paragraphe 126.1 a appliqué les changements proposés et est prête à reprendre son ministère dans des circonstances normales, l'église locale peut être déclarée sortie de crise par un vote majoritaire du conseil consultatif de district. Le surintendant général ayant juridiction sera informé de la décision du conseil consultatif de district dans les trente jours. (214.4)

K. Le conseil de l'église locale

127. Appartenance. Chaque église locale aura un conseil de l'église composé du pasteur, du surintendant des MEDFDI, du président de la JNI, du président de la MNI, des intendants, des gérants de l'église et des membres du conseil des MEDFDI qui sont élus en tant que Comité d'éducation du conseil de l'église par la réunion annuelle de l'église. Si le président de la MNI est l'épouse (époux) du pasteur et qu'elle (il) choisit de ne pas siéger comme membre du conseil, le vice-président peut siéger ; cependant, si le président est l'épouse (époux) du pasteur et choisit de siéger comme membre du conseil, elle (il) ne pourra pas participer au processus de l'évaluation de la relation entre l'église et le pasteur.

Il n'y aura pas plus de 25 membres réguliers du conseil de l'église. Les ministres ordonnés ou habilités, à l'exception des individus approuvés par le pasteur et le surintendant de district ainsi que les employés rémunérés de l'église locale, ne sont pas éligibles à siéger au conseil de l'église locale. Le surintendant de district sur recommandation du pasteur et du conseil de l'église peut accorder une exception pour les ministres habilités par le district non-affecté, qui sont étudiants dans un programme d'études ou dans une institution nazaréenne d'enseignement supérieur. Ces ministres sont récusés de l'action du conseil de l'église concernant la recommandation du ministre à l'assemblée de district pour le renouvellement de son habilitation ministérielle de district.

Nous recommandons à nos églises locales de n'élire que des dirigeants de l'église qui sont des membres actifs de l'église locale qui professent l'expérience de l'entière sanctification et dont les vies rendent un témoignage public à la grâce de Dieu qui nous appelle à une vie de sainteté; qui sont en accord avec les doctrines, le régime et les pratiques de l'Église du Nazaréen; qui soutiennent fidèlement l'œuvre de l'église locale par leur présence régulière, leur participation active et par leurs dîmes et leurs offrandes. Les dirigeants de l'église devraient être pleinement engagés à «faire des disciples à l'image de Christ dans les nations.» (33, 113.11, 137, 141, 145-147, 152.2, 159.4)

127.1. Lorsque la réunion annuelle de l'église locale est prévue durant une période de transition pastorale, le Comité local de sélection, présidé par le surintendant de district, peut, avec l'approbation de ce dernier, au moins trente jours avant la réunion annuelle, présenter à l'assemblée une résolution pour conserver le conseil de l'église actuel pour l'année à venir. Cette résolution peut être adoptée par un vote par scrutin à la majorité des membres de l'église présents et en âge de voter lors d'une réunion spéciale de l'église dûment convoquée. Si la résolution est rejetée, le conseil d'église sera élu lors de la réunion annuelle comme d'habitude.

128. Réunions. Le conseil de l'église entre en fonction au début de l'année ecclésiastique et aura au moins une réunion tous les deux mois. Il se réunit aussi quand il est convoqué par le pasteur ou le surintendant de district. Le secrétaire du conseil de l'église ne peut convoquer une réunion spéciale du conseil sans l'approbation du pasteur, ou du surintendant de district lorsqu'il n'y a pas de pasteur. Les réunions du conseil de l'église, y compris les votes, peuvent être menés par voie électronique. Ces réunions et ces votes auront la même force et le même effet qu'une réunion des membres rassemblés dans une même salle ou à un même emplacement. Entre la réunion annuelle de l'église et le début de l'année ecclésiastique, le nouveau conseil de l'église peut se réunir pour des raisons d'organisation. Au cours d'une telle réunion, il élira un secrétaire du conseil de l'église et un trésorier de l'église comme il est prévu ci-après et tout autre dirigeant que le conseil est tenu d'élire. (129.19-130)

129. Travaux. Les travaux du conseil de l'église seront:

129.1. Prendre soin des intérêts de l'église et de son œuvre, quand cela n'est pas prévu autrement, en harmonie avec le pasteur. (155, 518)

129.2. Proposer à l'église, après avoir consulté le surintendant de district, tout ancien ou ministre habilité qu'il jugera digne de devenir pasteur, pourvu que la nomination soit approuvée en conformité avec les paragraphes (115, 159.8, 211.10, 225.16)

129.3. Coopérer avec un nouveau pasteur dans le développement d'une déclaration écrite des buts et des attentes. (115.2)

129.4. Faire au moins une fois par an, avec le pasteur, une réunion de stratégie afin de mettre à jour et par écrit, une entente claire sur les attentes, les buts, les plans et les objectifs. (122)

129.5. Pourvoir un pasteur intérimaire, avec l'approbation du surintendant de district, jusqu'à ce qu'un pasteur soit normalement appelé par l'église. (212, 524)

129.6. Pourvoir au développement et à l'adoption d'un budget annuel pour l'église, de la MNI, la JNI, des MEDFDI, des garderies et écoles (jusqu'au secondaire) en estimant les revenus et les dépenses de l'église.

129.7. Assigner à un comité du conseil les responsabilités qui incluent: (a) superviser le budget de l'église, (b) faire un rapport au conseil sur la situation financière et des soucis de l'église.

129.8. Déterminer la rémunération et les bénéfices, y compris les prestations de retraite que le pasteur recevra, et les réévaluer au moins une fois par an. (32.3, 115.4, 115.6, 123-123.7)

129.9. De pourvoir aux voies et moyens de soutien du pasteur, du pasteur intérimaire, ou de tout autre travailleur salarié de l'église; d'encourager et de soutenir par la planification et l'allocation de fonds l'engagement à l'éducation permanente du pasteur et du personnel. (115.4)

129.10. Afin d'encourager un ministère pastoral sain et une vie spirituelle solide pour le pasteur, le conseil de l'église, en consultation avec le surintendant de district, devrait prévoir un congé sabbatique pour le pasteur durant chaque septième année de ministère dans une même assemblée. Le moment précis et la durée de ce congé sabbatique seront déterminés en consultation avec le pasteur, le conseil de l'église et le surintendant de district. Il est fortement conseillé que le salaire du pasteur soit payé en totalité et que le conseil de l'église prévoit un prédicateur intérimaire durant la période sabbatique. Ce sujet devrait être traité par le surintendant de district comme une partie du processus de l'évaluation de la relation église/pasteur qui aurait lieu la seconde année puis à nouveau lors de la sixième année, dès que la viabilité de continuer cette relation aura été établie. Des matériaux devront être développés et distribués par le Développement du clergé mondial afin de guider les assemblées locales dans l'établissement et l'implémentation de règles et procédures pour le congé sabbatique. À la discrétion du conseil de l'église, un tel programme peut aussi être mis en place pour un membre de l'équipe pastorale. Déterminer le soutien financier et l'allocation de logement qu'un évangéliste devrait recevoir et de l'informer d'un tel soutien minimum au moment de l'appel par le conseil de l'église.

129.11. Déterminer le soutien financier et l'allocation de logement, qu'un évangéliste devrait recevoir et notifier à la personne de ce soutien minimum au moment de l'appel par le conseil de l'église.

129.12. Habiliter ou renouveler l'habilitation, à sa discrétion, de toute personne qui a été recommandée par le pasteur en tant que (a) ministre local ou (b) ministre laïc. (503.3–503.5, 531.1-531.3, 813)

129.13. Recommander à l'assemblée de district, à sa discrétion et sur nomination du pasteur, toute personne qui désire recevoir un certificat pour l'un des rôles de ministères, y compris tous les candidats laïcs et ministériels aspirant à être reconnus pour les ministères au-delà de l'église locale, si une telle recommandation est requise par le *Manuel*.

129.14. Recommander à l'assemblée de district, à sa discrétion et sur nomination du pasteur, toute personne qui désire recevoir l'accréditation de ministre habilité ou son renouvèlement. (531.5, 532.1)

129.15. Recommander à l'assemblée de district, à sa discrétion et sur nomination du pasteur, le renouvellement de l'habilitation de diaconesse, en harmonie avec le paragraphe 508.

129.16. Élire, suite à la nomination du conseil des MEDFDI et avec l'approbation du pasteur, un directeur des Ministères Auprès des Enfants et un directeur des Ministères Auprès des Adultes. (145.6)

129.17. Approuver le président de la JNI élu par l'organisation de la JNI de l'église locale, en harmonie avec la charte de la JNI.

129.18. Approuver le choix des administrateurs des garderies et écoles nazaréennes (jusqu'au secondaire). (151, 159.1, 211.13, 516.10)

129.19. Élire au cours de la première réunion du nouveau conseil un secrétaire parmi les membres de l'église qui possède les qualifications de dirigeant de l'église telles que spécifiées au paragraphe 33. Une telle élection aura lieu durant la première réunion du nouveau conseil. L'individu siègera jusqu'à la fin de l'année ecclésiastique et jusqu'à ce qu'un successeur soit élu et qualifié. Il n'aura droit de vote que s'il a été élu au conseil de l'église lors d'une réunion dûment convoquée des membres de l'assemblée. (33, 113.6-113.8, 113.11, 128, 135.1-135.7)

129.20. Élire au cours de la première réunion du nouveau conseil un trésorier parmi les membres de l'église qui possède les qualifications de dirigeant de l'église comme il est spécifié dans le paragraphe 34. Une telle élection aura lieu durant la première réunion du nouveau conseil. L'individu siègera jusqu'à la fin de l'année ecclésiastique et jusqu'à ce qu'un successeur soit élu et qualifié. Il n'aura droit de vote que s'il a été élu au conseil de l'église lors d'une réunion dûment annoncée des membres de l'assemblée. Aucun membre de la famille proche du pasteur ne peut siéger comme trésorier de l'église locale sans l'approbation du surintendant de district et du conseil consultatif de district. La famille proche inclura l'épouse, les enfants, les frères et sœurs ou les parents (33, 113.7-113.8, 113.11, 128, 136.1-136.6)

129.21. Assurer une gestion comptable soigné et conserver un registre de toutes les sommes reçues et dépensées par l'église, y compris toutes les garderies et écoles (jusqu'au secondaire) et la MNI, la JNI et les MEDFDI et d'en faire un rapport au cours de ses réunions mensuelles régulières ainsi qu'à la réunion annuelle de l'église. (136.3-136.5)

129.22. Instituer un comité dont au moins deux membres compteront et rendront compte de toutes les sommes reçues par l'église locale.

129.23. Nommer un comité de vérification des comptes, ou un comité de reviseurs indépendants, ou toutes autres personnes qualifiées, qui vérifieront ou examineront, au moins selon le minimum requis par la loi nationale ou régionale si applicable, ou d'autres normes professionnelles reconnues, au moins une fois par an, les comptes financiers du trésorier de l'église locale, de la JNI, des MEDFDI, des garderies et écoles (jusqu'au secondaire) et de tous les autres livres de comptes de l'église. Le pasteur aura accès à tous les registres de l'église locale.

129.24. Créer un Comité d'évangélisation et d'appartenance à l'église, composé d'au moins trois personnes. (110)

129.25. Remplir, si c'est utile, les fonctions du conseil des MEDFDI dans les églises n'ayant pas plus de 75 membres. (145)

129.26. Nommer un conseil de discipline de cinq membres en cas d'accusations écrites formulées contre un membre. (605)

129.27. Élire, avec l'approbation écrite du surintendant de district et suivant la nomination par le pasteur, des adjoints salariés tels que l'église locale peut choisir. (151, 159-159.1, 211.13)

129.28. Élire un ministre local ou un ministre habilité comme pasteur adjoint non salarié seulement si l'approbation annuelle écrite est donnée par le surintendant de district.

129.29. Créer un Comité de planification à long terme pour l'église, avec le pasteur comme président d'office.

129.30. Adopter et mettre en œuvre un plan visant à réduire le risque que des individus en position d'autorité dans l'église utilisent leur position de confiance ou d'autorité pour faire preuve d'inconduite. Le plan de chaque église locale doit prendre en considération son contexte spécifique.

130. Le conseil de l'église, conjointement avec le pasteur, suivra les plans adoptés par le Conseil des Surintendants Généraux et le Conseil général pour la levé du Fonds pour l'Évangélisation Mondiale et des fonds de ministère du district par l'église locale et versera régulièrement ces sommes au Trésorier général et au trésorier de district respectivement. (317.10, 335.7)

131. La signification de l'intendance. Voir les paragraphes 33-33.5.

132. Dans une église nouvellement organisée, le conseil de l'église accomplira les devoirs du conseil des MEDFDI jusqu'à ce qu'un tel conseil soit régulièrement élu. (145)

132.1. Le conseil de l'église et le pasteur de la nouvelle église organisée décideront quand un surintendant des MEDFDI sera élu. (129.25, 145, 146)

133. Le conseil de l'église peut enlever de la liste des membres le nom d'un membre inactif, deux ans après que le nom ait été déclaré inactif. (109-109.4, 112.3)

134. Le conseil de l'église peut suspendre ou révoquer l'habilitation de toute personne habilitée par l'église locale.

135. Le secrétaire de l'église. Les devoirs du secrétaire du conseil de l'église sont :

135.1. Enregistrer correctement et préserver fidèlement les procès-verbaux de toutes les réunions d'église et de toutes les réunions du conseil de l'église et accomplir toute autre tâche en rapport avec sa fonction. Chaque procès-verbal du conseil devrait identifier tous les membres votants du conseil présents ou absents afin de documenter clairement le quorum. (120.1, 129.19)

135.2. Présenter à la réunion annuelle de l'église un rapport annuel de toutes les activités principales de l'église locale, y compris les statistiques du nombre de membres. (113.9)

135.3. Assurer que les documents officiels, les registres et les documents légaux appartenant à l'église locale, y compris les titres de propriété, les sommaires de ces titres, les polices d'assurance, les documents de prêt, les listes des membres, les registres historiques, les procès-verbaux des réunions du conseil de l'église et les papiers de constitution en association sont conservés en sécurité dans des coffres de sûreté ignifuges situés dans les locaux de l'église locale, ou quand cela est possible, ces documents peuvent être placés dans la salle de coffres forts d'une banque locale ou autre institution similaire. L'accès à de tels documents doit être partagé avec le pasteur et le trésorier de l'église et le soin de tels documents doit être confié immédiatement au successeur du secrétaire de l'église en fonction.

135.4. Être le secrétaire de toutes les réunions d'église annuelles ou spéciales et d'avoir la garde de tous les procès-verbaux et de tous les autres documents de telles réunions d'église annuelles ou spéciales. (113.6)

135.5. Certifier par écrit au surintendant de district les résultats du vote lors de l'appel d'un pasteur et de la continuation de la relation entre l'église et le pasteur. Une telle certification sera faite dans la semaine du vote.

135.6. Envoyer au surintendant de district une copie des procès-verbaux de toutes les réunions d'église et des réunions du conseil de l'église, dans les trois jours qui suivent de telles réunions, lorsque cette église locale est sans pasteur.

135.7. De signer conjointement avec le pasteur tous les transferts de propriété, les hypothèques, les levées d'hypothèques, les contrats et autres documents légaux qui ne font l'objet d'aucune autre disposition dans le *Manuel*. (102.3, 103-104.2)

136. Le trésorier de l'église. Les devoirs du trésorier du conseil de l'église sont:

136.1. Recevoir toutes les sommes non prévues ailleurs et de ne les verser qu'à la demande du conseil de l'église. (129.21)

136.2. Remettre mensuellement tous les fonds du district au trésorier de district et tous les fonds généraux au Trésorier général par l'intermédiaire approprié, sauf sur stipulation contraire. (516.9)

136.3. Garder à jour un livre de compte de tous les fonds reçus et versés. (129.21)

136.4. Présenter chaque mois un rapport financier détaillé pour être distribué aux membres du conseil de l'église. (129.21)

136.5. Présenter un rapport financier annuel à la réunion annuelle de l'église. (113.9, 129.21)

136.6. Présenter au conseil de l'église tous les registres du trésorier, lorsque le trésorier cessera d'être en fonction.

L. Les intendants de l'église locale

137. Le nombre d'intendants de l'église sera d'au moins trois ou d'un maximum de treize. Ils seront élus par scrutin, au cours d'une réunion d'église annuelle ou spéciale parmi les membres de l'église, pour siéger au cours de la prochaine année ecclésiastique et jusqu'à ce que leurs successeurs soient élus et qualifiés. (33, 113.7, 113.11, 127)

138. Les devoirs des intendants sont:

138.1. Siéger en tant que Comité de croissance de l'église, sauf si prévu autrement, responsable de la sensibilisation, de l'évangélisation et de l'expansion, incluant le parrainage de nouvelles églises et des Églises de type mission, avec le pasteur qui d'office en sera le président.

138.2. Fournir assistance et soutien aux nécessiteux et aux affligés. L'un des rôles bibliques des responsables laïcs est celui du ministère dans des domaines de service pratique (Romains 12.6-8). Par conséquent, les intendants devraient offrir leur temps et leurs dons spirituels à des actes de service, d'administration, d'encouragement, de bienfaisance, de visitation et autres ministères.

138.3. Siéger, à la discrétion du conseil de l'église, en tant que Comité d'évangélisation et d'appartenance à l'église, tel que cela est décrit aux paragraphes 110-10.8.

138.4. Aider le pasteur dans l'organisation de l'église afin que des possibilités de service chrétien soient disponibles à tous les membres. Une attention spéciale devrait être accordée au développement de ministères envers les gens provenant d'autres origines socioéconomiques et culturelles du milieu et des communautés environnantes.

138.5. Assurer la liaison entre les organismes de services et d'action communautaire chrétiens.

138.6. Assister le pasteur dans le culte d'adoration publique et au développement de l'amour fraternel dans l'église locale.

138.7. Fournir les éléments pour la Sainte Cène quand le pasteur le demande et l'aider à leur distribution. (29.5, 515.4)

139. Un poste vacant dans la fonction d'intendant peut être comblé par l'église locale au cours d'une réunion d'église dûment convoquée. (113.8)

140. Les intendants constitueront le Comité d'intendance qui aura pour devoir de promouvoir la cause de l'intendance chrétienne des ressources de la vie dans l'église locale, en coopération avec le pasteur et les ministères d'intendance du Trésorier général. (32-32.5)

M. Les gérants de l'église locale

141. Le nombre de gérants de l'église sera d'au moins trois ou d'un maximum de neuf. Ils seront élus parmi les membres de l'église locale pour siéger durant la prochaine année ecclésiastique et jusqu'à ce que leurs successeurs soient élus et qualifiés. (34, 113.11, 127)

142. Dans tous les cas où la loi civile exige un mode spécifique d'élection des gérants de l'église, ce mode sera strictement suivi. (113.4)

142.1. Quand aucun mode particulier d'élection n'est requis par la loi civile, les gérants seront élus par vote au scrutin au cours de la réunion annuelle de l'église locale ou au cours d'une réunion spéciale dûment convoquée à cette fin. (113.7, 113.11)

143. Les devoirs des gérants sont:

143.1. Conserver les titres de propriété de l'église et de l'administrer comme gérants de l'église locale, là où l'église locale n'est pas constituée en association, ou bien là où la loi civile l'exige, ou encore là où pour d'autres raisons cela semble être meilleur d'après le surintendant de district ou le conseil consultatif de district, suivant les directions et restrictions établies en 102-104.4.

143.2. Donner des directives pour le développement des locaux et la planification financière, à moins que le conseil de l'église n'ait prévu autrement.

144. Un poste vacant dans la fonction de gérant peut être comblé par l'église locale, au cours d'une réunion d'église dûment convoquée. (113.8)

N. Le conseil des Ministères de l'École du Dimanche et de la Formation de Disciples Internationaux de l'église locale

145. Chaque église locale établira un conseil des MEDFDI ou un Comité d'éducation faisant partie du conseil d'église, au cours de la réunion annuelle de l'église. Ce conseil ou comité sera responsable des ministères d'éducation chrétienne dans l'église. Dans les églises de 75 membres ou moins, ces responsabilités peuvent être assumées par le conseil de l'église. Ses membres d'office sont: le surintendant des MEDFDI (146); le pasteur; le président de la MNI; le président de la JNI; le directeur des Ministères Auprès des Enfants; le directeur des Ministères Auprès des Adultes; et trois à neuf personnes membres de l'église élues au cours de la réunion annuelle de l'église. Les membres peuvent être élus pour des mandats étendus de deux ans, jusqu'à ce que leurs successeurs soient élus et qualifiés. Quand un poste vacant survient au sein du conseil, il peut être comblé au cours d'une réunion d'église dûment convoquée. Si une église élit un Comité d'éducation faisant partie du conseil de l'église, elle devra suivre les exigences du *Manuel* à l'égard du nombre minimum d'intendants et de gérants. Les membres d'office seront membres de ce comité, bien que certains puissent ne pas être membres du conseil de l'église.

Nous recommandons vivement à nos églises locales de n'élire comme dirigeants de l'église que des membres actifs de l'église locale qui professent l'expérience de l'entière sanctification et dont les vies rendent un témoignage public à la grâce de Dieu qui nous appelle à une vie de sainteté; qui sont en accord avec les doctrines, le régime et les pratiques de l'Église du Nazaréen; qui soutiennent fidèlement l'œuvre de l'église locale par leur présence régulière, leur service actif et avec leurs dîmes et leurs offrandes. Les dirigeants de l'église devraient être pleinement engagés à «faire des disciples à l'image de Christ dans les nations.» (33, 137, 141, 146)

Les devoirs et pouvoirs du conseil des MEDFDI ou du Comité d'Éducation sont:

145.1. Planifier, organiser, promouvoir et diriger le ministère de l'éducation chrétienne pour l'église locale. Cela doit se faire sous la supervision du pasteur et la direction du surintendant des MEDFDI et du conseil de l'église locale. Cela se fera aussi conformément aux objectifs de la dénomination et normes établis par le Conseil général et la promotion sera faite par le Comité de la mission mondiale, des Ministères Auprès des Adultes (MAA), la JNI et les Ministères Auprès des Enfants (MAE). Ceux-ci comportent les ministères impliqués dans le programme d'études ainsi que ceux plus spécifiques pour les adultes et les enfants. L'École du dimanche/les études bibliques/les petits groupes, avec le ministère de la prédication constituent l'essentiel de l'étude des Écriture et de la doctrine dans l'Église. Les garderies et les écoles (jusqu'au secondaire) et les ministères annuels ou spéciaux tels que Caravane, écoles bibliques de vacances, ministères auprès des célibataires, offrent des occasions par lesquelles les doctrines scripturaires sont vécues et intégrées dans la vie de l'assemblée. (516.15)

145.2. Atteindre pour Christ et l'église le plus grand nombre de personnes qui ne fréquentent pas régulièrement une église, en les amenant dans la communion de l'église, leur enseignant la Parole de Dieu efficacement et les amenant au salut; en enseignant les doctrines de la foi chrétienne et en développant un caractère, des attitudes et des habitudes à la ressemblance de Christ; en aidant à établir des foyers chrétiens; en préparant les croyants à devenir membres de l'église et en les équipant pour des ministères chrétiens adaptés.

145.3. Déterminer les programmes d'études des divers ministères, utilisant toujours les matériels de l'Église du Nazaréen pour former la base de l'étude biblique et de l'interprétation doctrinale.

145.4. Planifier et d'organiser l'ensemble des MEDFDI locale, conformément aux statuts des MEDFDI. (812).

145.5. Proposer comme candidats à la fonction de surintendant des MEDFDI, aux cours de la réunion d'église annuelle, un ou plusieurs membres approuvés par le pasteur. Les sélections doivent être faites au cours d'une réunion où le surintendant en fonction n'est pas présent.

145.6. Proposer au conseil de l'église les candidats, approuvés par le pasteur, à la fonction de directeur des Ministères Auprès des Enfants (MAE) et de directeur des Ministères Auprès des Adultes (MAA).

145.7. Élire les membres du MAE et du MAA parmi les candidats présentés par les directeurs des ministères auprès des enfants et auprès des adultes, avec l'approbation du pasteur et du surintendant des MEDFDI.

145.8. Élire les surveillants, enseignants et responsables de tous les groupes d'âge de l'École du dimanche/l'étude biblique/ et les petits groupes. Ils seront des chrétiens pratiquants, menant une vie exemplaire, en pleine harmonie avec les doctrines et le régime de l'Église du Nazaréen. Le choix se fera parmi les candidats présentés par le président de la JNI et les directeurs du MAE et du MAA. Les candidats devront être approuvés par le pasteur et le surintendant des MEDFDI.

145.9. Éire un directeur local du programme de la formation continue des laïcs comme organisera, promouvra et supervisera des temps de formation réguliers pour ceux qui travaillent dans les MEDFDI et pour tout membre de l'église. Le Conseil des MEDFDI aura l'option de nommer le directeur du programme de la formation continue des laïcs membre d'office de ce conseil.

145.10. Tenir des réunions régulières et de s'organiser en choisissant un secrétaire et d'autres responsables considérés nécessaires, au début de l'année des MEDFDI, qui sera identique à l'année ecclésiastique (114). Le pasteur ou le surintendant de l'école du dimanche pourra convoquer des réunions spéciales.

146. Le surintendant des MEDFDI. La réunion d'église annuelle élira par un vote au scrutin à la majorité des personnes présentes et votantes, parmi ses membres à part entière, un surintendant des MEDFDI qui siégera pendant un an ou jusqu'à ce que son successeur soit élu. Le conseil des MEDFDI, avec l'approbation du pasteur, peut demander qu'un surintendant des MEDFDI en fonction soit élu par un vote uninominal (oui/non). Tout poste vacant sera comblé par l'église locale au cours d'une réunion de l'église dûment convoquée. Le surintendant des MEDFDI récemment élu, sera membre d'office de l'assemblée de district, du conseil de l'église locale et du Conseil des MEDFDI.

Nous recommandons à nos églises locales de n'élire comme responsables des membres actifs de l'église locale qui professent l'expérience de l'entière sanctification et dont les vies rendent un témoignage public à la grâce de Dieu qui nous appelle à une vie de sainteté; qui sont en accord avec les doctrines, les règles et les pratiques de l'Église du Nazaréen; qui soutiennent fidèlement l'œuvre de l'église locale par leur présence régulière leur, service actif et par leurs dîmes et leurs offrandes. Les dirigeants de l'église devraient être pleinement engagés à «faire des disciples à l'image de Christ dans les nations.» (33, 113.11, 127, 145, 145.5, 201)

Les devoirs et pouvoirs du surintendant des MEDFDI sont:

146.1. Superviser toutes les activités des MEDFDI de l'église locale.

146.2. Administrer les MEDFDI conformément aux règlements des MEDFDI. (812)

146.3. Promouvoir les programmes de croissance au niveau de l'enregistrement, de l'assistance et de la formation de responsables.

146.4. Présider les réunions régulières du Conseil des MEDFDI ou du Comité d'éducation du conseil de l'église locale et de diriger le Conseil des MEDFDI dans l'exercice de ses fonctions.

146.5. Soumettre un budget annuel pour les MEDFDI au conseil de l'église.

146.6. Faire un rapport mensuel au conseil de l'église et de soumettre un rapport écrit à la réunion d'église annuelle.

147. Conseils et directeurs des Ministères Auprès des Enfants (MAE) et des Ministères Auprès des Adultes (MAA). L'œuvre des MEDFDI est le mieux organisée par groupes d'âge : enfants, jeunes et adultes. Pour chaque groupe d'âge, il devrait y avoir un conseil responsable de l'organisation et de l'administration du travail. Un tel conseil est composé du directeur du groupe d'âge et des représentants de l'École du dimanche/l'étude biblique/et les petits groupes et d'autres ministères que l'église prévoit pour ce groupe d'âge. Le conseil a pour tâche de travailler avec le directeur du groupe d'âge pour planifier des ministères pour ce groupe d'âge et de prendre des dispositions en vue de la mise en application de ces plans. Tout le travail des Conseils du MAE et du MAA est sujet à l'approbation de son directeur et du Conseil des MEDFDI.

Les devoirs des directeurs des différents groupes d'âge sont :

147.1. Présider le conseil du groupe d'âge donné qu'il ou elle dirige et de guider le conseil dans l'organisation, la promotion et la coordination de l'ensemble des MEDFDI pour les personnes de ce groupe d'âge.

147.2. Donner une direction au groupe d'âge approprié des MEDFDI par la promotion de programmes de croissance dans l'enregistrement et l'assistance pour les enfants, les jeunes ou les adultes dans l'église locale, en coopération avec le Conseil des MEDFDI.

147.3. Donner une direction pour des activités supplémentaires aux garderies et écoles du dimanche (jusqu'au secondaire), aux ministères annuels et spéciaux, d'évangélisation et de fraternisation pour le groupe d'âge qu'il ou elle représente.

147.4. Proposer des candidats au Conseil des MEDFDI qui pourraient diriger les divers ministères attribués à son groupe d'âge, y compris les surveillants, les moniteurs et les dirigeants de l'école du dimanche/l'étude biblique/et les petits groupes, à l'exception de la JNI qui proposera les noms des jeunes surveillants, moniteurs et dirigeants pour l'École du dimanche/l'étude biblique/et les petits groupes. Les candidats seront approuvés par le pasteur et le surintendant des MEDFDI (33).

147.5. Obtenir l'approbation du Conseil des MEDFDI avant d'utiliser des programmes d'études autres que celui de l'église.

147.6. Pourvoir à la formation des travailleurs des différents groupes d'âge, en coopération avec le Conseil des MEDFDI et le directeur de programme de la formation continue des laïcs.

147.7. Soumettre une demande de budget annuel au Conseil des MEDFDI et/ou au conseil de l'église et d'administrer les fonds conformément au budget approuvé.

147.8. Recevoir tous les rapports des divers ministères fonctionnant dans les groupes d'âge de l'église locale sous sa direction. Un rapport mensuel de tous les Ministères de formation de disciples (école du dimanche/responsabilités de ministères élargies/formation des disciples/études bibliques) sera soumis au surintendant des MEDFDI.

147.9. Soumettre un calendrier trimestriel des activités de son groupe d'âge au Conseil des MEDFDI pour être coordonné avec l'ensemble des MEDFDI de l'église locale.

148. Conseil des Ministères Auprès des Enfants. Le Conseil des MAE est responsable de la planification de tous les MEDFDI pour les enfants depuis la naissance jusqu'à l'âge de douze ans dans l'église locale. Le conseil est composé d'au moins un représentant de l'École du dimanche/l'étude biblique/et les petits groupes et des directeurs de tous les autres ministères auprès des enfants, offerts dans l'église locale, tels que : culte pour enfants, caravane, école biblique de vacances, concours bibliques, la mission mondiale, la liste de la garderie et tout autre ministère jugé nécessaire. Le nombre de membres du conseil variera avec le nombre de ministères qui sont offerts aux enfants dans l'église locale, à mesure que les besoins sont identifiés et que les responsables sont disponibles.

Les devoirs du directeur des ministères auprès des enfants sont :

148.1. Accomplir les devoirs attribués à tous les directeurs des différents groupes d'âge selon les paragraphes 147.1-147.9

148.2. Travailler de concert avec le comité de direction de la MNI de l'église locale en vue de nommer d'un directeur du programme de la mission pour enfants. La personne nommée devient membre du conseil de la MNI et du conseil des Ministères Auprès des Enfants. Les candidats à ce poste seront approuvés par le pasteur et le surintendant des MEDFDI.

149. Conseil des ministères auprès des adultes. Le Conseil des ministères auprès des adultes sera responsable de la planification de tous les MEDFDI pour adultes dans l'église locale. Le conseil est composé d'au moins un représentant de l'École du dimanche, l'étude biblique et les petits groupes et des directeurs de tous les autres ministères offerts dans l'église locale, tels que : mariage et vie familiale, les ministères pour les adultes retraités, les ministères pour les adultes célibataires, les ministères pour les laïcs, les ministères pour les femmes, les ministères pour les hommes et tous les autres ministères jugés nécessaires. Le nombre des membres du conseil variera selon le nombre de ministères offerts auprès des adultes dans l'église locale, à mesure que des besoins sont identifiés et que des responsables sont disponibles.

Les devoirs du directeur des MAA sont:

149.1. Accomplir les devoirs attribués à tous les directeurs des différents groupes d'âge, dans les paragraphes 147.1-47.9.

O. Le Conseil de la Jeunesse Nazaréenne Internationale de l'église locale

150. Le ministère nazaréen auprès de la jeunesse est organisé dans l'église locale sous les auspices de la Jeunesse Nazaréenne Internationale (JNI). Les groupes locaux sont organisés sous l'égide de la charte JNI et sous l'autorité du conseil de l'église locale.

150.1. La JNI locale s'organisera elle-même suivant le plan de ministère local de la JNI, (810.100-810.118), qui peut être adapté en réponse aux besoins du ministère local de la jeunesse (voir 810.103) et en accord avec la charte de la JNI et le *Manuel* de l'Église du Nazaréen.

P. Garderies/écoles nazaréennes (jusqu'au secondaire) de l'église locale

151. Les garderie et les écoles nazaréennes (jusqu'au secondaire) peuvent être organisées par le conseil d'une église local, après avoir reçu l'approbation du surintendant de district et du conseil consultatif de district, selon les critères établis par les Ministères Auprès des Enfants (MAE) et les MEDFDI. Le directeur et le conseil de l'école seront responsables devant le(s) conseil(s) de l'église locale et soumettront un rapport annuel. (129.18, 211.13-211.14, 225.14, 516.15, 517)

151.1. Fermeture d'écoles. Dans le cas où une église locale trouve nécessaire de suspendre les opérations de sa (ses) garderie(s)/école(s) (jusqu'au secondaire), cela devrait se faire seulement après avoir consulter le surintendant de district et le conseil consultatif du district et la présentation d'un rapport financier.

Q. La Mission Nazaréenne Internationale de l'église locale

152. Sur l'autorisation du conseil de l'église, des organisations locales de la Mission Nazaréenne Internationale (MNI) peuvent être formées au sein de tout groupe d'âge, en harmonie avec la constitution de la MNI approuvée par la Convention de la MNI mondiale et par le Comité de la mission mondiale du Conseil général. (811)

152.1. La MNI locale sera une partie constituante de l'église locale et elle sera sujette à la supervision et à la direction du pasteur et du conseil de l'église. (516)

152.2. Un Comité de sélection de trois à sept membres de la MNI nommé et présidé par le pasteur. Ce comité proposera un ou plusieurs noms au poste de président pour l'approbation du conseil de l'église. Le président sera élu par un vote à la majorité des membres (à l'exclusion des membres sympathisants) présents et votants. Le président sera un membre de l'église locale à laquelle est rattachée la MNI, il sera membre d'office du conseil de l'église (ou dans les églises où l'épouse du pasteur est président, le vice-président peut siéger au conseil de l'église) et membre de l'assemblée de district tenue immédiatement avant l'année de son entrée en fonction. Le président présentera un rapport à la réunion annuelle de l'église locale. (113.9, 114, 123, 127, 201)

153. Tous les fonds recueillis par la MNI pour les intérêts généraux de l'Église du Nazaréen seront versés à la part du Fonds pour l'Évangélisation Mondiale, à l'exception des projets spéciaux pour la mission qui ont été approuvés par le Comité des dix pourcents.

153.1. Après la considération primordiale du paiement intégral du Fonds pour l'Évangélisation Mondiale, les églises locales sont encouragées à soutenir d'autres œuvres de la Mission Mondiale, avec les projets spéciaux approuvés pour la mission.

154. Les fonds de soutien des intérêts généraux seront recueillis de la manière suivante:

154.1. Par les dons et offrandes désignés pour le FEM et les intérêts généraux.

154.2. Par les offrandes spéciales telles que celle de Pâques et les offrandes de reconnaissance.

154.3. Aucune partie des fonds décrit ci-dessus ne sera utilisée pour des dépenses locales ou du district, ou d'autres fins caritatives.

R. Interdiction de demander l'aide financière de l'église locale

155. Il ne sera pas légal pour une église locale, ses dirigeants ou ses membres de faire appel à d'autres églises locales, à leurs dirigeants et à leurs membres en vue de demander de l'argent ou l'aide financière pour les besoins de leur église locale ou pour les intérêts qu'ils peuvent soutenir. Il est prévu, toutefois, qu'une telle sollicitation puisse être faite à des églises locales et à leurs membres dans les limites du district ou le demandeur est membre, mais seulement à la condition que la demande soit approuvée par écrit par le surintendant de district et le conseil consultatif du district.

156. Les membres de l'Église du Nazaréen qui ne sont pas autorisés par le Conseil général ou l'un de ses comités demander des fonds, auprès des assemblées d'églises locales où des membres de ces églises, pour des activités missionnaires ou d'autres activités similaires autres que le Fonds pour l'Évangélisation Mondiale.

S. Utilisation du nom de l'église locale

157. Le nom de l'Église du Nazaréen, de toute d'église locale, de toute association ou établissement qui fait partie ou est affilié à l'Église du Nazaréen, ou toute partie du nom de ces derniers, ne sera pas utilisé par aucun membre de l'Église du Nazaréen ou toute autre personne, ou société, partenariat, association, groupe ou tout autre entité associée à une activité (qu'elle soit commerciale, sociale, d'éducation, charitable ou d'une autre nature) sans l'accord préalable du Conseil général de l'Église du Nazaréen et du Conseil des surintendants généraux, pourvu que, toutefois, cette stipulation ne s'applique à des activités de l'Église du Nazaréen qui sont autorisées par son *Manuel*.

T. Association parrainée par l'église

158. Aucune église locale, ou conseil d'église locale, ni aucune association du district, ou conseil du district, ni deux ou plusieurs membres issus d'aucun d'entre eux, agissant individuellement ou autrement, ne formeront ou ne deviendront directement ou indirectement membres d'aucune corporation, association, partenariat, groupe, ou autre entité qui prône, parraine, encourage, ou qui s'engage d'une manière ou d'une autre dans toute activité (qu'elle soit d'une nature commerciale, sociale, éducative, caritative, ou autre) dans laquelle les membres de l'Église du Nazaréen sont sollicités ou recherchés, d'une manière quelconque, comme participants, clients, locataires, membres ou associés éventuels, ou dans une activité quelconque (qu'elle soit d'une nature commerciale, sociale, éducative, caritative ou autre) qui se propose directement ou indirectement d'être parrainée ou dirigée en premier lieu ou exclusivement par ou pour le bénéfice ou le service des membres de l'Église du Nazaréen, sans le consentement préalable par écrit du surintendant de district, du conseil consultatif de district et du Conseil des surintendants généraux.

U. Les adjoints dans l'église locale

159. Il peut y avoir ceux qui se sentent appelés à se préparer pour certains services laïcs vitaux dans l'église, à temps partiel ou à plein temps. L'église reconnaît le rôle de tels ouvriers laïcs ; cependant, elle est fondamentalement une institution volontaire dont les membres ont pour devoir et privilège de servir

Dieu et les autres selon leurs capacités. Lorsque l'emploi d'adjoints ministériels ou laïcs dans l'église locale, ou dans toute branche ou toute association affiliée de l'église locale, devient nécessaire pour une plus grande efficacité, cela doit se faire de manière à ne pas dévitaliser l'esprit de libre-service de tous ses membres, ou de paralyser les ressources financières de l'église, y compris le paiement de tous les postes budgétaires. Toutefois, une demande peut être faite par écrit pour étude par le surintendant de district et le conseil consultatif du district pour des exceptions dans des cas spéciaux. (129.27)

159.1. Tout adjoint local, rémunéré ou non, qui remplit un ministère spécialisé dans le contexte de l'église locale et qui entre dans une vocation de ministère au sein de l'église, incluant les directeurs des garderies et les écoles (jusqu'au secondaire), devra être élu par le conseil de l'église après avoir été proposé par le pasteur. Toute sélection doit avoir l'approbation écrite préalable du surintendant de district, qui devra répondre dans les 15 jours après la réception de la requête. (159.4, 211.3)

159.2. L'emploi de tels adjoints ne sera pas pour plus d'un an et pourra être renouvelé sur la recommandation du pasteur avec l'approbation écrite et préalable du surintendant de district et le vote favorable du conseil de l'église. Le pasteur aura la responsabilité d'effectuer une évaluation annuelle de chaque membre du personnel. Le pasteur, en consultation avec le conseil de l'église, peut faire des recommandations concernant le développement du personnel ou la modification du cahier des charges de chaque poste selon les indications de l'évaluation. Le renvoi de tous les adjoints avant la fin de la période d'emploi (fin de l'année ecclésiastique) ne peut se faire que sur la recommandation du pasteur, l'approbation du surintendant de district et un vote majoritaire du conseil de l'église. La notification du renvoi ou du non-renouvellement de l'emploi doit être donné par écrit au moins trente jours avant la fin de l'emploi. (129.27)

159.3. Les devoirs et services de tels adjoints doivent être déterminés et supervisés par le pasteur. Un énoncé clair et écrit des responsabilités (description d'emploi) doit être donné à ces adjoints durant les 30 premiers jours de leurs emplois dans l'église locale.

159.4. Aucun employé salarié de l'église ne sera éligible à être élu au conseil de l'église. Si un membre du conseil de l'église devient un employé salarié de l'église, il cessera d'être membre du conseil de l'église.

159.5. Dans des périodes de transition pastorale, la stabilité, l'unité et la continuité du ministère de l'église locale sont cruciales. En conséquence, le surintendant de district (ou un représentant nommé par le surintendant de district) travaillera de près avec le conseil de l'église locale à la mise en œuvre des étapes suivantes qui (a) peut permettre à l'église locale de garder une partie ou tous ses employés pour au moins une partie de la période de transition; (b) permettra quand même au nouveau pasteur de développer sa propre équipe s'il le souhaite; (c) permettra au conseil et au surintendant de district la discrétion de fournir au personnelle de transition un temps raisonnable pour effectuer les changement à leur vie personnelle et professionnelle. Premièrement, suite à la démission ou la cessation d'emploi du pasteur, tous les adjoints devront aussi donner leur démission, elle sera effective à la même date que celle du pasteur. Deuxièmement le conseil d'une église locale peut demander que le surintendant de district approuve la continuation du service de certains ou de tous les adjoints. Cette approbation, si elle est accordée, peut continuer pendant 90 jours après le début des activités du nouveau pasteur, ou jusqu'à ce que le nouveau pasteur propose ses adjoints salariés pour l'année à venir, en accord avec le paragraphe 159. Les directeurs des garderies et les écoles (jusqu'au secondaire) soumettront leur démission qui prendra effet à la fin de l'année scolaire au cours de laquelle le nouveau pasteur assume les fonctions du poste. Le président-directeur général de toute branche et de toute association affiliée soumettra sa démission à la fin de cette période contractuelle au cours de laquelle le nouveau pasteur assume les fonctions du poste. Le nouveau pasteur peut avoir le privilège de recommander le renouvellement de contrats de travail déjà en place.

159.6. Le surintendant de district sera responsable d'informer les employés, le conseil de l'église et l'assemblée, de l'effet du paragraphe 159.5 sur le personnel salarié au moment d'un changement de poste pastoral. (211.13)

159.7. Le pasteur d'une assemblée ayant reçu l'approbation de fonctionner comme une église locale selon les dispositions du paragraphe 100.2 ne sera pas considéré membre du personnel.

159.8. Toute personne servant comme membre du personnel salarié serait inéligible à être appelée à devenir le pasteur de l'église dont elle est membre sans l'approbation du surintendant et du conseil consultatif de district (115, 129.2, 211.10, 225.16).

II. ADMINISTRATION DU DISTRICT

A. Les limites et le nom du district

200. L'Assemblée générale organisera les effectifs de l'église en districts.

Un district est une entité composée d'églises locales interdépendantes qui sont organisées pour promouvoir la mission de chaque église locale par un soutien mutuel, le partage de ressources et la collaboration.

Les limites et le nom d'un district seront celles qui auront été décidés par le Comité général des limites et approuvés par un vote majoritaire de la ou des assemblée(s) de district(s) concernée(s), avec l'approbation finale du surintendant général ou des surintendants généraux ayant juridiction.

Là où des districts de plus d'une région éducationnelle s'apprêteraient à fusionner le Comité général des limites déterminera en consultation avec le surintendant ayant juridiction à quelle région appartiendra le nouveau district. (24)

200.1. La création de nouveaux districts. De nouveaux districts dans l'Église du Nazaréen peuvent être crées par:

(1) La division d'un district en plusieurs districts (requiert un vote aux deux-tiers de l'assemblée de district);

(2) La reconfiguration de plusieurs districts, pouvant résulter en la création d'un ou plusieurs districts;

(3) La formation d'un nouveau district dans une région qui n'est pas incluse dans un district existant;

(4) La fusion de deux districts ou plus; ou

(5) La recommandation d'établir un nouveau district devra être soumise au(x) surintendant(s) général/généraux ayant juridiction. Le(s) surintendant(s) de district et le(s) conseil(s) consultatif(s) de district ou conseil(s) national/nationaux pourront approuver et référer cela à/aux assemblée(s) de district pour vote, avec l'approbation du/des surintendant(s) général/généraux ayant juridiction et le Conseil des surintendants généraux. (24, 200, 200.4)

200.2. L'œuvre de l'Église du Nazaréen peut débuter par une zone pionnière et conduire à l'établissement de nouveaux districts et de nouvelles limites pour les assemblées de districts. Des districts en phase 3 peuvent apparaître aussi rapidement que possible selon le plan suivant:

Phase 1. Un district en phase 1 sera désigné quand l'occasion d'entrer dans un nouveau territoire se présentera, selon les principes de développement stratégique et d'évangélisation. Des demandes à cet effet peuvent être faites par un directeur régional, par un district par l'intermédiaire du conseil consultatif régional, ou par le surintendant du district parrainant et/ou le conseil consultatif du district, pour approbation finale par le/les surintendant(s) général/généraux ayant juridiction et le Conseil des surintendants généraux.

Le surintendant de district dans un district en phase 1 sera recommandé par le directeur régional, en consultation avec le directeur de la mission mondiale, au surintendant général ayant juridiction qui le nommera. La région guidera le district en phase 1 en ce qui concerne les ressources disponibles pour son développement. Dans le cas où il y aurait des districts parrains, le surintendant de district sera nommé par le surintendant général ayant juridiction après avoir consulté le(s) surintendant(s) de district et le(s) conseil(s) consultatif(s) de(s) district(s) intéressé(s).

Lorsque, selon l'opinion du coordinateur de la stratégie du champ et du directeur régional, un district en phase 1 est en crise — financière, morale ou autre — et que cette crise affecte sérieusement la stabilité et l'avenir du district, un district peut être déclaré en crise avec l'approbation du surintendant général ayant juridiction et en consultation avec le directeur de la mission mondiale. Le directeur régional, avec l'approbation du surintendant général ayant juridiction, peut nommer un conseil intérimaire de gestion du district en lieu et place de tous les conseils existants, jusqu'à la prochaine assemblée de district régulièrement convoquée.

Phase 2. Un district peut être déclaré en phase 2 quand un nombre suffisant d'églises organisées et de ministres ordonnés et une infrastructure de district d'une maturité adéquate existeront pour recommander une telle désignation.

Une telle désignation sera faite par le Conseil des surintendants généraux sur la recommandation du surintendant général ayant juridiction après avoir consulté le directeur de la Mission Mondiale, le directeur régional et autres personnes et conseils qui sont impliqués dans la sélection du surintendant de district. Un surintendant de district sera élu ou nommé.

Les directives mesurables incluent un minimum de 10 églises organisées, 500 membres à part entière, 5 ministres ordonnés et un minimum de 50 % des frais de l'administration du district sera généré par les revenus du fonds des ministères du district, au moment de la désignation. Un conseil consultatif de district ou un conseil national peut demander au surintendant général ayant juridiction une exception à ces critères.

Quand, selon l'avis du coordinateur de la stratégie du champ et du directeur régional, un district en phase 2 est en crise — financière, morale ou autre — et que cette crise affecte sérieusement la stabilité et l'avenir du district, un district peut être déclaré en crise avec l'approbation du surintendant général ayant juridiction. Le directeur régional, avec l'approbation du surintendant général ayant juridiction, peut désigner un conseil intérimaire de gestion du district en lieu et place de tous les conseils existants, jusqu'à la prochaine assemblée de district régulièrement convoquée.

Phase 3. Un district peut être déclaré en phase 3 quand un nombre suffisant d'églises organisées, de ministres ordonnés et de membres existeront pour assurer une telle désignation. La direction, l'infrastructure, la responsabilité budgétaire et l'intégrité doctrinale doivent être démontrées. Un district en phase 3 doit être capable de porter ces charges et de partager les défis du Grand mandat missionnaire dans la perspective mondiale d'une église internationale.

Une telle désignation sera faite par le Conseil des surintendants généraux sur la recommandation du surintendant général ayant juridiction après avoir consulté le directeur de la mission mondiale, le directeur régional et autres personnes et conseils qui sont impliqués dans la sélection du surintendant de district. Un surintendant de district sera choisi conformément aux dispositions du *Manuel*.

Les critères mesurables incluent un minimum de 20 églises organisées, 1 000 membres à part entière et 10 ministres ordonnés. Un conseil consultatif de district ou le conseil national peut demander au surintendant général ayant juridiction une exception à ces critères.

Un district en phase 3 doit être autofinancé à 100% en ce qui concerne l'administration du district.

Les districts en phase 3 font intégralement partie de leurs régions respectives. Dans les régions ayant un directeur régional, le surinten- dant général ayant juridiction peut requérir l'aide du directeur régional pour faciliter la communication et la supervision du district.

Quand, selon l'avis d'un surintendant général ayant juridiction, un district est en crise — financière, morale ou autre — et que cette crise affecte sérieusement la stabilité et l'avenir du district, un district peut être déclaré en crise avec l'approbation du Conseil des surintendants généraux. Le surintendant général ayant juridiction, avec l'approbation du Conseil des surintendants généraux, peut prendre une ou plusieurs des mesures suivantes:

(1) Destituer le surintendant du district;

(2) Désigner un conseil intérimaire pour la gestion du district en lieu et place de tous les conseils existants, jusqu'à la prochaine assemblée de district régulièrement convoquée; et

(3) Initier toute intervention spéciale qui pourrait être nécessaire au rétablissement de la santé du district et à l'efficacité de sa mission. (200.1, 205.12, 206.2, 209.1, 307.9, 322)

200.3. Les critères pour le morcèlement d'un district ou pour le changement des limites d'un district. Une proposition pour le développement d'un district ou le changement des limites d'un district formulé par un bureau régional, un conseil national ou un conseil consultatif de district peut être présentée au surintendant général ayant juridiction. Un tel plan devrait prendre en considération :

(1) Que les nouveaux districts proposés ou réalignés aient des centres de population qui justifient la création ou le réalignement de tels districts ;

(2) Que des moyens de communication et de transport soient disponibles pour faciliter le travail des districts ;

(3) Qu'un nombre suffisant de ministres ordonnés et de responsables laïcs mûrs soient disponibles pour le travail des districts ;

(4) Que les districts parrains aient, dans la mesure du possible, des revenus suffisants dans le fonds des ministères du district, suffisamment de membres et d'églises organisées pour maintenir leur statut de district en phase 3.

200.4. Les fusions. Deux ou plusieurs districts en phase 3 peuvent être fusionnés après un vote favorable des deux tiers de chacune des assemblées de district impliquées, à condition que : la fusion ait été recommandée par les conseils consultatifs des districts respectifs (et le(s) conseil(s) national (aux), là où il y a lieu) et approuvée par écrit par les surintendants généraux ayant juridiction dans les districts impliqués.

La fusion et ce qui s'y rattache seront finalisés à une date et dans un lieu déterminé par les assemblées de district impliquées et les surintendants généraux ayant juridiction.

L'organisation ainsi créée rassemblera le patrimoine actif et passif des districts respectifs.

Des districts en phase 1 et en phase 2 peuvent être fusionnés, conformément aux dispositions pour la création d'un nouveau district décrites au paragraphe 200.2 (200.1).

200.5. Si une assemblée de district ou toutes les assemblées de district impliquées n'agissent pas, ou si les actions des différentes assemblées de district sont en désaccord, la recommandation peut être soumise à la prochaine Assemblée générale pour décision, si cela est demandé par deux tiers des conseils consultatifs des districts touchés.

200.6. Un surintendant de district peut utiliser des facilitateurs de zone ou des directeurs de secteur missionnaire pour l'assister à :

(1) Développer un sens de communauté et de camaraderie parmi les pasteurs de la zone ou du secteur de mission ;

(2) Promouvoir la cause de Christ en encourageant et planifiant le développement ministériel, la croissance de l'église, l'évangélisation et le démarrage ou redémarrage d'églises ;

(3) Accomplir des tâches spécifiques pour le surintendant de district et le conseil consultatif de district et

(4) Servir de lien de communication entre les assemblées locales et le district.

B. Composition et convocation à l'assemblée du district

201. Composition. L'assemblée de district sera composée de tous les anciens affectés; de tous les diacres affectés; de tous les ministres habilités affectés; de tous les ministres retraités affectés; du secrétaire de district; du trésorier de district; de tous les présidents des comités permanents du district qui donnent un rapport à l'assemblée de district; de tous les présidents laïcs des institutions nazaréennes d'éducation supérieure, qui sont membres d'une église locale dans le district; du président des MEDFDI de district; des directeurs internationaux des ministères de district auprès des divers groupes d'âge (enfants et adultes); du conseil des MEDFDI de district; du président de la JNI de district; du président de la MNI de district; du nouveau surintendant ou vice surintendant élu de chaque conseil local des MEDFDI (146); du nouveau président ou vice-président élu de chaque association locale de la JNI (151); du nouveau président ou vice-président élu de chaque conseil local de la MNI; ou un délégué suppléant élu peut représenter les organismes de la MNI, de la JNI et des MEDFDI à l'assemblée de district; de ceux qui servent dans des affectations de ministère; des membres laïcs du conseil consultatif du district; des missionnaires laïcs qui sont membres d'une église du district; de tous les missionnaires laïcs retraités qui sont membres d'une église locale dans le district et qui étaient missionnaires actifs au moment de leur retraite; et des délégués laïcs de chaque église locale et église de type mission dans le district de l'assemblée (24, 113.14-113.15, 146, 152.2, 201.1-201.2, 219.2, 222.2, 224.4, 242.2, 244.2, 505-528.1, 532.8, 533-533.4, 534-534.3, 535-535.1, 536-536.2, 538.9.)

201.1. Les églises locales et les églises de type mission dans les districts de moins de 5 000 membres à part entière auront droit à une représentation à l'assemblée de district de la manière suivante : deux délégués laïcs de chaque église locale ou église de type mission de 50 membres à part entière ou moins et un délégué laïc supplémentaire pour chaque tranche successive de 50 membres à part entière et pour la dernière partie quand elle sera la majeure partie de 50 membres à part entière. (24, 113.14-113.15, 201)

201.2. Les églises locales et les églises de type mission dans les districts de 5 000 membres à part entière ou plus auront droit à une représentation à l'assemblée de district de la manière suivante : un délégué laïc de chaque église locale ou église de type mission de 50 membres à part entière ou moins et un délégué laïc supplémentaire pour chaque tranche successive de 50 membres à part entière et pour la dernière partie quand elle sera la majeure partie de 50 membres à part entière. (24, 113.14-113.15, 201)

202. Convocation. L'assemblée de district se tiendra annuellement, à la date désignée par le surintendant général ayant juridiction et dans le lieu désigné par le conseil consultatif de district ou arrangé par le surintendant de district.

203. Comité de sélection. Avant la convocation de l'assemblée de district, le surintendant de district en consultation avec le conseil consultatif du district désignera un comité de sélection au service de l'assemblée de district. Ce comité pourra proposer des candidats pour les comités et les postes habituels avant la convocation de l'assemblée de district. (215.2)

204. Toutes les entités du district seront autorisées à se rencontrer par voie électronique. Les méthodes de vote seront approuvées par le conseil consultatif de district. Toutes les communications et les votes requis pourront être faits par voie électronique.

C. Travaux de l'assemblée de district

205. Règles de procédure. Les réunions et délibérations des membres de l'Église du Nazaréen au niveau local, du district et général, ainsi que les organismes de l'association seront soumis aux lois en vigueur, aux statuts constitutifs et aux règlements administratifs du *Manuel* et seront régis et contrôlés par l'édition la plus récente du *Robert's Rules of Order* (Code de règles de procédure Robert) pour la procédure parlementaire. (34)

205.1. Les travaux de l'assemblée de district seront:

205.2. Entendre et recevoir un rapport annuel du surintendant de district qui résume le ministère du district, en incluant les églises nouvellement organisées.

205.3. Entendre ou recevoir les rapports de tous les anciens et ministres habilités servant comme pasteurs ou évangélistes nommés; et de considérer le caractère de tous les anciens, diacres et diaconesses. Par un vote de l'assemblée de district, le dossier des rapports écrits reçus par le secrétaire peut être accepté à la place des rapports oraux de tous les autres anciens, diacres, diaconesses et ministres habilités non-impliqués dans un service actif et les ministres ayant des certificats du district pour tout rôle de ministère décrit aux paragraphes 505-528.2 (521, 532.8, 538.9)

205.4. Habiliter en tant que ministre habilité, suite à un examen soigneux, les personnes qui ont été recommandées par les conseils d'église ou par le conseil consultatif de district et qui peuvent être jugés appelées au ministère et renouveler une telle habilitation sur la recommandation favorable du conseil des accréditations ministérielles du district ou du conseil ministériel de district (129.14, 531.5, 532.1, 532.3)

205.5. Renouveler en tant que diaconesses habilitées, après un examen soigneux, les personnes qui ont été recommandées par les conseils d'église et qui peuvent être jugés appelées à la fonction de diaconesse sur la recommandation favorable du conseil des accréditations ministérielles de district ou du conseil ministériel de district. (129.15)

205.6. Élire à l'ordre d'ancien ou à l'ordre de diacre les personnes jugées avoir rempli toutes les conditions requises pour de tels ordres, sur la recommandation favorable du conseil des accréditations ministérielles de district ou du conseil ministériel de district. (533.3, 543.3)

205.7. Reconnaître les ordinations et les accréditations de personnes venant d'autres dénominations qui pourraient être jugés qualifiés et souhaitables pour le placement dans l'Église du Nazaréen sur la recommandation favorable du conseil des accréditations ministérielles ou du conseil ministériel de district. (532.2, 535-535.2)

205.8. Recevoir, par transfert d'autres districts, des personnes ayant des accréditations ministérielles, des membres du clergé et des personnes ayant un rôle de ministère commissionné, y compris les transferts intérimaires approuvés par le conseil consultatif de district, qui peuvent être jugés souhaitables comme membres de l'assemblée de district, sur la recommandation favorable du conseil des accréditations ministérielles ou du conseil ministériel de district (231.9-231.10, 505, 508-511.1, 537-537.2)

205.9. Accorder un transfert de membres du clergé et de personnes ayant un rôle de ministère commissionné, y compris les transferts intérimaires approuvés par le conseil consultatif de district, et qui désirent être transférés à un autre district sur la recommandation favorable du conseil des accréditations ministérielles ou du conseil ministériel de district. (505, 508-511.1, 231.9-231.10, 537-537.1)

205.10. Commissionner ou enregistrer pour une année les personnes jugées qualifiées pour les rôles de ministère énumérés et définis aux paragraphes 505-528.2, sur la recommandation favorable du conseil des accréditations ministérielles ou du conseil ministériel de district.

205.11. Élire, par un vote favorable des deux tiers par voie de scrutin, un ancien à la fonction de surintendant de district, pour siéger jusqu'à trente jours après la clôture de la deuxième assemblée de district qui suit son élection et jusqu'à ce qu'un successeur soit élu ou nommé et qualifié. La procédure pour la réélection d'un surintendant de district sera un scrutin uninominal (oui/non). Aucun ancien ne sera considéré éligible à être élu à cette fonction, s'il a rendu à n'importe quel moment son accréditation pour des raisons disciplinaires. Aucun surintendant de district ne sera élu ou réélu après son 70ème anniversaire.

205.12. Après qu'un surintendant d'un district en phase 2 ou en phase 3 ait siégé dans ce district durant au moins deux années d'assemblées, l'assemblée de district peut le réélire pour une période de quatre ans sujet à l'approbation du surintendant général ayant juridiction. La procédure d'élection pour un mandat prolongé sera un vote favorable aux deux tiers par voie de scrutin uninominal «oui/non». (200.2)

205.13. Au cas où le surintendant général et le Comité Consultatif de District (CCD) seraient d'avis que le surintendant de district ne doit pas continuer à exercer ses fonctions au-delà de l'année courante, le surintendant général ayant juridiction et le CCD peuvent ordonner que la question soit soumise au vote de l'assemblée de district. La question sera soumise sous la forme suivante: «Le surintendant de district actuel devrait-il continuer d'exercer ses fonctions au-delà de cette assemblée de district?»

Si l'assemblée de district, par un vote aux deux tiers par voie de scrutin, décide que le surintendant peut continuer à exercer ses fonctions, il continuera à siéger comme si un tel vote n'avait pas eu lieu.

Si, au contraire, l'assemblée de district ne décide pas par un tel vote qu'il peut continuer à exercer ses fonctions, le mandat du surintendant prendra fin 30 à 180 jours après la clôture de cette assemblée de district, la date étant déterminée par le surintendant général ayant juridiction en consultation avec le CCD. (206.2, 208, 239)

205.14. Élire, par voie de scrutin, jusqu'à trois ministres ordonnés affectés et jusqu'à trois laïcs au conseil consultatif de district pour siéger pour une durée maximale de quatre ans, selon ce qui est déterminé par l'assemblée de district et jusqu'à ce que leurs successeurs soient élus et qualifiés.

Cependant, quand le district dépasse un total de 5 000 membres, il peut élire un ministre ordonné et affecté supplémentaire et un laïc supplémentaire pour chaque tranche de 2 500 membres et pour la dernière tranche quand elle sera la majeure partie de 2 500 membres. (224)

205.15. Élire un conseil des accréditations ministérielles du district composé d'au moins cinq ministres ordonnés affectés, dont deux seront le surintendant de district et le secrétaire de district, si ce dernier est ordonné, pour siéger durant une période de quatre ans et jusqu'à ce que leurs successeurs soient élus et qualifiés. Un secrétaire de district qui est une personne laïque siègera en tant que membre non-votant du conseil. Ce conseil se réunira avant l'assemblée de district pour considérer toutes les questions sous son autorité et autant que possible, achever son travail avant l'assemblée de district. (229-231.10)

205.16. Élire un conseil des études ministérielles de district composé de cinq ministres ordonnés affectés ou plus, pour siéger durant une période de quatre ans et jusqu'à ce que leurs successeurs soient élus et qualifiés. (232)

205.17. Faciliter ses efforts pour préparer les candidats à l'ordination et offrir des possibilités de soutien et de développement du clergé à ses ministres, un district peut élire le nombre total de personnes nécessaires pour siéger à la fois au conseil des accréditations ministérielles de district et au conseil des études ministérielles de district en tant que conseil ministériel de district. Ces ministres élus siègeront pour quatre ans.

Le conseil ministériel de district, avec le surintendant de district comme président d'office, devra organiser le conseil ministériel de district de telle façon à ce qu'il puisse exécuter la mission et toutes responsabilités du conseil des accréditations ministérielles de district et du conseil des études ministérielles de district. (216, 229-234.4)

205.18. Élire un comité de gestion des propriétés du district conformément aux provisions du paragraphe 236. (206.1)

205.19. Élire à sa convenance l'une ou l'autre ou les deux fonctions suivantes:
1. Un conseil de l'évangélisation de district d'au moins six membres, comprenant le surintendant de district;
2. Un directeur de l'évangélisation de district.

Les personnes élues siègeront jusqu'à la clôture de la prochaine assemblée de district et jusqu'à ce que leurs successeurs soient élus et qualifiés. (206.1, 215)

205.20. Élire un conseil des MEDFDI de district, en harmonie avec la procédure décrite au paragraphe 241, pour siéger jusqu'à ce que leurs successeurs soient élus et qualifiés. (206.1, 215)

205.21. Élire un comité des finances de l'assemblée de district composé d'une représentation égale de laïcs et de ministres affectés qui siègeront pour un mandat de quatre ans maximum, selon ce qui est déterminé par l'assemblée de district et jusqu'à ce que leurs successeurs soient élus et qualifiés. Le surintendant de district et le trésorier de district en seront membres d'office. (238-238.3)

205.22. Élire la cour d'appel de district composée de trois ministres ordonnés affectés, incluant le surintendant de district et deux laïcs, qui siègeront un mandat de quatre ans maximum et jusqu'à ce que leurs successeurs soient élus et qualifiés. (610)

205.23. Élire, par voie de scrutin, au cours d'une session dans les 16 mois qui précèdent la réunion de l'Assemblée générale ou dans les 24 mois qui la précèdent dans les régions où les visas de voyage ou d'autres préparatifs exceptionnels sont nécessaires, tous les délégués laïcs et tous les délégués ministériels sauf un, puisque le surintendant de district sera l'un d'eux. Chaque assemblée de district en phase 3 aura droit d'être représentée à l'Assemblée générale par un nombre égal de délégués ministériels et laïcs. Le surintendant de district, lors de l'Assemblée générale, sera l'un des délégués ministériels et les autres délégués ministériels seront des ministres ordonnés. Au cas où le surintendant de district serait incapable d'y assister ou que le poste est vacant et que le nouveau surintendant n'a pas encore été nommé, le délégué suppléant élu siègera la place du surintendant de district. Le comité de sélection soumettra un bulletin de vote contenant au moins six fois le nombre de délégués ministériels et laïcs à élire dans ce district. Parmi les candidats présentés, le nombre de noms présents sur les bulletins de vote ne sera pas plus de trois fois le nombre de personnes à élire. Alors, les délégués et les suppléants seront élus par un vote à la majorité relative, conformément aux paragraphes 301.1-301.3. Chaque assemblée de district peut élire un nombre de suppléants qui ne doit pas dépasser le double des délégués. Dans le cas où les visas de voyage sont difficiles à obtenir, une assemblée de district peut autoriser le conseil consultatif de district à sélectionner des suppléants additionnels. Il est demandé aux délégués d'assister sauf dans le cas d'un empêchement providentiel. (25-25.2, 301.1-301.3, 303, 332.1)

205.24. Établir, à sa discrétion, un système de membres sympathisants pour ses églises locales. (À des fins de représentation, les membres sympathisants ne doivent pas être comptés comme membres à part entière.) (108)

205.25. Pourvoir à une vérification annuelle de tous les livres des trésoriers du district, pour au moins la norme minimale requise par la loi nationale ou de l'état si applicable, ou d'autres normes professionnelles reconnues, soit par un comité de vérification des comptes de district, un comité d'examinateurs indépendants, ou par toutes autres personnes qualifiées et élues à cette fin par le conseil consultatif de district. (225.24)

205.26. Présenter à l'Assemblée générale, par l'intermédiaire du secrétaire de district, un journal officiel complet pour les quatre années précédentes et qui sera conservé et classé. (207.3-207.4, 220.7)

205.27. Accorder le statut de retraité à un ministre sur la recommandation du conseil des accréditations ministérielles de district. Tout changement de statut doit être approuvé par l'assemblée de district sur recommandation du conseil des accréditations ministérielles de district ou du conseil ministériel de district. (231.8, 536)

205.28. Considérer et prendre soin de l'œuvre toute entière de l'Église du Nazaréen à l'intérieur des limites du district.

205.29. Traiter toute autre question en rapport avec les travaux, et ne faisant l'objet d'aucune autre disposition, en harmonie avec l'esprit et les ordonnances de l'Église du Nazaréen.

206. Autres règles régissant les assemblées de district. Là où la loi civile le permet, l'assemblée de district peut autoriser le conseil consultatif de district à se constituer en association. Après la constitution en association, tel que prévu ci-dessus, le conseil consultatif de district aura le pouvoir, à son gré, d'acheter, de posséder, de vendre, d'échanger, d'hypothéquer, de louer et de faire toutes les transactions avec les biens mobiliers et immobiliers, tel qu'il s'avèrera nécessaire ou pratique pour les besoins de la société. (225.6)

206.1. Autant que possible, les ministres et les laïcs, membres des conseils et des comités de district, doivent être représentés en nombre égal, à moins que des dispositions spécifiques contraires soient prévues dans le *Manuel*.

206.2. Les surintendants de districts en phase 1 et en phase 2 seront choisis en accord avec les dispositions du paragraphe 200.2. Un district en phase 2 peut retourner au statut de district en phase 1, jusqu'à ce qu'il puisse satisfaire aux conditions requises pour les districts en phase 2.

206.3. Quand le président d'une assemblée de district juge qu'il est impossible de convoquer ou de poursuivre les travaux de l'assemblée de district et par conséquent reporte, annule ou ajourne l'assemblée de district, le surintendant général ayant juridiction, en consultation avec le Conseil des surintendants généraux, nommera pour un mandat d'un an, tous les dirigeants du district qui n'ont pas été élu avant l'ajournement de l'assemblée de district.

D. Le journal de l'assemblée de district

207. Le journal contiendra toutes les délibérations régulières de l'assemblée de district.

207.1. Le journal doit être formaté selon les directives du Secrétaire général. Des copies peuvent être imprimées localement.

207.2. Les différents points traités doivent être placés dans des paragraphes séparés.

207.3. Le journal doit être rédigé soigneusement en vue de son examen par l'Assemblée générale. (205.26, 220.7)

207.4. Le journal officiel quadriennal complet sera conservé et classé dans les dossiers du district et ceux de l'Assemblée générale. (220.5, 220.7)

207.5. Le journal sera ordonné autant que possible selon la table des matières préparée par le Secrétaire général en consultation avec le Conseil des surintendants généraux. La table des matières sera transmise au secrétaire de district avant la convocation de l'assemblée de district.

207.6. Le journal doit contenir non seulement les affectations des pasteurs aux églises locales, mais aussi tous les engagements réguliers et spéciaux pris par des membres ministériels et laïcs de l'assemblée de district qui travaillent pour l'Église du Nazaréen dans une capacité quelconque qui pourrait leurs donner droit à faire une demande de prestations au Conseil des pensions et retraites ayant la responsabilité du programme de pensions/retraites et prestations auquel le district participe. (115)

E. Le surintendant de district

208. Le mandat initial d'un surintendant de district qui est élu lors d'une assemblée de district commence trente jours après la clôture de l'assemblée de district et continue pour une période de deux années entières d'assemblée de district, terminant trente jours après la clôture de l'assemblée qui marque le deuxième anniversaire de l'élection. Au moment de cette assemblée, le surintendant peut être réélu ou un successeur élu ou nommé et qualifié. Le mandat initial d'un surintendant de district qui est nommé par le surintendant général ayant juridiction commence au moment de nomination, comprend le reste de l'année ecclésiastique dans laquelle le surintendant du district a été nommé et continue pendant les deux années ecclésiastiques qui suivent. Le mandat prend fin trente jours après la clôture de l'assemblée qui marque la fin de la deuxième année d'assemblée entière de service. À cette assemblée, le surintendant peut être élu pour un autre mandat, ou un successeur sera élu ou nommé et qualifié. Aucun ancien employé par le bureau du district ne sera éligible à être élu ou désigné au poste de surintendant du district dans le district où il ou elle sert, sans l'approbation du conseil consultatif du district et du surintendant général ayant juridiction (en harmonie avec paragraphe 115). (205.11-205.13)

209. Si pour une raison quelconque un poste vacant survient entre deux sessions de l'assemblée de district, les surintendants généraux peuvent combler ce poste conjointement et solidairement, après consultation avec le comité consultatif du district. La consultation devra inclure une invitation à l'ensemble du comité de soumettre des noms à considérer, en plus de ceux proposés par le surintendant général ayant juridiction. (239, 307.7)

209.1. Le poste de surintendant de district en phase 1 ou 2 peut être déclaré vacant avec raison, sur la recommandation du surintendant général ayant juridiction. Le poste de surintendant de district en phase 3 peut être déclaré vacant par un vote à la majorité des deux tiers du comité consultatif de district. (239, 321)

209.2. Dans le cas d'une incapacité temporaire d'un surintendant de district, le surintendant général ayant juridiction, en consultation avec le conseil consultatif de district, peut nommer un ancien qualifié à siéger en tant que surintendant intérimaire du district. La question de l'incapacité sera déterminée par le surintendant général ayant juridiction et le conseil consultatif de district. (307.8)

209.3. En cas de démission ou de la cessation d'emploi du surintendant de district, les membres du personnel du district, le directeur général toute filiales ou société affiliée au district, qu'il soit payé ou non, tels qu'un adjoint au surintendant ou les employés de bureau, devront soumettre leur démission qui entrera en vigueur à la même date que la fin du mandat du surintendant de district. Cependant, un ou plusieurs membres du personnel peuvent demeurer en service avec l'approbation écrite du Surintendant général ayant juridiction et du conseil consultatif de district, mais pas au-delà de la date d'entrer en fonction du nouveau surintendant. (245.3)

209.4. Après consultation avec le conseil consultatif de district et l'approbation du surintendant général ayant juridiction, le surintendant de district nouvellement élu ou nommé pourra avoir le privilège de recommander l'emploi de membres du personnel précédemment employés. (245.3)

210. Le rôle du surintendant du district est d'assumer la supervision et l'orientation spirituel des pasteurs et des congrégations de son district par:

- la démonstration d'une vie de prière et de dévotion aux Saintes Écritures
- la promotion une théologie pastorale biblique et ses pratiques au sein du clergé du district
- la promotion une théologie et des pratiques en accord avec la tradition de la sainteté wesleyenne
- la génération d'un engouement pour l'évangélisation et l'implantation des églises dans le district
- le ressourcement des congrégations du district à des fins de santé organisationnelle.

211. Les devoirs d'un surintendant de district sont:

211.1. Organiser, reconnaître et superviser les églises locales dans les limites de son district, avec l'approbation du surintendant général ayant juridiction. (100, 538.15.)

211.2. Être disponible pour les églises locales dans son district selon leurs besoins et de se réunir aussi souvent que nécessaire avec le conseil de l'église pour des sujets spirituels, financiers et pastoraux, donnant les conseils et l'aide qui lui sembleront utiles.

211.3. Dans le cas où un surintendant de district a déterminé qu'une église est dans une situation malsaine ou de déclin et que sa continuation menace la viabilité de l'église et l'efficacité de sa mission, le surintendant de district peut prendre contact avec le pasteur ou avec le pasteur et le conseil d'église pour évaluer les circonstances. Tous les efforts seront faits pour travailler avec le pasteur et le conseil de l'église en vue d'une résolution des problèmes qui ont conduit aux circonstances qui sont une entrave à l'efficacité de la mission.

Si le surintendant de district, après avoir travaillé avec le pasteur et/ou le conseil d'église, conclut qu'une intervention supplémentaire est nécessaire, il ou elle peut, avec l'approbation du Conseil consultatif de district, prendre les mesures appropriées pour gérer la situation. De telles mesures peuvent inclure, mais ne sont pas limitées :

1. Au renvoi du pasteur ;
2. À la dissolution du conseil de l'église ;
3. À l'initiation d'interventions spéciales qui pourraient être nécessaires au bien-être de l'église et l'efficacité de la mission.

Les actifs d'une église organisée demeurent sous le contrôle de l'église locale constitué en association, à moins qu'elle soit déclarée inactive conformément au paragraphe 106.5 ou désorganisée selon le paragraphe 106.1. Le surintendant général ayant juridiction sera informé des mesures prises dans les trente jours.

211.4. Lorsqu'une église locale, déclarée en crise selon l'avis du surintendant de district en accord avec le paragraphe 126.1, a effectué les interventions suggérées et est prête à reprendre son ministère dans des conditions normales, elle peut être déclarée hors de crise par un vote à la majorité du conseil consultatif de district. Le surintendant de district informera le surintendant général ayant juridiction dans les 30 jours.

211.5. Planifier et mener, avec chaque conseil d'église locale, des évaluations périodiques de la relation église/pasteur conformément aux dispositions des paragraphes 123-123.7. Le surintendant de district fournira un rapport annuel des évaluations périodiques de la relation église/pasteur qu'il a mené au conseil consultatif de district et au Surintendant général ayant juridiction.

211.6. Effectuer une supervision particulière de toutes les églises de type mission de l'Église du Nazaréen dans les limites du district de son assemblée.

211.7. Proposer au conseil consultatif de district une personne pour combler un poste vacant, si nécessaire, au poste de secrétaire de district. (219.1)

211.8. Proposer au conseil consultatif de district une personne pour combler un poste vacant, si nécessaire, au poste de trésorier de district. (222.1)

211.9. Nommer un directeur de l'aumônerie de district afin d'encourager et de développer l'évangélisation en appelant à la sainteté au travers du ministère spécialisé d'aumônerie. (240)

211.10. Consulter le conseil de l'église concernant la nomination d'un ancien ou d'un ministre habilité comme pasteur de l'église locale et approuver ou désapprouver une telle nomination avec l'approbation supplémentaire du conseil consultatif de district, tel que requis au paragraphe 115. (129.2, 159.8 225.16)

211.11. Organiser une réunion d'évaluation spéciale de la relation église/pasteur dans les 90 jours suivant la demande d'un conseil d'église pour une telle évaluation concernant la question de la continuation de la relation entre l'église et le pasteur (125).

211.12. Approuver ou désapprouver la remise d'une habilitation à tout membre de l'Église du Nazaréen qui demande une habilitation de ministre local ou le renouvellement de l'habilitation de ministre local de la part du conseil d'une église locale n'ayant pas un ancien comme pasteur. (531.1, 531.3)

211.13. Approuver ou désapprouver par écrit les demandes faites par le pasteur et le conseil de l'église locale pour avoir ou employer tout adjoint pastoral non-rémunéré ou adjoint local salarié (tels que pasteurs adjoints ; ministres ou directeurs pour l'éducation chrétienne, les enfants, les jeunes, les adultes, la musique, les garderies/écoles {de la naissance jusqu'au secondaire}, etc.). Le critère principal dans la décision du surintendant de district d'approuver ou de désapprouver, sur le principe, l'embauche de personnel salarié sera la volonté et la capacité de l'église de satisfaire à ses obligations au niveau local, ainsi qu'au niveau du district et général. Il est de la responsabilité du pasteur de filtrer et de sélectionner les adjoints pastoraux. Toutefois, le surintendant de district aura le droit de désapprouver le candidat. (129.27, 159-159.8)

211.14. Approuver ou désapprouver, en accord avec le conseil consultatif de district, les requêtes des églises locales désirant fonder une garderie ou une école chrétienne (de la naissance jusqu'au secondaire). (151, 225.14, 517)

211.15. Exécuter et signer, avec le secrétaire du conseil consultatif de district, tous les documents légaux du district. (225.5)

211.16. Proposer au conseil consultatif de district et superviser tout adjoint salarié du district. (245)

211.17. Nommer des pasteurs conformément au paragraphe 117.

211.18. Le surintendant de district peut, avec l'approbation du conseil consultatif de district, nommer les membres du conseil de l'église (intendants, gérants), le président du conseil des MEDFDI et d'autres responsables de l'église (secrétaire, trésorier), si une église a été organisée depuis moins de cinq ans, ou avait moins de trente-cinq membres votants lors de la réunion annuelle d'église précédente, ou reçoit une aide financière régulière du district, ou a été déclarée en crise. Le nombre total des membres d'un tel conseil ne sera pas inférieur à trois. (117, 126)

211.19. Faire enquêter les accusations écrites contre un ministre dans son district, conformément aux paragraphes 606-606.3.

211.20. Nommer, en consultation avec le conseil consultatif de district, des membres du clergé et des laïcs qualifiés qui formeront une équipe chargée du rétablissement préparée à apporter une réponse rapide et rédemptrice au ministre, à son ou sa conjointe, à sa famille, à l'église et à la communauté dans les situations d'inconduite du clergé. Lorsque de telles situations surviennent, le surintendant de district déploiera l'équipe chargée du rétablissement aussi immédiatement que possible en conformité avec le plan du district. (222.5, 540.1)

211.21. Le surintendant de district programmera et procèdera à une auto-évaluation et revue de son propre ministère en consultation avec l'évangéliste titulaire conformément au paragraphe 510.4.

211.22. Encourager fortement, avec les dirigeants du district, chaque église locale à atteindre ses objectifs de contribution à l'église générale, au district et à l'éducation.

212. Le surintendant de district, avec le consentement du conseil de l'église, peut nommer un pasteur intérimaire pour combler une vacance au poste de pasteur jusqu'à la prochaine assemblée de district. Un tel pasteur intérimaire nommé pourra être démis de ses fonctions par le surintendant de district si le conseil de l'église et l'église locale ne sont pas satisfaits de ses services. (129.5, 524, 531.6)

212.1. Le surintendant de district peut désigner un pasteur intérimaire avec l'approbation du conseil de l'église et du conseil consultatif de district, pour occuper un poste vacant de pasteur jusqu'à l'arrivée d'un pasteur permanent. Le surintendant de district sera autorisé à prolonger la durée du service du pasteur intérimaire, à sa convenance, en consultation avec le conseil de l'église. Le pasteur intérimaire sera autorisé à remplir toutes les responsabilités pastorales. Il siègera comme délégué de cette église à l'assemblée de district, s'il est membre du district de son affectation intérimaire.

Un tel pasteur intérimaire affecté est sous l'autorité permanente du surintendant de district et du conseil consultatif de district. Le pasteur intérimaire pourra également être démis de ses fonctions par le surintendant de district en consultation avec le conseil de l'église. (526)

213. Le surintendant de district est autorisé à assumer toutes les fonctions d'un pasteur pour une église locale dans son district qui serait sans pasteur titulaire ou intérimaire. (514)

213.1. Le surintendant de district peut présider une réunion annuelle ou spéciale d'une église locale, ou désigner un substitut pour cette fonction. (113.5)

214. Si pour une raison quelconque, le surintendant général ayant juridiction n'est pas présent ou n'a pas désigné un représentant pour le remplacer à l'assemblée de district, le surintendant de district ouvrira l'assemblée de district et présidera jusqu'à ce que l'assemblée de district ait adopté une autre disposition. (307.5)

215. Le surintendant de district peut combler les postes vacants des comités suivants :

(1) Le comité des finances de l'assemblée de district ;

(2) Le comité de vérification des comptes de district ;

(3) Le conseil des accréditations ministérielles de district ou le conseil ministériel de district ;

(4) Le conseil des études ministérielles de district ;

(5) Le conseil de l'évangélisation de district ou le directeur de l'évangélisation de district ;

(6) Le comité de gestion des propriétés de district (233) ;

(7) Le conseil des MEDFDI de district ;

(8) La cour d'appel de district ;

(9) Les autres conseils de district ou comités permanents non prévus dans le *Manuel* ou par décision de l'assemblée.

(205.21, 205.25, 229.1, 232.1, 235, 236, 241, 610)

215.1. Le surintendant de district peut nommer tous les présidents, secrétaires et membres des conseils de district et des comités permanents non prévus dans le *Manuel* ou par décision de l'assemblée.

215.2. Le surintendant de district, en consultation avec le conseil consultatif de district, désignera un comité de nomination pour préparer avant l'assemblée de district les nominations pour les comités et fonctions habituels. (203)

216. Le surintendant de district sera d'office président du conseil consultatif de district et du conseil des accréditations ministérielles de district ou du conseil ministériel de district. (224.2, 230.1)

216.1. Le surintendant de district sera membre d'office de tous les conseils élus et permanents et des comités du district où il siège. (205.20-205.21, 237, 241, 810, 811)

217. Le surintendant du district ne doit pas créer des obligations financières, compter l'argent, ou débourser des fonds pour le district sauf sur autorisation et dirigé par un vote majoritaire du conseil consultatif de district ; une telle mesure, si elle est prise, doit être correctement enregistrée dans le procès-verbal du conseil consultatif de district. Aucun surintendant de district ou membre de sa famille immédiate n'est autorisé à avoir un accès direct à tout compte bancaire du district ou tout autre fonds du district sauf avec l'approbation écrite du conseil consultatif de district. La famille immédiate comprend le conjoint, les enfants, les frères et sœurs, ou parents. (218, 222-223.2)

218. Tous les actes officiels du surintendant de district seront soumis à la revue et la révision de l'assemblée de district et susceptible d'appel.

218.1. Le surintendant de district accordera toujours une grande attention à l'avis du surintendant général ayant juridiction et au Conseil des surintendants généraux à l'égard des arrangements pastoraux et d'autres questions ayant rapport au poste de surintendant de district.

F. Le secrétaire de district

219. Le secrétaire du district, élu par le conseil consultatif de district, siègera pour une période d'un à trois ans et jusqu'à ce qu'un successeur soit élu et qualifié. (225.22)

219.1. Si le secrétaire du district cesse de siéger pour une raison quelconque, entre deux sessions de l'assemblée de district, le conseil consultatif du district élira son successeur suite à la proposition faite par le surintendant de district. (211.7)

219.2. Le secrétaire de district sera membre d'office de l'assemblée de district. (201)

220. Les devoirs du secrétaire de district sont:

220.1. Transcrire soigneusement et préserver fidèlement tous les procès-verbaux de l'assemblée de district.

220.2. Transcrire soigneusement et archiver toutes les statistiques du district.

220.3. Envoyer au Secrétaire général tous les rapports statistiques pour vérification avant leur publication dans le journal officiel. (326.6)

220.4. Être le dépositaire de tous les documents de l'assemblée de district et de les transmettre promptement à son successeur.

220.5. Conserver et classer le journal officiel quadriennal complet. (207.4)

220.6. Envoyer suffisamment d'exemplaires du journal imprimé de chaque assemblée de district au Siège du Ministère Mondial pour les distribuer aux dirigeants généraux de l'Église du Nazaréen.

220.7. Présenter à l'Assemblée générale, pour l'assemblée de district, le journal officiel complet des quatre années précédentes et qui sera préservé et classé. (205.26, 207.3-207.4)

220.8. Accomplir toute autre tâche qui fait partie de sa fonction.

220.9. Référer au Comité de l'assemblée ou au conseil permanent approprié toutes les questions qui lui sont présentées au cours de l'année.

221. Le secrétaire de district peut avoir autant d'assistants que l'assemblée de district en élira.

G. Le trésorier de district

222. Le trésorier de district, élu par le conseil consultatif de district, siègera pour une période d'un à trois ans et jusqu'à ce qu'un successeur soit élu et qualifié. (225.21)

222.1. Si le trésorier de district cesse de siéger pour une raison quelconque, entre deux sessions de l'assemblée de district, le conseil consultatif de district élira son successeur suite à sa nomination par le surintendant du district. (211.8)

222.2. Le trésorier de district sera membre d'office de l'assemblée de district. (201)

223. Les devoirs du trésorier de district sont :

223.1. Recevoir toutes les sommes d'argent de son district comme cela peut être défini par l'Assemblée générale, par l'assemblée de district, par le conseil consultatif de district, ou selon les besoins de l'Église du Nazaréen ; et les dépenser selon les directives et les principes établis par l'assemblée du district et/ou le conseil consultatif du district.

223.2. Tenir une comptabilité correcte de toutes les sommes reçues et dépensées et adresser un rapport mensuel au surintendant de district à distribuer au conseil consultatif du district et un rapport annuel à l'assemblée de district devant laquelle il sera responsable.

H. Le Conseil consultatif de district

224. Le conseil consultatif de district sera composé du surintendant de district d'office et jusqu'à trois ministres ordonnés affectés et trois laïcs, élus annuellement par voie de scrutin par l'assemblée de district pour une période de quatre ans maximum, pour siéger jusqu'à la clôture de la prochaine assemblée de district et jusqu'à ce que leurs successeurs soient élus et qualifiés. Cependant, leurs mandats peuvent être échelonnés par l'élection d'une portion des membres du conseil annuellement.

Cependant, quand le district dépasse un total de 5 000 membres, il peut élire un ministre ordonné affecté supplémentaire et un laïc supplémentaire pour chaque tranche de 2 500 membres et pour la dernière tranche quand elle sera la majeure partie de 2 500 membres. (205.14)

224.1. Un poste vacant au sein du conseil consultatif de district peut être comblé par les membres restants.

224.2. Le surintendant de district sera d'office le président du conseil consultatif de district.

224.3. Le conseil élira parmi ses membres un secrétaire, qui devra rédiger fidèlement les procès-verbaux de toutes les décisions du conseil et les transmettra dans les plus brefs délais à son successeur.

224.4. Les membres laïcs du conseil consultatif de district seront membres d'office de l'assemblée de district, membres de la convention des MEDFDI, membres de la convention de la MNI de district et membres de la convention de la JNI de district. (201, 224)

225. La mission du conseil consultatif de district est de :

225.1. Fixer la date d'ouverture et de clôture de l'année statistique, selon les dispositions du paragraphe 114.1.

225.2. Renseigner le surintendant de district et le consulter concernant les ministres et églises locales du district de l'assemblée. (115.6, 519)

225.3. Nommer un comité d'enquête composé de trois ministres ordonnés affectés ou plus et de pas moins que deux personnes laïques au cas où une accusation serait portée contre un membre du clergé. (606-606.3)

225.4. Former une cour de première instance quand des accusations sont portées contre un membre du clergé. (606.5-606.6)

225.5. Développer et réviser annuellement un plan écrit, complet et conforme aux directives du *Manuel* qui guidera ses efforts visant à apporter une réponse rapide, compatissante et éclairée aux membres du clergé impliqués dans une conduite indigne d'un ministre, à leur famille et à toute assemblée locale concernée. (538.20, 539-539.13).

225.6. Se constituer en association quand la loi civile le permet et quand l'assemblée du district l'autorise. Après la constitution en association, comme prévu ci-dessus, le conseil consultatif de district aura le pouvoir, à son gré, d'acheter, de posséder, de vendre, d'échanger, d'hypothéquer, de transmettre un titre, de louer et de faire les transactions nécessaires avec les biens mobiliers ou immobiliers, quand l'objectif de l'association le rendra nécessaire ou approprié. Le surintendant de district et le secrétaire du conseil consultatif de district, ou d'autres personnes autorisées par ce conseil, constitués en association ou non, exécuteront et signeront tous les transferts de propriété, hypothèques, mainlevées d'hypothèques, contrats et autres documents légaux pour le conseil consultatif de district. (206)

225.7. Lorsqu'un conseil consultatif de district se constitue en société les statuts constitutifs et aux règlements administratifs ou la documentation juridique équivalente indiqueront que cette société sera régie par les dispositions du *Manuel* de l'Église du Nazaréen. Ils incluront les dispositions que le surintendant ayant juridiction recommandera afin de s'assurer qu'en cas de dissolution ou de tentative d'abandon de l'Église du Nazaréen, les valeurs actives de la société ne puissent être détourné au détriment de l'Église du Nazaréen. Une fois que la constitution en société a été approuvée par le Conseil des surintendants généraux, sur recommandation du Surintendant général ayant juridiction, les statuts constitutifs proposés seront envoyés au Secrétaire général pour examen et archivage et incluront des dispositions similaires à celles du paragraphe 102.4. (225.6)

225.8. Là où la loi civile ne permet pas de constituer une société, l'assemblée de district peut alors élire le conseil consultatif de district comme administrateur du district avec pouvoir, à son gré, d'acheter, de posséder, de vendre, d'échanger, d'hypothéquer, de transmettre un titre de propriété, de confier et transférer toute propriété, mobilière et immobilière, autant que cela soit nécessaire ou approprié dans le but de poursuivre son œuvre dans le district. (102.6, 106.2, 225.6)

225.9. Le conseil consultatif de district, là où les églises locales peuvent se constituer en association, préparera sur l'avis d'un conseiller juridique compétent des formulaires modèles de constitution en association valables pour l'endroit où le district est situé. Ce modèle comportera toujours les dispositions établies par les paragraphes 102-102.5.

225.10. Siéger comme conseiller du surintendant de district dans sa supervision de tous les départements, conseils et comités de district.

225.11. Afin d'encourager une saine surintendance et une vie spirituelle solide du surintendant de district, le conseil consultatif de district, en consultation avec le surintendant général ayant juridiction, devrait fournir un congé sabbatique au surintendant de district pendant ou après chaque septième année consécutive au service du district. Au cours de l'année sabbatique, le salaire et les avantages du surintendant de district seront maintenus. Le surintendant de district doit planifier avec le conseil consultatif de district une proposition pour le congé sabbatique y compris sa durée, un plan de développement personnel et un plan pour combler les tâches essentielles au cours de la période de congé sabbatique.

225.12. Soumettre au Conseil des surintendants généraux tous les plans proposés pour la création d'un centre de district. De tels plans doivent obtenir l'approbation écrite du Conseil des surintendants généraux avant d'être mis en application. (319)

225.13. Recommander l'émission ou le renouvellement de l'habilitation du ministre habilité servant comme pasteur. (532.5)

225.14. Accorder ou refuser les demandes des églises locales qui désirent avoir des ministères de garderies et écoles chrétiennes (de la naissance jusqu'au secondaire). À la discrétion du surintendant de district et du conseil consultatif de district, un comité de district pour les garderies et les écoles chrétiennes (de la naissance jusqu'au secondaire) peut être établi pour remplir cette tâche. Ce comité recommandera au Conseil consultatif de district les règlements, les procédures et la philosophie à adopter, pour être appliqués dans les garderies et les écoles (de la naissance jusqu'au secondaire) de l'église locale et pour aider à établir, soutenir et superviser ces garderies et ces écoles (de la naissance jusqu'au secondaire). (151, 211.14, 517)

225.15. Approuver annuellement les Centres de Ministères de Compassion (CMC) selon les critères établis par la région. Seuls les Centres de Ministères de Compassion approuvés par un district seront considérés comme des «projets spéciaux approuvés pour la mission» aux fins de contribution, conformément au paragraphe 153.1.

225.16. Approuver ou désapprouver la demande d'un conseil d'église locale à nommer un ancien ordonné ou un ministre habilité pour le rôle de pasteur quand cette personne est aussi un membre de cette église locale ou sert cette église locale en tant que pasteur adjoint salarié ou non salarié. Cette décision sera prise en consultation avec le surintendant de district. (115, 129.2, 159.8, 211.10)

225.17. Approuver ou désapprouver la requête d'un membre du clergé qui mène régulièrement des activités ecclésiastiques indépendantes non dirigées par l'Église du Nazaréen ou mène des missions indépendantes ou des activités d'église non autorisées ou est en relation avec le personnel d'une église indépendante ou d'un autre groupe religieux, un ministère chrétien ou une dénomination L'approbation pour de telles requêtes sera requise annuellement. (528, 538.13)

225.18. Élire ou renvoyer tous les assistants salariés, employés par le district. (245-245.1)

225.19. Agir, en consultation avec le surintendant de district, comme comité financier entre les assemblées, avec l'autorisation d'ajuster les budgets de fonctionnement si nécessaire et d'en faire un rapport à l'assemblée de district. (223.1)

225.20. Protéger tous les biens du district, mobiliers ou immobiliers y compris l'intérêt acquis, de tout détournement à des usages personnels ou collectifs autres que ceux de l'Église du Nazaréen. (102.4, 106.5, 206)

225.21. Élire un trésorier de district pour un mandat de un à trois ans, jusqu'à ce que son successeur soit élu et qualifié. (222)

225.22. Élire un secrétaire de district pour un mandat de un à trois ans, jusqu'à ce que son successeur soit élu et qualifié. (219)

225.23. De certifier le retrait ou la tentative de retrait de toute église locale de l'Église du Nazaréen, afin d'effectuer le transfert du titre de propriété selon le paragraphe 106.2.

225.24. Si cela est requis, suivant le paragraphe 205.25, élire un comité de vérification des comptes de district qui siégera jusqu'à la fin de la prochaine assemblée de district. (205.25)

225.25. Faire un rapport annuel à l'assemblée de district, résumant les activités du conseil en incluant le nombre de réunions convoquées.

226. Le conseil consultatif de district peut accorder un transfert d'appartenance à un membre du clergé, un ministre d'éducation chrétienne ou une diaconesse, qui souhaite un transfert dans un autre district, avant la réunion de l'assemblée de district dont cette personne est membre. De tels transferts peuvent être acceptés par le conseil consultatif de district auquel ils sont présentés, permettant à ceux qui sont transférés de jouir des mêmes droits et privilèges que les autres membres du district sur lequel le transfert est reçu. Cette nouvelle assemblée de district aura droit de décision finale sur de telles réceptions de transfert effectuées par les conseils consultatifs de district à condition qu'il y ait recommandation favorable du conseil des accréditations ministérielles de district ou du conseil ministériel de district. (205.8, 205.9, 231.9, 231.10, 508, 511, 537-537.2)

226.1. Le conseil consultatif du district peut, sur requête, accorder un certificat de recommandation à un membre de l'assemblée de district qui désire rejoindre une autre dénomination religieuse. (815)

227. Le conseil consultatif de district peut, avec l'approbation du surintendant de district, suspendre l'habilitation d'une diaconesse quand cela est nécessaire pour le bien de l'église, après consultation du conseil de l'église locale dont la diaconesse habilitée est membre et après une audition équitable.

228. Au cas où un ministre habilité ou ordonné, présentant une accréditation d'une autre dénomination, ferait entre deux sessions de l'assemblée de district une demande en vue de s'unir à l'Église du Nazaréen, son accréditation sera examinée par le conseil consultatif de district. Le candidat ne sera reçu comme membre d'une église locale que sur la recommandation favorable du conseil consultatif de district. (520, 532.2, 535)

I. Le conseil des accréditations ministérielles de district

229. Le conseil des accréditations ministérielles du district sera composé d'au-moins cinq ministres ordonnés affectés dont deux seront le surintendant de district et le secrétaire de district, si celui-ci est ordonné. Le secrétaire de district qui est une personne laïque servira en tant que membre non-votant du conseil. Ceux qui sont élus siégeront pour une période de quatre ans et jusqu'à ce que leurs successeurs soient élus et qualifiés. Cependant, leurs mandats pourront être échelonnés en élisant une partie du conseil chaque année. (205.15)

229.1. Un poste devenant vacant au sein du conseil des accréditations ministérielles de district entre deux assemblées de district peut être comblé sur nomination par le surintendant de district. (215)

230. Après l'élection du conseil des accréditations ministérielles de district, le surintendant de district convoquera une réunion du conseil pour l'organiser comme suit:

230.1. Le surintendant de district sera d'office le président du conseil; cependant, sur sa requête, le conseil peut élire un remplaçant pour siéger à cette place et ce jusqu'à la fin de la prochaine assemblée de district. (216)

230.2. Le conseil élira parmi ses membres un secrétaire permanent qui préparera un système d'archives approprié, aux frais de l'assemblée de district et qui resteront la propriété du district. Le secrétaire transcrira soigneusement toutes les dé-cisions du conseil et les préservera fidèlement avec les archives se rapportant au travail du conseil et les transmettra promptement à son successeur.

231. La mission du conseil des accréditations ministérielles est la suivante:

231.1. Examiner et évaluer soigneusement toutes les personnes qui ont été dûment présentées à l'assemblée de district pour être élues à l'ordre d'ancien, de diacre et pour recevoir une habilitation de ministre.

231.2. Examiner et évaluer soigneusement toutes les personnes qui désirent recevoir un certificat pour l'un des rôles de ministère, y compris tous les candidats laïcs et ministres aspirant à être reconnus pour les ministères au-delà de l'église locale et toute autre position spéciale prévue par le *Manuel*.

231.3. Examiner sérieusement chaque candidat et faire toute autre enquête jugée utile concernant son expérience personnelle du salut, son expérience personnelle de l'entière sanctification par le baptême du Saint-Esprit, sa connaissance des doctrines de la Bible, sa pleine acceptation des doctrines, de l'Alliance du caractère chrétien, de l'Alliance de la conduite chrétienne et du régime de l'Église; l'évidence des grâces, dons et qualifications intellectuelles, morales et spirituelles et son aptitude générale pour le ministère auquel il se sent appelé.

231.4. Se renseigner soigneusement sur la conduite de chaque candidat afin de chercher à déterminer s'il est ou a été engagé dans un type de comportement dont le prolongement serait incompatible avec le ministère auquel le candidat postule.

231.5. Évaluer afin d'approuver, la reconduction de tout ministre local qui a été désigné comme pasteur intérimaire si cette personne continue une telle fonction après l'assemblée de district suivant son affectation. (531.6)

231.6. Enquêter et évaluer les raisons pour lesquelles un ministre ordonné n'a pas fait de rapport à l'assemblée de district durant deux années consécutives et de faire des recommandations à l'assemblée de district pour décider s'il faut garder son nom sur le rôle des ministres.

231.7. Enquêter sur les rapports concernant tout ministre ordonné indiquant qu'il s'est affilié comme membre d'une autre église ou qu'il s'est joint au ministère d'une autre dénomination ou groupe, ou qu'il participe à des activités indépendantes sans être correctement autorisé et de faire une recommandation à l'assemblée de district concernant son maintien sur le rôle des ministres. (112, 538.13)

231.8. Recommander à l'assemblée de district la mise à la retraite de tout ministre qui la demande, désirant mettre fin à son ministère actif à cause de son âge ou d'une infirmité. (205.27, 536)

231.9. Recommander à l'assemblée de district des membres du clergé et ceux ayant une habilitation pour un rôle dans le ministère, pour le transfert dans un autre district, y compris les transferts intérimaires approuvés par le conseil consultatif de district. (205.9, 537- 537.2)

231.10. Recommander à l'assemblée de district des personnes ayant des accréditations ministérielles, des membres du clergé et ceux ayant une habilitation pour un rôle dans le ministère, pour la réception de leur transfert provenant d'autres districts, y compris les transferts intérimaires approuvés par le conseil consultatif de district. (205.8, 537-537.2)

J. Le conseil des études ministérielles de district

232. Le conseil des études ministérielles de district sera composé de cinq ministres ordonnés affectés ou plus, élus par l'assemblée de district pour siéger durant un mandat de quatre ans et jusqu'à ce que leurs successeurs soient élus et qualifiés. Cependant, leurs mandats pourront être échelonnés en élisant une partie du conseil chaque année. (205.16)

232.1. Les postes devenant vacants au sein du conseil des études ministérielles du district entre deux sessions de l'assemblée de district peuvent être comblés par le surintendant de district. (215)

233. Avant la clôture de l'assemblée de district dans laquelle le conseil est élu, le surintendant ou le secrétaire de district convoquera une réunion de tous les membres du conseil pour l'organiser et pour distribuer les tâches comme suit:

233.1. Le conseil élira, parmi ses membres, un président. Il élira un ministre ordonné affecté comme secrétaire et il aura la responsabilité, avec les autres membres, d'examiner et de faire progresser les candidats dans un programme d'études approuvé en vue de l'ordination. Ils maintiendront un registre permanent de tous les étudiants. (233.5, 529.1-529.3)

233.2. Le président assignera aux autres membres du conseil la responsabilité et la supervision de tous les candidats inscrits dans un programme d'études approuvé pour la préparation au ministère. Une telle attribution continuera aussi longtemps que les candidats respectifs demeurent inscrits de façon active durant le mandat des membres du comité, à moins que d'autres arrangements soient pris par accord mutuel.

233.3. Le président assistera à toutes les réunions du conseil, sauf en cas de force majeur, et dirigera le travail du conseil chaque année. En cas d'absence nécessaire du président, le secrétaire se chargera de son travail provisoirement.

233.4. Le secrétaire fournira, aux frais de l'assemblée de district, un registre approprié des études du ministère qui restera la propriété de l'assemblée de district et qui sera utilisé selon les instructions du *Livre de référence pour l'ordination*.

233.5. Les autres membres du conseil assisteront fidèlement à toutes les réunions du conseil et superviseront tous les candidats qui leur sont assignés : (1) en les encourageant, en leur offrant conseils et directives ; (2) en les formant par leur exemple et par leurs paroles concernant l'éthique de l'appartenance au clergé, en portant une attention particulière aux façons dont un membre du clergé peut éviter l'inconduite sexuelle. (233.1)

233.6. Le conseil coopèrera avec le surintendant de district et le Développement du Clergé Mondiale par l'intermédiaire du Comité Consultatif du Programme d'Études (CCPE) pour trouver des moyens d'encourager, d'aider et de guider les candidats qui poursuivent un programme d'études approuvé dans une université nazaréenne ou un séminaire nazaréen.

234. Le conseil peut établir des classes ou des séminaires afin d'aider les ministres habilités ou d'autres candidats à poursuivre les divers programmes d'études approuvés et d'établir, si le district approuve les fonds nécessaires, des bibliothèques centrales pour tous les livres à prêter, lorsque cela est jugé nécessaire.

234.1. Le président et le secrétaire du conseil des études ministérielles de district sont autorisés à inscrire un étudiant dans un programme d'études approuvé pour les études ministérielles, en consultation avec le surintendant de district (233.1-233.2, 529.1-529.3)

234.2. Le conseil assumera ses responsabilités en conformité avec le *Livre de référence pour l'ordination*.

234.3. Le conseil fera un rapport de toutes les informations importantes concernant le progrès du candidat dans ses études au conseil des accréditations ministérielles de district ou au conseil ministériel de district dans un délai suffisant pour que ce conseil étudie les informations avant l'assemblée de district. Le conseil des accréditations ministérielles du district recommandera à l'assemblée de district la promotion et l'obtention du diplôme dans le cadre des divers programmes d'études approuvés. Une telle promotion ou remise de diplôme sera en accord avec les lignes directrices fournies par le Bureau mondial du développement du clergé au moyen du Comité Consultatif du Programme d'Étude (CCPE) respectif.

234.4. Le conseil des études ministérielles de district sera responsable de la promotion de l'éducation permanente pour les ministres ordonnés et des autres ministres dans le district en coopération avec les institutions nazaréennes officiellement reconnues pour la préparation au ministère et le Développement du Clergé Mondial par l'intermédiaire du Comité Consultatif du Programme d'Études (CCPE) et sous la direction générale du surintendant de district. L'éducation permanente inclura un enseignement concernant l'éthique de l'appartenance au clergé, en portant une attention particulière aux façons dont un membre du clergé peut éviter l'inconduite sexuelle.

K. Le conseil de l'évangélisation de district ou le directeur de l'évangélisation

235. L'assemblée de district peut élire soit un conseil de l'évangélisation de district ou un directeur de l'évangélisation. Les personnes élues siégeront jusqu'à la clôture de la prochaine assemblée de district et jusqu'à ce que leurs successeurs soient élus et qualifiés. (205.19)

235.1. En coopération avec le surintendant de district, le conseil de l'évangélisation de district ou le directeur de l'évangélisation cherchera à promouvoir et développer la nécessité d'évangéliser en appelant à la sainteté, en offrant des occasions de formation, en organisant des rassemblements et des conférences, en soulignant le besoin de réveils dans l'église locale avec des évangélistes appelés par Dieu et, par tout autres moyens disponibles, pour influencer le district avec le Grand mandat de Jésus-Christ comme première priorité dans le fonctionnement du Corps de Christ.

L. Le comité de gestion des propriétés de district

236. Le comité de gestion des propriétés de district sera composé d'office du surintendant de district et d'au moins deux ministres affectés et deux laïcs. Les membres peuvent être élus par l'assemblée de district, pour siéger durant une période de quatre ans ou jusqu'à ce que leurs successeurs soient élus et qualifiés. Le conseil consultatif de district peut constituer le comité de gestion des propriétés de district, sur vote favorable de l'assemblée de district.

237. La mission du comité de gestion des propriétés de district est de:

237.1. Promouvoir la construction de bâtiments liés à la mission de l'Église à l'intérieur du district, en coopération avec le conseil consultatif de district.

237.2. Vérifier et de conserver les titres de propriété des églises locales.

237.3. Examiner les propositions soumises par les églises locales concernant l'achat, ou la vente de biens immobiliers, la construction de bâtiments d'églises ou de presbytères et de les conseiller sur ces propositions. (103-104)

237.4. Approuver ou désapprouver, conjointement avec le surintendant de district, les propositions soumises par les églises locales concernant les plans de construction, les dettes contractées pour l'achat de biens immobiliers ou la construction de bâtiments. Le comité de gestion des propriétés de district approuvera normalement une requête pour augmenter la dette, si elle respecte les directives suivantes:

1. L'église locale demandant l'approbation pour augmenter sa dette a payé toutes ses répartitions financières au complet pour les deux années précédant la requête.
2. Le montant de la dette totale ne dépassera pas le triple de la moyenne de l'ensemble des montants recueillis au cours de chacune des trois années précédentes.
3. Les détails de la rénovation ou de la construction planifiée auront été approuvés par le comité de gestion des propriétés de district.
4. Le montant de la dette et les conditions de paiement ne mettront pas en danger la vie spirituelle de l'église.

Le comité de gestion des propriétés de district pourra approuver des requêtes qui ne satisfont pas à ces directives seulement avec l'approbation du surintendant de district et du conseil consultatif de district. (103-104)

237.5. Faire tout ce que l'assemblée de district peut ordonner concernant les biens de l'église locale.

M. Le comité des finances de l'assemblée de district

238. La mission du comité des finances de l'assemblée de district est de:

238.1. Se réunir avant l'assemblée de district et lui faire des recommandations concernant toutes les répartitions financières et l'allocation de ces répartitions aux églises locales. (32.5)

238.2. Accomplir toute autre tâche que l'assemblée de district puisse ordonner dans le domaine des finances du district. (205.21)

238.3. Publier dans le journal de district la méthode utilisée et les pourcentages appliqués pour déterminer la base budgétaire de toutes les répartitions financières acceptées.

N. Le Comité Consultatif de District

239. Le Comité Consultatif de District (CCD) sera composé du conseil consultatif de district, du président du conseil des MEDFDI de district, du président de la MNI de district, du président de la JNI de district, du secrétaire de district et du trésorier de district. Ce comité se réunira en cas de besoin et sera présidé par le surintendant de district ou le surintendant général ayant juridiction ou son/sa délégué(e). (209)

O. Le directeur de l'aumônerie de district

240. Le surintendant de district peut nommer un directeur de l'aumônier du district. De concert avec le surintendant de district, le directeur de l'aumônerie de district cherchera à promouvoir et développer la nécessité d'évangéliser en appelant à la sainteté au moyen du ministère spécialisé de l'aumônerie. Le directeur encouragera et soutiendra l'évangélisation dans les secteurs industriels, institutionnels, universitaires et militaires. Le directeur accordera une attention particulière aux nazaréens servant dans l'armée et tout autre militaire se trouvant sur ces bases en nommant et en aidant des pasteurs d'accueil exerçant un ministère près de ces bases, afin d'atteindre pour Christ les militaires et leurs familles et les intégrer dans notre église alors qu'ils servent leur pays. (211.9)

P. Le conseil des Ministères de l'École du Dimanche et de la Formation de Disciples Internationaux de district

241. Le conseil des MEDFDI de district sera composé du surintendant de district, du président de la MNI de district, du président de la JNI de district et du président du conseil des MEDFDI de district. Ces personnes formeront un comité de direction, avec au moins trois autres membres. Les membres supplémentaires seront élus par l'assemblée de district ou par la convention des MEDFDI de district pour des mandats échelonnés de trois ans et jusqu'à ce que leurs successeurs soient élus et qualifiés. Après l'organisation initiale du conseil des MEDFDI de district, les trois membres supplémentaires seront choisis parmi six candidats, dont l'un sera élu pour une durée de trois ans, un autre sera élu pour une durée de deux ans et un autre pour une durée d'un an. Cependant, lorsque les effectifs du district dépassent 5.000 membres, le nombre des membres proposés comme candidats et élus peut être doublé et, lorsque cela est possible, au moins quatre des dix membres du conseil devraient être des laïcs. Le surintendant de district peut combler tout postes vacants au sein du conseil des MEDFDI dans l'intervalle des sessions de l'assemblée de district. (215)

La mission du conseil des MEDFDI de district est de:

241.1. Se réunir dans la semaine qui suit leur élection et s'organiser en choisissant un secrétaire, un trésorier, des directeurs de district des Ministères auprès des adultes, des Ministères auprès des enfants et de la Formation continue des laïcs, qui deviendront membres d'office du conseil des MEDFDI. D'autres directeurs de district, autant que nécessaires, peuvent être désignés par le comité de direction et élus par le conseil.

241.2. Superviser tous les intérêts des MEDFDI dans le district.

241.3. Élire un conseil des ministères auprès des enfants dont le président sera le directeur des Ministères auprès des enfants de district et dont les membres seront les directeurs du district du: camps de garçons et de filles, de Caravane, de l'école biblique de vacances, du concours biblique, du culte pour enfants, de la liste de garderie et tout autre programme jugé nécessaire.

NOTE : Pour toute information supplémentaire concernant la mission des conseils des ministères auprès des enfants et des adultes, voir le Guide des MEDFDI.

241.4. Élire un conseil des Ministères Auprès des Adultes (MAA) dont le président sera le directeur des MAA du district et dont les membres seront les directeurs de district de : mariage et vie familiale, ministères auprès des adultes du troisième âge, ministères auprès des célibataires, retraites pour laïcs, études bibliques en petits groupes, ministères auprès des femmes, ministères auprès des hommes et tout autre programme jugé nécessaire.

241.5. Organiser une convention annuelle des MEDFDI de district. (241)

241.6. Déterminer, en consultation avec le surintendant de district, si les élections des membres et du président du conseil des MEDFDI se tiendront au cours de l'assemblée de district ou durant la convention des MEDFDI de district.

241.7. Encourager tous les présidents des MEDFDI au niveau local et tous les directeurs des ministères de groupes d'âge et les présidents de la JNI à être présents à la convention des MEDFDI de district et d'y prendre part autant que les circonstances le permettront.

241.8. Organiser le district en zones et nommer des présidents de zone qui aideront le conseil dans son effort à faire progresser l'œuvre des MEDFDI dans le district.

241.9. Planifier et mettre en place des classes de Formation continue des laïcs pour le district ou la zone.

241.10. Aider le Bureau des MEDFDI de l'Église du Nazaréen Inc. à recueillir les informations liées aux intérêts des MEDFDI local et de district.

241.11. Recommander au comité des finances de l'assemblée de district le budget annuel du conseil des MEDFDI de district.

241.12. Être responsable de la retraite spirituelle des laïcs du district. Le directeur des Ministères Auprès des Adultes du district sera membre d'office du comité de retraite spirituelle des laïcs du district.

241.13. Approuver le rapport que son président présentera à l'assemblée de district.

241.14. Se réunir aussi souvent que nécessaire sur l'initiative du surintendant de district ou du président du conseil des MEDFDI de district afin de planifier et d'exercer efficacement les responsabilités du conseil.

242. Le président des MEDFDI de district. L'assemblée de district ou la convention des MEDFDI élira un président du conseil des MEDFDI de district qui siègera pour un terme d'un ou deux ans et sera choisi parmi deux ou plusieurs candidats soumis par le comité de sélection du district. Un président sortant pourra être réélu lors d'un vote favorable par voie de scrutin uninominal (oui/non), lorsqu'un tel vote aura été recommandé par le conseil des MEDFDI de district, avec l'approbation du surintendant de district. Entre deux sessions de l'assemblée de district, un poste vacant peut être comblé conformément aux dispositions du paragraphe 215. (241.6)

Les devoirs et les pouvoirs du président des MEDFDI de district sont de:

242.1. Gouverner de façon responsable les MEDFDI dans le district par la:

1. promotion de programmes qui favorisent la croissance des inscriptions et la participation;
2. coordination de tous les programmes relatifs aux Ministères Auprès des Enfants et des Adultes (MAE) (MAA);
3. collaboration avec la JNI afin de coordonner l'école du dimanche/les études bibliques/les petits groupes pour les jeunes.

242.2. Être membre d'office de l'assemblée de district et du conseil des MEDFDI de district.

242.3. Préparer pour le conseil des MEDFDI de district un rapport écrit pour le journal annuel de l'assemblée.

Q. La JNI de district

243. Le ministère nazaréen auprès de la jeunesse sera organisé au niveau du district sous les auspices de la JNI, la charte de la JNI et l'autorité du surintendant de district, du conseil consultatif de district et de l'assemblée de district. La JNI de district sera composée des groupes locaux de la JNI dans le district.

243.1. La JNI de district s'organisera selon le plan de ministère de la JNI de district (810.200-810.219), qui pourra être adapté en réponse aux besoins du ministère de la jeunesse de district (voir 810.203), en accord avec la charte de la JNI et le *Manuel* de l'Église du Nazaréen.

R. La MNI de district

244. La MNI de district sera composée des organisations locales de la MNI dans les limites du district. La MNI de district représentera la MNI mondiale dans toutes les activités du district. (811)

244.1. La MNI de district sera gouvernée par la constitution de la MNI approuvée par la convention de la MNI mondiale et par le Comité de la Mission Mondiale du Conseil général. Elle rendra compte au surintendant de district, au conseil consultatif de district, à l'assemblée de district et au conseil de la MNI de district. (811)

244.2. Le président de la MNI de district siégera sans salaire et sera membre d'office de l'assemblée de district. (201)

S. Les adjoints rémunérés dans le district

245. Quand il s'avère nécessaire d'employer des adjoints pour la plus grande efficacité de l'administration du district, de telles personnes, ministérielles ou laïques, seront proposées par le surintendant de district, après avoir obtenu l'approbation écrite du surintendant général ayant juridiction. Ces personnes seront élues par le conseil consultatif de district. L'emploi de tels adjoints ne sera pas pour une durée supérieure à un an, mais il peut être renouvelé sur la recommandation du surintendant de district et par un vote à la majorité du conseil consultatif de district. (211.16)

245.1. Le renvoi de tels adjoints avant la fin de la période d'emploi doit être fait sur la recommandation du surintendant de district et par un vote à la majorité du conseil consultatif de district. (225.15)

245.2. Les devoirs et services de tels adjoints de district doivent être déterminés et supervisés par le surintendant de district.

245.3. Au moment de la démission ou de la cessation d'emploi d'un surintendant de district, le mandat des adjoints rémunérés sera considéré comme terminé, à moins que le code du travail du pays en question n'en prévoie autrement. Cependant, un ou plusieurs des membres du personnel peuvent demeurer en service avec l'approbation écrite du Surintendant général ayant juridiction et le conseil consultatif de district, mais pas au-delà de la date d'entrée en fonction du nouveau surintendant de district. (209.3-209.4)

245.4. Servir en tant qu'adjoint rémunéré du district n'empêchera pas la personne en question de pouvoir être élue ou nommée à un autre ministère dans le district, tel que secrétaire ou trésorier de district. Un adjoint rémunéré par le district n'est pas éligible à siéger au conseil consultatif de district.

T. Désorganisation d'un district

246. Quand il semblera clair au Conseil des surintendants généraux qu'un district ne peut pas continuer à fonctionner en tant que tel, il pourra être désorganisé sur la recommandation de ce Conseil et par un vote favorable des deux tiers des membres du Conseil général de l'Église du Nazaréen, suivi d'une proclamation formelle à ce sujet. (200)

246.1. Au cas où un district serait officiellement dissous, aucune des propriétés de l'église ne seront détournées à d'autres fins, mais passeront sous le contrôle de l'Église du Nazaréen Inc. à l'usage de cette même dénomination, comme l'Assemblée générale le jugera bon. Les gérants détenant ces propriétés ou les associations créées pour les détenir pour le compte du district dissous, ne les vendront ou n'en disposeront que sur l'ordre et sous la direction de l'agent désigné par de l'Église du Nazaréen Inc. et lui remettront les fonds recueillis. (106.2, 106.5 225.6)

III. GOUVERNEMENT GÉNÉRAL

A. Mandats et Organisation de l'Assemblée générale

300. L'Assemblée générale est l'autorité suprême de formulation de la doctrine, de législation et d'élection de l'Église du Nazaréen sous réserve des dispositions de la Constitution de l'Église. (25-25.8)

300.1. L'Assemblée générale sera présidée par les surintendants généraux. (25.5, 307.3)

300.2. L'Assemblée générale élira ses dirigeants et s'organisera pour délibérer des questions. (25.6)

300.3. Règles de procédures. Les réunions et délibérations des membres de l'Église du Nazaréen au niveau local, du district et général, ainsi que les organismes de la société seront soumis aux lois en vigueur, aux statuts constitutifs et aux règlements administratifs du *Manuel* et seront régis et contrôlés par la plus récente édition du *Robert's Rules of Order* (Code de règles de procédure Robert) pour la procédure parlementaire. (34)

B. Composition de l'Assemblée générale

301. L'Assemblée générale sera composée de délégués ministériels et laïcs en nombre égal provenant de chaque district en phase 3, du surintendant de district servant comme l'un des délégués ministériels affectés et ordonnés, des autres délégués ministériels affectés et ordonnés et de tous les délégués laïcs élus à cet effet par les Assemblées de district; des surintendants généraux émérites et retraités; des surintendants généraux; du président de la MNI mondiale; du président du conseil de la JNI mondiale; des dirigeants et directeurs de l'Église du Nazaréen Inc. qui ont une responsabilité mondiale et font rapport à la plénière du Conseil général; la moitié des présidents régionaux des écoles du Conseil International De l'Éducation de chaque région seront des membres votants et l'autre moitié seront des membres non-votants, d'un nombre et par une méthode de sélection déterminée par le Conseil International De l'Éducation; et d'un missionnaire commissionné délégué par la région et élu par les missionnaires commissionnés par le Conseil général et affectés à cette région. En l'absence d'une telle élection, le représentant missionnaire sera élu par le Comité de la Mission Mondiale.

301.1. Chaque district en phase 3 aura droit à être représenté à l'Assemblée générale par: un ministre ordonné et affecté et un laïc pour les 4 000 premiers membres d'église à part entière ou moins et un ministre affecté et ordonné et un laïc supplémentaire pour la tranche suivante de 4 000 membres à part entière et pour chaque tranche successive de 4 000 membres à part entière supplémentaire. L'expression «ministre ordonné et affecté» inclura les anciens et les diacres. (Voir le tableau qui suit.)

Nombre de membres	Nombre de délégués
0 à 6 000	4 (2 laïcs, 2 ministériels)
6 001 à 10 000	6 (3 laïcs, 3 ministériels)
10 001 à 15 000	8 (4 laïcs, 4 ministériels)
15 001 à 20 000	10 (5 laïcs, 5 ministériels)
20 001 à 25 000	12 (6 laïcs, 6 ministériels)
25 001 à 30 000	14 (7 laïcs, 7 ministériels)
30 001 à 35 000	16 (8 laïcs, 8 ministériels)
35 001 à 40 000	18 (9 laïcs, 9 ministériels)

(Pour tous les 5 000 membres au-dessus de 40 000, 1 délégué laïc supplémentaire et 1 délégué ministériel supplémentaire))

301.2. Chaque district en phase 2 aura droit à un délégué laïc et un délégué ministériel à l'Assemblée générale. Le délégué ministériel ordonné et affecté sera le surintendant de district. Un suppléant sera élu pour chaque délégué.

301.3. Un district en phase 1 aura droit à un délégué non votant à l'Assemblée générale. Le surintendant de district sera le délégué, à condition qu'il ou elle soit membre de ce district. Si le surintendant de district n'est pas membre du district, un autre membre du district sera élu.

301.4. Le droit d'un délégué ministériel affecté et élu à l'Assemblée générale pour représenter l'assemblée de district qui l'a élu, sera perdu au cas où il accepterait une affectation ministérielle dans un autre district, ou s'il abandonne le ministère actif dans l'Église du Nazaréen avant la convocation de l'Assemblée générale. Tout ministre qui a reçu le statut officiel de retraité ne peut servir comme délégué à l'Assemblée générale.

301.5. Le droit d'un délégué laïc élu à l'Assemblée générale à représenter l'assemblée de district qui l'a élu sera annulé au cas où il transfèrerait sa qualité de membre à une église locale d'un autre district avant la convocation de l'Assemblée générale.

C. Le temps et lieu de l'Assemblée générale

302. L'Assemblée générale se réunira au mois de juin, tous les quatre ans, à la date et dans le lieu déterminé par une Commission de l'Assemblée générale composée des surintendants généraux et d'un nombre égal de personnes choisies par le Conseil des surintendants généraux. Cette commission aura le pouvoir, en cas d'urgence, de changer la date et le lieu de réunion de l'Assemblée générale.

302.1. Le Conseil des surintendants généraux en consultation avec le Comité de direction du Conseil général, le cas échéant, sont autorisés à sélectionner un ou des sites concomitants pour l'Assemblée générale. Le vote de ces sites concomitants sera reconnu comme vote officiel au même titre que les voix des délégués au site principal.

302.2. L'ouverture de l'Assemblée générale se fera par des cultes dévotionnels et inspirants. Des dispositions seront prises pour délibérer des questions avec soin et pour d'autres services religieux. L'Assemblée générale fixera l'heure de l'ajournement. (25.3)

D. Sessions spéciales de l'Assemblée générale

303. Le Conseil des surintendants généraux, ou une majorité de ce conseil, avec le consentement écrit des deux tiers de tous les surintendants de district, aura pouvoir de convoquer une session spéciale de l'Assemblée générale en cas d'urgence; lèhoraire et le lieu de réunion seront déterminés par les surintendants généraux et par une commission choisie par le Conseil des surintendants généraux.

303.1. Dans l'éventualité d'une session spéciale de l'Assemblée générale, les délégués et les suppléants à l'Assemblée générale précédente ou leurs successeurs élus et qualifiés, siègeront comme délégués et suppléants de la session spéciale.

E. Comité organisateur de l'Assemblée Générale

304. Le Secrétaire général, le Trésorier général et trois autres personnes nommées par le Conseil des surintendants généraux, constitueront le Comité d'organisation de l'Assemblée générale au moins une année avant la convocation de l'Assemblée générale.

304.1. Le Comité d'organisation de l'Assemblée générale aura l'autorité d'organiser tous les détails nécessaires et de signer tous les contrats concernant l'Assemblée générale.

304.2. Le Comité d'organisation de l'Assemblée générale planifiera avec les surintendants généraux, un programme qui soulignera chaque intérêt général, un culte de la Sainte Cène et d'autres cultes sous réserve de l'approbation de l'Assemblée générale.

F. Travaux de l'Assemblée générale

305. Les travaux de l'Assemblée générale, sujets au paragraphe 25.8 de la Constitution de l'Église, seront de:

305.1. Référer, par l'intermédiaire de son Comité de référence, toutes les résolutions, recommandations et la législation d'exécution venant des commissions et des rapports des comités spéciaux et autres documents aux comités permanents ou aux comités législatifs spéciaux de l'assemblée, ou aux caucus régionaux pour étude avant d'être présentés à l'assemblée. Le Comité de référence peut présenter une législation concernant seulement une/des région(s) spécifique(s) aux délégués à l'Assemblée générale représentant cette/ces région(s) se réunissant en caucus régional pour leur décision d'action. Les changements qui demandent des modifications au *Manuel* doivent être décidés par toute l'Assemblée générale.

305.2. Élire, par un vote des deux tiers de ses membres présents et votant, six surintendants généraux qui exerceront leur fonction jusqu'à trente jours après la clôture de la prochaine Assemblée générale et jusqu'à ce que leurs successeurs soient élus et qualifiés :

(a) Premièrement il y aura un scrutin uninominal (oui/non) pour l'élection des surintendants généraux en fonction.

(b) Tous les postes vacants demeurant après le premier scrutin seront comblés par d'autres scrutins jusqu'à ce que tous les surintendants généraux soient élus.

Au cas où une personne qui est inéligible selon cette disposition recevrait des votes durant le premier tour de scrutin, le nom de cette personne serait rayé du scrutin électif et on inclurait cette déclaration sur le rapport du premier tour de scrutin : « Les noms d'une ou de plusieurs personnes ont été rayés à cause d'inéligibilité pour ce poste. »

Aucun ancien, ayant perdu une fois son accréditation pour des raisons disciplinaires, ne sera considéré éligible à être élu au poste de surintendant général. Aucune personne âgée de moins de trente-cinq ans ou qui a atteint l'âge de soixante-huit ans ne pourra être élue au poste de surintendant général. (25.5, 307.16, 900.1)

305.3. Élire un surintendant général au titre honorifique d'émérite quand cela sera indiqué, pourvu que le surintendant soit devenu invalide ou qu'il ait reçu le statut de retraité. Il est de ce fait entendu que l'élection au statut de surintendant émérite est permanente. (314.1)

305.4. Accorder le statut de retraité à un surintendant général qui l'a demandé ou qui, selon l'avis de l'Assemblée générale, est devenu inapte à cause d'une incapacité physique, ou toute autre inaptitude qui empêcherait une telle personne de remplir convenablement la tâche de surintendance générale; et pourvu que ce surintendant ait siégé en poste pendant au moins un plein mandat.

Au cas où un surintendant général demanderait sa mise à la retraite entre deux assemblées générales, la demande pourrait être agréée par le Conseil général durant une session régulière sur la recommandation du Conseil des surintendants généraux. (314.1)

305.5. Fixer la pension de retraite de chaque surintendant général retraité.

305.6. Élire un Conseil général, comme il est prévu aux paragraphes 332.1-333.4, pour siéger jusqu'à la clôture de l'Assemblée générale suivante et jusqu'à ce que leurs successeurs soient élus et qualifiés. (331, 901)

305.7. Élire une Cour d'appel générale, composée de cinq ministres ordonnés affectés, pour siéger jusqu'à la clôture de l'Assemblée générale suivante et jusqu'à ce que leurs successeurs soient élus et qualifiés. Le Conseil des surintendants généraux choisira le président et le secrétaire. (25.7, 611, 902)

305.8. De faire toute autre chose, en harmonie avec les Saintes Écritures, que la sagesse pourra dicter pour le bien-être général de l'Église du Nazaréen et la sainte cause de Christ, en conformité avec la Constitution de l'Église. (25.8)

G. Les Surintendants généraux

306. Le rôle des surintendants généraux est d'assurer la direction spirituelle visionnaire et apostolique en :
- exprimant clairement la mission
- transmettant la vision
- ordonnant les membres du clergé
- propageant la cohérence théologique et
- assurant la supervision de l'administration générale et juridictionnelle de l'église générale.

307. Les devoirs et pouvoirs des surintendants généraux sont de :

307.1. Assurer la supervision générale de l'Église du Nazaréen en fonction de la loi et de l'ordre tel qu'adoptés par l'Assemblée générale. 307.2. De siéger en tant que membres d'office de l'Assemblée générale (301)

307.3. Présider l'Assemblée générale et les réunions du Conseil général de l'Église du Nazaréen. (300.1, 335.3)

307.4. Avoir à sa discrétion le pouvoir d'ordonner ou de nommer d'autres personnes pour ordonner, ceux qui ont été dûment élus comme anciens ou diacres. (320, 538.5-538.6)

307.5. Présider chaque assemblée de district selon l'horaire établi par le Conseil des surintendants généraux. Un surintendant général peut nommer un ancien ordonné pour siéger comme président. (202, 214)

307.6. Le surintendant général présidant une assemblée de district, le surintendant de district et le comité consultatif de district, avec l'assentiment des délégués des églises locales, nommeront les pasteurs des églises locales qui n'ont pas appelé de pasteurs. (218.1)

307.7. Les surintendants généraux, peuvent désigner des surintendants de district dans les districts où des postes vacants surviennent entre deux sessions de l'Assemblée de district, en consultation avec le conseil consultatif de district. Conformément au paragraphe 208, tous les anciens qualifiés sont éligibles, incluant ceux de ce district. (209, 239)

307.8. Dans le cas de l'incapacité temporaire d'un surintendant de district encore en fonction, le surintendant général ayant juridiction, en consultation avec le conseil consultatif de district, peut nommer un ancien qualifié pour siéger comme surintendant intérimaire de district. La question de l'incapacité sera déterminée par le surintendant général ayant juridiction et le conseil consultatif de district. (209.2)

307.9. Le surintendant général ayant juridiction peut recommander au Conseil des surintendants généraux qu'un district en phase 3 soit déclaré en crise. (200.2, 322)

307.10. Le surintendant général ayant juridiction peut présider la réunion annuelle ou une réunion spéciale de l'église locale ou nommer un représentant à cette tâche. (113.5)

307.11. Aucun surintendant général ne peut devenir membre votant d'aucun conseil de l'Église du Nazaréen autre que le Conseil de surintendants généraux à moins d'une stipulation contraire dans les règlements administratifs dudit conseil. (307.12)

307.12. Un surintendant général n'occupera aucune autre fonction générale de l'Église du Nazaréen pendant qu'il est surintendant général. (307.11)

307.13. Tous les actes officiels des surintendants généraux seront susceptibles de révision et rectifications par l'Assemblée générale.

307.14. Tout acte officiel d'un surintendant général peut être annulé par un vote unanime des autres membres du Conseil des surintendants généraux.

307.15. Le poste de tout surintendant général peut être déclaré vacant, avec raison, par le vote unanime des autres membres du Conseil des surintendants généraux, soutenu par un vote des deux tiers du Conseil général.

307.16. Les surintendants généraux, élus par l'Assemblée générale, siègeront durant les 30 jours suivant la clôture de la prochaine Assemblée générale et jusqu'à ce que leurs successeurs soient élus et qualifiés. (305.2)

H. Surintendants généraux émérites et retraités

314. Tous les surintendants généraux émérites et retraités seront membres d'office de l'Assemblée générale. (301)

314.1. Un surintendant général ayant le statut de retraité ou émérite élu ne sera pas membre du Conseil des surintendants généraux. Cependant, dans l'éventualité où un surintendant général actif aurait une incapacité causée par une maladie, hospitalisation, ou par toute autre urgence inévitable nécessitant l'absence de toute affectation, le Conseil des surintendants généraux est autorisé à appeler à une affectation temporaire tout surintendant général retraité. (305.3-305.5, 900.1)

I. Le Conseil des surintendants généraux

315. Les surintendants généraux s'organiseront en conseil, prendront des mesures et affecteront aux membres du conseil les tâches sur lesquelles ils auront une juridiction spéciale.

316. Poste vacant. Si un poste vacant survient au sein du Conseil des surintendants généraux entre deux sessions de l'Assemblée générale, la question de tenir une élection en vue de combler le poste vacant sera décidée par le Conseil des surintendants généraux. Après avoir reçu la décision du conseil, le Secrétaire général informera immédiatement tous les membres du Conseil général. Quand on déclenche une élection, les membres du Conseil général, par un vote des deux tiers de tous ceux qui sont éligibles à voter, éliront un ancien de l'Église du Nazaréen pour combler le poste vacant et accomplir les devoirs de surintendant général pendant trente jours suivant la clôture de la prochaine Assemblée générale et jusqu'à ce que son successeur soit élu et qualifié. (25.4, 305.2)

316.1. Le Secrétaire général rapportera le résultat du scrutin au Conseil des surintendants généraux, qui l'annoncera à toute l'Église du Nazaréen.

317. Les devoirs du Conseil des surintendants généraux sont de :

317.1. Assurer la supervision, l'orientation et la motivation de l'Église générale en portant une attention appropriée à la direction et la théologie de tous les districts, agences et ministères de l'Église du Nazaréen mondiale.

317.2. Recommander, en consultation avec le directeur de la Mission Mondiale et les directeurs administratifs nationaux respectifs ou les directeurs régionaux, des modifications de l'attribution de secteurs géographiques, sujet à l'approbation du Conseil général.

317.3. Être la principale autorité en matière de plans et principes ecclésiastiques et de conseiller le Conseil général, ses comités et tous les conseils de l'Église du Nazaréen sur les autres questions. Le Conseil des surintendants généraux fera toutes les recommandations qu'ils jugeront utiles au Conseil général et ses comités. Le Conseil des surintendants généraux approuvera ou désapprouvera toutes les sélections faites par le Comité de la Mission Mondiale au Conseil général pour la nomination en tant que missionnaires.

317.4. Siéger conjointement avec le comité de direction du Conseil général, en tant que comité de sélection afin de présenter un ou plusieurs noms au Conseil général pour l'élection d'un Secrétaire général et d'un Trésorier général.

317.5. Déclarer vacant avec cause, par un vote à la majorité des deux tiers, le poste de Secrétaire général, de Trésorier général ou le directeur d'un département.

317.6. Combler les postes vacants qui peuvent survenir au sein de la Cour d'appel générale entre deux sessions de l'Assemblée générale et de sélectionner le président et le secrétaire de cette cour. (305.7, 612, 902)

317.7. De combler les postes vacants qui peuvent survenir au sein d'une commission ou d'un comité spécial entre deux sessions des Assemblées générales ou du Conseil général.

317.8. Nommer des surintendants généraux pour servir comme conseillers pour toute institution d'éducation supérieure affiliée au Conseil International De l'Éducation. (905)

317.9. Organiser, en collaboration avec le Développement du clergé mondial, des d'études ministérielles pour ceux qui servent dans des rôles de ministère, laïcs ou accrédités. (529-530)

317.10. Planifier, préserver et promouvoir le Fonds pour l'Évangélisation Mondiale qui est le réseau vital des intérêts de la Mission Mondiale. Le Conseil des surintendants généraux, et le Conseil général, sont autorisés et habilités à établir les objectifs de financement et responsabilités pour le Fonds de l'Évangélisation Mondiale des églises locales. (32.5, 130, 335.7)

317.11. Approuver par écrit la réintégration de l'accréditation d'un ancien ou d'un diacre tel que requis. (539.9, 539.10-539.11, 540.8)

318. Le Conseil des surintendants généraux est l'autorité en matière d'interprétation de la loi et de la doctrine de l'Église du Nazaréen, de la signification et de la force des dispositions du *Manuel*, sous réserve d'un appel de l'Assemblée générale.

319. Le Conseil des surintendants généraux étudiera à des fins d'approbation les plans des centres de district. Les plans ne seront pas mis à exécution avant avoir été approuvés par écrit par le Conseil des surintendants généraux. (225.12)

320. Le Conseil des surintendants généraux aura le pouvoir, à sa discrétion, d'ordonner des personnes divorcées. (307.4, 533.3, 534.3)

321. Le Conseil des surintendants généraux peut déclarer vacant pour une bonne raison le poste de surintendant de district de tout district en phase 2 ou en phase 1 sur la recommandation du surintendant général ayant juridiction et peut déclarer vacant le poste des surintendants de district des districts en phase 3 sur un vote à la majoritaire des deux tiers du comité consultatif de district. (209.1, 239)

322. Le Conseil des surintendants généraux peut approuver qu'un district en phase 3 soit déclaré en crise. (200.2, 307.9)

323. Après chaque assemblée générale, la version révisée du *Manuel* de l'Église du Nazaréen entrera en vigueur dans toutes les langues appropriées quand le Conseil des surintendants généraux annonce la date de parution officielle.

324. Le Conseil des surintendants généraux aura l'autorité de faire, au service de l'Église du Nazaréen, tout ce qui n'est pas prévu ailleurs, en harmonie avec les règles générales de l'église et conformes à la Constitution de l'église.

J. Le Secrétaire général

325. Le Secrétaire général, élu par le Conseil général selon les dispositions des règlements administratifs du Conseil général, siègera jusqu'à la clôture de la prochaine Assemblée générale et jusqu'à ce que son successeur soit élu et qualifié, jusqu'à ce qu'il soit radié selon le paragraphe 317.5. (900.2)

325.1. Le Secrétaire général sera membre d'office de l'Assemblée générale. (301)

325.2. Si entre deux sessions du Conseil général une vacance survient au poste de Secrétaire général, elle sera comblée par le Conseil général par sélection tel que prévu au paragraphe 317.4. (335.21)

325.3. Le Secrétaire général sera à l'écoute du Conseil des surintendants généraux et du Conseil général.

326. Les devoirs du Secrétaire général sont de :

326.1. Servir comme secrétaire d'office de l'Église du Nazaréen, Inc., du Conseil général, et de l'Assemblée générale et faire le compte rendu et conserver le journal des débats. (331.2)

326.2. Tenir et conserver les statistiques générales de l'Église du Nazaréen.

326.3. Conserver les documents de l'Assemblée générale et les remettre promptement à son successeur.

326.4. Conserver tous les documents permanents et toutes les décisions rendues par la Cour d'appel générale. (614)

326.5. Classer et conserver les accréditations des ministres qui ont été déposées, rendues, radiées ou démissionnaires et de les livrer seulement sur ordre officiel du district d'où elles proviennent. (539-539.3, 539.8)

326.6. Vérifier les tableaux statistiques des districts. (220.3)

326.7. Maintenir les dossiers des personnes ayant reçu une habilitation ministérielle de district.

326.8. Rendre disponibles aux délégués les procès-verbaux des sessions de l'Assemblée générale.

326.9. Rendre disponible la version la plus récente du *Manuel*.

326.10. Accomplir fidèlement toute autre tâche qui peut être nécessaire dans l'exercice des fonctions de la charge.

327. Le Secrétaire général détiendra en fiducie les documents légaux de l'église générale.

327.1. Le Secrétaire général est autorisé à recueillir les documents historiques disponibles concernant l'origine et le développement de notre dénomination et sera le gardien de tous ces dossiers et documents.

327.2. Le Secrétaire général gardera un registre des lieux et repères historiques selon le paragraphe 913.

328. Le Secrétaire général, conjointement avec les surintendants généraux, préparera avant l'ouverture de l'Assemblée générale les formulaires nécessaires, y compris un «*Manuel*» abrégé du Code de règles de procédures Robert pour révision et tout ce qui est nécessaire pour faciliter les travaux de l'Assemblée générale. Les frais encourus seront prévus dans le fonds de dépenses de l'Assemblée générale.

328.1. Le Secrétaire général peut avoir autant d'assistants que l'Assemblée générale en élira ou, entre deux sessions de l'Assemblée générale, autant que le Conseil des surintendants généraux en nommera.

K. Le Trésorier général

329. Le Trésorier général, élu par le Conseil général suivant les dispositions des règlements administratifs du Conseil général, siégera jusqu'à la clôture de la prochaine Assemblée générale et jusqu'à ce qu'un successeur soit élu et qualifié jusqu'à ce qu'il soit radié selon le paragraphe 317.5 (900.3)

329.1. Le Trésorier général sera membre d'office de l'Assemblée générale. (301)

329.2. Le Trésorier général sera à l'écoute du surintendant général ayant juridiction sur les finances du Siège du Ministère Mondial, du Conseil des Surintendants Généraux et du Conseil général.

330. Les devoirs du Trésorier général sont :

330.1. Avoir la garde de tous les fonds appartenant aux intérêts généraux de l'Église du Nazaréen.

330.2. Recevoir et verser les fonds du Comité mondial de l'administration et des finances, du Comité de l'éducation et du développement du clergé mondiale, du Comité de la Mission Mondiale et des autres fonds appartenant au Conseil général ou à l'un de ses départements ; le fonds de dépenses des surintendants généraux ; le fonds de prévoyance général ; le fonds de dépenses de l'Assemblée générale ; le fonds de bienveillance général de l'église ; les fonds de la JNI mondiale et les fonds de la MNI mondiale. (331.3)

330.3. Verser une caution d'exécution de fonctions à une société de cautionnement fiable, tel qu'indiqué par le Conseil général.

330.4. Livrer des rapports aux conseils et aux départements pour les fonds dont il est le dépositaire.

330.5. Livrer au Conseil général un rapport annuel sur l'ensemble des finances de l'Église du Nazaréen, y compris les investissements. (335.12)

330.6. Protéger les comptes des rentes investis en biens immobiliers avec des polices d'assurance adéquates et de veiller à empêcher leurs déchéances.

L. Le Conseil général

331. L'Église du Nazaréen, Inc. est une société à but non lucratif incorporée selon les lois de l'état du Missouri aux E-U. Le Conseil général sera composé des membres qui seront élus par voie de scrutin par l'Assemblée générale, à partir d'une liste de candidats proposés selon les paragraphes 332.1-333.45. Pour être élu membre du Conseil général comme représentant régional, on doit être résident de cette région et être membre d'une église locale de cette région. (305.6, 334)

331.1. Personne ne sera éligible pour être élu membre du Conseil général ou ne pourra demeurer membre du Conseil général s'il est un employé de l'Église du Nazaréen Inc. ou d'entités incluant les établissements d'enseignement, qui reçoivent une aide financière de l'Église du Nazaréen Inc. Les personnes provenant de districts ou autres entités qui reçoivent des fonds d'exploitation de l'église générale sont également non admissibles.

331.2. Le Secrétaire général sera d'office secrétaire de l'Église du Nazaréen Inc. et du Conseil général.

331.3. Le Trésorier général sera d'office trésorier de l'Église du Nazaréen Inc., du Conseil général et des départements de l'Église du Nazaréen Inc. (330.2)

332. Les nominations au Conseil général seront faites tel que prévu ci-dessous:

332.1. Après l'élection des délégués à l'Assemblée générale, chaque délégation des districts en phase 3 se réunira pour choisir les candidats à proposer au Conseil général de la manière suivante. Chaque district en phase 3 peut présenter les noms de deux ministres ordonnés affectés et de deux laïcs. Un district ayant une diversité de cultures et ethnies devrait tenir compte de ce fait quand il est question de choisir des candidats. Pour les régions qui ont un Conseil Consultatif Régional, les noms de ces candidats seront envoyés d'abord au conseil national et ensuite au Conseil Consultatif Régional, ce qui peut réduire le nombre de noms à trois pour chaque membre pour lequel le caucus doit voter. Après cela, les noms seront envoyés immédiatement au Secrétaire général pour être placés sur les bulletins d'élection pour être présentés aux délégués de chaque région à l'Assemblée générale. (205.23)

332.2. À partir de la liste de ces candidats, les délégués à l'Assemblée générale de chaque région proposeront à l'Assemblée générale de la manière suivante:

Chaque région qui compte au moins 100 000 membres à part entière proposera un ministre ordonné et affecté et un laïc; chaque région de plus de 100 000 et de moins de 200 000 membres à part entière proposera deux ministres ordonnés affectés, un surintendant de district, un pasteur ou évangéliste et deux laïcs; avec un laïc supplémentaire et un ministre ordonné et affecté supplémentaire pour les régions de plus de 200 000 membres à part entière, en tenant compte des dispositions suivantes:

Dans les régions qui ont plus de 200 000 membres à part entière, un ministre ordonné et affecté sera pasteur ou évangéliste, un autre sera un surintendant de district; et l'autre ministre ordonné et affecté sera l'un ou l'autre.

Aucun district n'aura droit d'avoir plus de deux membres au Conseil général et aucune région n'aura plus de six membres, à l'exception des représentants d'institutions et des membres auxiliaires de la MNI et la JNI. Quand plus de deux candidats d'un district reçoivent un plus grand nombre de votes que les candidats d'autres districts de la même région, les candidats d'un autre district qui reçoivent le nombre de votes immédiatement inférieur seront choisis comme candidats pour cette région.

Dans chaque région le(s) laïc(s), le pasteur ou évangéliste et/ou le surintendant de district qui aura reçu le plus grand nombre de votes dans leurs catégories respectives seront proposés par un vote majoritaire à l'Assemblée générale. Dans les régions plus grandes, où six membres doivent être élus, le laïc et le ministre ordonné et affecté qui se sont classés deuxième pour le plus grand nombre de voix seront des candidats supplémentaires.

Si un Conseil Consultatif Régional détermine qu'il est probable qu'une majorité des délégués élus seront empêchés d'assister à l'Assemblée générale, le vote d'un caucus régional pourra être dirigé par des moyens de communication postaux ou électroniques dans les six mois précédent l'Assemblée générale. Le mode spécifique par lequel cette nomination par moyens postaux ou électroniques sera organisée devra être suggéré par le Conseil Consultatif Régional et sera soumis à l'approbation du Secrétaire général avant sa mise en application. (305.6, 901)

332.3. Le Conseil International De l' Éducation (CIDE) proposera à l'Assemblée générale quatre personnes venant des établissements d'enseignement, deux ministres ordonnés affectés et deux laïcs. L'Assemblée générale élira deux représentants, un ministre ordonné et affecté et un laïc au Conseil général. (331.1)

332.4. Le Conseil de la JNI mondiale proposera à l'Assemblée générale le président nouvellement élu de la JNI mondiale. Dans le cas où le président de la JNI mondiale ne peut siéger au Conseil général, le Conseil de la JNI mondiale proposera un membre du Conseil de la JNI mondiale. (343.4)

332.5. Le Conseil de la MNI mondiale proposera à l'Assemblée générale un membre du Conseil de la MNI mondiale.

L'Assemblée générale élira un représentant au Conseil général. (344.3)

332.6. Les coordinateurs régionaux des MEDFDI et le directeur mondial des MEDFDI proposeront une personne à l'Assemblée générale. L'Assemblée générale élira un représentant au Conseil général.

333. Les élections au Conseil général se feront tel que prévu ci-après :

333.1. Chaque candidat présenté par les régions respectives sera élu par l'Assemblée générale par un vote affirmatif au scrutin majoritaire.

333.2. Parmi les candidats présentés par le Conseil International De l'Éducation, l'Assemblée générale en éliront deux, dont l'un sera un ministre ordonné en poste et l'autre un laïc.

333.3. Le candidat présenté par le Conseil de JNI mondiale, l'Assemblée générale élira par la voie d'un scrutin majoritaire uninominal (oui ou non). (343.4, 903)

333.4. Le candidat présenté par le Conseil de MNI mondiale. L'Assemblée générale élira par la voie d'un scrutin majoritaire uninominal (oui ou non). (344.3, 904)

333.5. Le candidat présenté par les coordinateurs des MEDFDI régional et le directeur des MEDFDI mondial. L'Assemblée Générale élira par la voie d'un scrutin majoritaire uninominal (oui ou non). (332.6)

334. Les membres du Conseil général resteront en fonction jusqu'à la clôture des travaux de l'Assemblée générale suivante et jusqu'à ce que leurs successeurs soient élus et qualifiés. Au cas où un membre du Conseil général changerait d'église locale ou de domicile au-delà des limites de la région qu'il représente, ou si un ministre change la catégorie d'affectation ministérielle pour laquelle il a été élu, ou si le ministre devient non-affecté, ou si le laïc demande et reçoit une habilitation de ministre de district, son adhésion se terminera immédiatement. La vacation qui aura été ainsi créée sera comblée rapidement. (331)

334.1. Les postes devenant vacants au sein du Conseil général et dans ses comités seront comblés suite à une nomination par le Conseil des surintendants généraux qui présentera au Secrétaire général, aussitôt que possible, les noms de deux personnes éligibles. L'un sera élu par les conseils consultatifs des districts de la région où le poste vacant est survenu, par un vote majoritaire. Chaque conseil consultatif de district en phase 2 et en phase 3 a droit à un vote. Pour les représentants de l'éducation, les noms des candidats seront donnés au Conseil général pour en élire un par un vote majoritaire. Pour les représentants du Conseil de la JNI les candidats seront soumis par le Conseil de la JNI mondiale et une personne sera élue à la majorité. Pour les représentants de la MNI, les noms des candidats seront soumis au comité de direction du Conseil de la MNI mondiale en consultation avec le surintendant général ayant juridiction et avec l'approbation du Conseil des surintendants généraux adressé au Conseil de la MNI mondiale, pour qu'une personne soit élue à la majorité. Pour la représentation des MEDFDI, les noms des candidats doivent être soumis au Conseil général, pour qu'une personne soit élue à la majorité. (332.3-332.6)

335. Les devoirs du Conseil général. Le Conseil général siègera en tant que conseil d'administration de l'Église du Nazaréen, Inc. et sera la principale autorité en matière de directives et de planifications non ecclésiastiques. Le Conseil général exhortera tous les conseils nationaux, régionaux, de district et locaux à remplir la mission de l'Église du Nazaréen, qui est de propager la sainteté chrétienne dans la tradition wesleyenne en faisant des disciples à l'image de Christ dans les nations et facilitera l'avancement de l'église mondiale dans chaque nation et région. Le Conseil général, sous réserve des instructions pouvant venir de l'Assemblée générale, fera valoir les affaires financières et matérielles de tous les comités de l'Église du Nazaréen, Inc. Il coordonnera, mettra en corrélation et unifiera les plans et les activités des divers comités constituants afin qu'une orientation commune puisse être établie par et dans toutes les activités de l'Église du Nazaréen, Inc. Il aura le pouvoir d'ordonner la vérification des comptes de tous ses départements et toutes les entités légalement associées à l'Église du Nazaréen, Inc. et dirigera les travaux et les affaires administratives de l'Église du Nazaréen, Inc. et ses départements et toutes les entités légalement associées à l'Église du Nazaréen, Inc. Ces départements et entités accorderont toute l'attention requise aux conseils et recommandations du Conseil général.

335.1. Le Conseil général aura le pouvoir d'acheter, de posséder, de détenir, de gérer, d'hypothéquer, de vendre, de transmettre, de donner ou d'acquérir autrement, grever et d'aliéner des biens mobiliers et immobiliers vendus, légués, transmis par testament, donnés ou autrement transférés à l'Église du Nazaréen, Inc. en fiducie à toute fin légitime et de gérer une telle fiducie; d'emprunter et de prêter de l'argent dans l'exécution des affaires légales de l'Église du Nazaréen, Inc.

335.2. Le Conseil général comblera un poste vacant au sein du Conseil des surintendants généraux conformément aux paragraphes 316 et 305.2.

335.3. Le Conseil général se réunira avant ou immédiatement après la clôture des travaux de l'Assemblée générale et s'organisera en élisant des dirigeants, des comités et des membres des comités tel que stipulé dans ses statuts constitutifs et règlements administratifs, de siéger durant les quatre années et jusqu'à ce que leurs successeurs soient élus et qualifiés. Les surintendants généraux, conjointement et solidairement, présideront les réunions du Conseil général.

335.4. Réunions. Le Conseil général se réunira en session au moins trois fois entre les Assemblées générales à un moment et lieu spécifiés par les règlements administratifs dudit conseil, ou à l'heure, la date et le lieu, adoptés à l'unanimité au cours de toute réunion régulière ou spéciale pour convenir aux intérêts du Conseil général et de ses comités.

335.5. Les réunions spéciales du Conseil général peuvent être convoquées par le Conseil des surintendants généraux, le président ou le secrétaire.

335.6. Fonds pour l'Évangélisation Mondiale. Chaque église locale du Nazaréen fait partie de l'effort mondial pour « faire des disciples à l'image de Christ dans les nations». Le Fonds pour l'Évangélisation Mondiale sera utilisé par la dénomination entière pour le soutien, le maintien et la promotion de la mission générale et les activités associées à celles-ci. Les budgets annuels de l'église générale seront basés sur les prévisions de contribution, y compris les propositions des départements et agences de l'église générale, en considérant les déclarations financières du Trésorier général. De temps en temps, le Conseil général déterminera la part à attribuer pour le Fonds pour l'Évangélisation Mondiale à chaque département et fonds. Quand de telles attributions auront été acceptées, ils seront soumis au Conseil des surintendants généraux pour qu'il l'examine et fasse des suggestions ou amendements avant l'adoption finale par le Conseil général.

335.7. Le Conseil général et le Conseil des surintendants généraux sont autorisés et habilités à établir des objectifs de financement et des responsabilités pour le Fonds pour l'Évangélisation Mondiale auprès des églises locales. (130, 317.10)

335.8. Le Conseil général aura l'autorité d'augmenter ou diminuer le montant requis par tout département ou fonds. Les postes budgétaires adoptés par l'Assemblée générale seront référés au Conseil général qui sera autorisé à ajuster, en proportion des conditions économiques existantes, les allocations annuelles de toute institution ou organisme de l'église, fidèle à l'engagement financier total de l'église générale.

335.9. Le Conseil général approuvera le montant du Fonds pour l'Évangélisation Mondiale qui sera affecté au Séminaire théologique nazaréen (NTS, É-U) et au Séminaire biblique nazaréen (NBC, É-U), tel que jugé recommandable en fonction des fonds disponibles.

335.10. Le Conseil général examinera annuellement les salaires et les prestations des surintendants généraux entre les assemblées générales et fera les ajustements nécessaires.

335.11. Rapports. Au cours de sa réunion ordinaire, le Conseil général recevra un rapport détaillé des activités des départements pour l'année précédente, y compris un rapport financier. Chaque département soumettra aussi un budget des dépenses prévues pour l'année suivante.

335.12. Le Trésorier général présentera chaque année au Conseil général un rapport financier détaillé sur les recettes et les dépenses pour tous les fonds dont il était le dépositaire durant l'année écoulée, y compris les fonds en fiducie et les investissements, de même qu'un exposé détaillé des dépenses proposées de fonds qui ne font pas partie des budgets des départements de l'Église du Nazaréen, Inc. pour l'année suivante. Le Trésorier général sera responsable devant le Conseil général de remplir fidèlement ses fonctions officielles. (330.5)

335.13. Le Conseil général se réunira avant ou immédiatement après la clôture de l'Assemblée générale afin d'élire un Secrétaire général et un Trésorier général comme il est prévu dans les règlements administratifs du Conseil général, ils occuperont leurs fonctions jusqu'à la clôture de la prochaine Assemblée générale et jusqu'à ce que leurs successeurs soient élus et qualifiés.

335.14. Les membres du Conseil général représentant les régions des États-Unis d'Amérique éliront un Conseil des pensions/retraites et prestations (É-U), composé d'un membre représentant chaque région des États-Unis d'Amérique et un membre en général. Les nominations seront soumises par le Conseil des Surintendants généraux comme prévu dans les règlements administratifs du Conseil des pensions/retraites et prestations (É-U). (337)

335.15. Le Conseil général élira un Conseil de la Maison d'Édition Nazaréenne après chaque Assemblée générale, qui siègera jusqu'à la clôture de la prochaine Assemblée générale et jusqu'à ce que leurs successeurs soient élus et qualifiés.

335.16. Un point de l'ordre du jour du Conseil général qui ne concerne qu'une seule région/nation spécifique sera référé, sur l'approbation du comité de direction du Conseil général et du Conseil des surintendants généraux, aux membres du Conseil général provenant de ladite région/nation se réunissant en caucus.

335.17. Le Conseil général liera toute commission ou comité autorisé par l'Assemblée générale ou le Conseil général à un ou plusieurs départements, ou au conseil tout entier et distribuera le travail, la responsabilité et le budget.

335.18. Directeurs de département. Le Conseil général élira par voie de scrutin des directeurs de département de l'Église du Nazaréen, Inc. conformément aux procédures définies par les règlements administratifs du Conseil général et le guide des orientations du Conseil général à siéger jusqu'à la clôture de la prochaine Assemblée générale et jusqu'à ce que leurs successeurs soient élus et qualifiés, à moins qu'ils ne soient radiés selon le paragraphe 317.5.

335.19. Les directeurs de département seront sélectionnés selon les procédures suivantes: s'il y a un directeur titulaire, le comité de sélection peut recommander un scrutin uninominal (oui/non) ou présenter plusieurs candidats. La recherche de candidats compétents pour ces fonctions se fera par un Comité de repérage, selon les dispositions des règlements administratifs du Conseil général. Ce comité présentera deux noms, ou plus, au comité de sélection avec les raisons pour leurs recommandations.

Le comité de sélection composé des six surintendants généraux et du Comité du personnel des comités respectifs, soumettront un nom ou plus au Conseil général pour élection selon les règlements administratifs du Conseil général.

335.20. Salaires du personnel de direction. Le Conseil général établira et documentera une «mesured'évaluation» et un programme d'administration des salaires qui inclura les directeurs de département et directeurs de ministères et services qui prévoit une structure salariale qui tienne compte du niveau de responsabilités et du mérite. Le Conseil général révisera et approuvera une fois par an les salaires des directeurs de département, et des autres dirigeants qui ont été autorisés et élus par le Conseil général.

335.21. Le Conseil général, entre deux sessions de l'Assemblée générale ou du Conseil général, comblera tout poste vacant qui peut survenir dans les fonctions mentionnées aux paragraphes 335.13 et 335.18 et tous autres postes administratifs créées par l'Assemblée générale, le Conseil général, ou leurs comités élus en conformité aux règlements administratifs du Conseil général et le processus de sélection du paragraphe 317.4.

336. La retraite de tous les dirigeants et de tous les directeurs mentionnés dans les paragraphes 335.13 et 335.18 et de tout autre chef d'organisme employé par l'Église du Nazaréen, Inc. aura lieu au moment de la réunion du Conseil général qui suit leur soixante-dixième anniversaire. Là où il y a des postes vacants, ils seront comblés conformément aux procédures du *Manuel*.

M. Plan de pensions et retraites

337. Il y aura un conseil de pensions et retraites, ou un organisme agréé équivalent, avec la responsabilité fiduciaire pour chaque plan de pensions et retraites ayant rapport à l'Église. Un plan de pensions et retraites peut s'appliquer au niveau de l'organisation, du district, de plusieurs districts, au niveau national, régional ou multirégional, selon les besoins. (335.14)

337.1. Le Conseil général établira et maintiendra des directives suggérées qui sont valables pour tous les programmes de pensions et retraites à travers le monde. Le Conseil général ne garantit aucun plan de pensions et retraites contre perte ou dépréciation. Le Conseil général ne garantit le paiement d'aucune somme d'argent qui peut être due ou qui devient due à une personne quelconque de la part d'un plan de pensions et retraites et le Conseil ne sera point tenu responsable dans le cas de tout plan de pensions et retraites qui manque de fonds. (32.5)

337.2. Tout plan de pensions/retraites soumettra un rapport annuel au Conseil général par le biais de Pensions/retraites et prestations international dans la forme et le format demandés. (32.5)

N. Filiales de l'Église du Nazaréen, Inc.

338. Les organisations filiales de l'Église du Nazaréen, Inc. seront organisées et gouvernées selon les principes suivants :

a. Personne morale unique

    i. La personne morale unique de toutes les filiales constituées aux États-Unis d'Amérique doit être « L'Église du Nazaréen, Inc. »

b. Membres du Conseil d'administration

    i. Composition : Chaque organisation déterminera le nombre approprié d'administrateurs selon ses besoins et ses buts. Les exigences minimales :

        1. Un administrateur du Conseil des Surintendants Généraux sera membre d'office

        2. Un cadre supérieur de la dénomination nommé par le Conseil des surintendants généraux

    ii. Tous les administrateurs doivent être sélectionnés par le Conseil des surintendants généraux en consultation avec les autres administrateurs de la Société.

    iii. Tous les administrateurs doivent être élus par le Conseil de surintendants généraux agissant au nom de la personne morale unique. Ils occuperont leur poste jusqu'à ce que leurs successeurs soient élus et qualifiés.

    iv. Révocation : Un ou plusieurs administrateurs peuvent être relevés de leur fonctions avec ou sans cause spécifique, à tout, moment par un vote du Conseil des surintendants généraux agissant au nom de la personne morale unique lors de toute réunion spéciale convoquée à cette fin.

c. Dirigeants et cadres : Le nombre et les titres des dirigeants seront déterminés par chaque établissement en conformité avec leurs règlements administratifs.

d. Réunions de la Société :

      i. Les réunions de la personne morale unique auront lieu à la date et au lieu fixés de temps en temps par la personne morale unique (L'Église du Nazaréen, Inc.).

     ii. Les réunions des administrateurs auront lieu à la discrétion de la Société.

e. Les dirigeants de la Société : Sont sélectionnés et renvoyés en conformité avec les Règlements administratifs de la filiale.

f. Année fiscale : Toutes les filiales adopteront un exercice financier identique à celui de l'Église du Nazaréen, Inc.

g. Dissolution : Lors de la dissolution de la Société, tous ses actifs seront transférés à la personne morale unique.

h. Statuts constitutifs et aux règlements administratifs

      i. Des filiales peuvent être créés par un vote aux deux tiers du Conseil général de la personne morale unique. Les statuts constitutifs et règlements administratifs sont soumis à l'approbation du Conseil général de la personne morale unique.

     ii. Les amendements sont proposés par un vote aux deux tiers du Conseil d'administration de la société et sont soumis à l'approbation du Conseil général de la personne morale unique.

O. Le Conseil de la Maison d'Édition Nazaréenne

339. La mission de la Maison d'Édition Nazaréenne est de publier ou produire autrement, de commercialiser, de posséder, d'autoriser et de gérer les contenus au profit de l'Église du Nazaréen et d'autres marchés chrétiens, en conformité avec la mission de l'Église. Afin de protéger et gérer l'actif médiatique utilisé par l'Église du Nazaréen et ses affiliés, l'Église du Nazaréen confie ces responsabilités primaires à la Maison d'Édition Nazaréenne.

P. Le Comité général de l'action chrétienne

340. Après l'Assemblée générale, le Conseil des surintendants généraux nommera un Comité général de l'action chrétienne, dont l'un des membres sera le Secrétaire général qui fera un rapport du travail du comité au Conseil général.

Les devoirs du Comité général de l'action chrétienne sont :

340.1. Offrir à nos membres et de développer des informations constructives sur des sujets tels que : l'alcool, le tabac, les stupéfiants, les jeux de hasard et les autres problèmes moraux actuels en harmonie avec la doctrine de l'église et de disséminer l'information par les moyens de communication de la dénomination.

340.2. Mettre l'accent sur la sainteté du mariage et sur le caractère sacré de la famille chrétienne et de signaler les problèmes et les effets funestes du divorce. En particulier, le comité devrait faire valoir le plan biblique du mariage comme une alliance pour la vie, à être rompue uniquement par la mort.

340.3. Encourager nos membres à assumer des rôles de responsabilité dans des organisations qui œuvrent pour la justice civique et sociale.

340.4. Alerter nos membres en faveur de l'observance du jour du Seigneur et contre les serments d'allégeance à des sociétés secrètes, les divertissements contraires à l'éthique chrétienne et d'autres formes de mondanités. (29.1)

340.5. Aider et encourager chaque district à établir un Comité d'action chrétienne et fournir à chaque comité de district information et matériel sur les questions morales actuelles pour diffusion à chaque église locale.

340.6. Se tenir au courant des problèmes moraux d'importance nationale et internationale et présenter le point de vue biblique.

Q. Comité pour les intérêts des évangélistes appelés par Dieu

341. Le Comité pour les intérêts des évangélistes appelés par Dieu sera composé du coordinateur des réveils, qui sera président d'office du comité, de quatre évangélistes titulaires et d'un pasteur. Le bureau du directeur de E-U/Canada, en consultation avec le coordinateur des réveils soumettra une liste de candidats au nom du comité au Conseil des surintendants généraux pour approbation et nomination. Le comité ou son représentant interviewera personnellement les évangélistes commissionnés qui ont été recommandés par leurs assemblées de district respectives pour obtenir le statut d'évangéliste titulaire. Le comité ou son représentant examinera également l'état de l'évangélisme itinérant au sein de l'Église du Nazaréen et fera ses recommandations concernant les réveils et les évangélistes au comité approprié du Conseil général. Les postes vacants seront comblés par le Conseil des surintendants généraux, sur recommandation du directeur de É-U/Canada, en consultation avec le coordinateur des réveils. (317.7, 510.3)

R. Comité Consultatif du Programme d'Études International

342. Après l'Assemblée générale, le directeur du Développement du clergé mondial, en consultation avec les coordinateurs régionaux de l'éducation, soumettra une liste de candidats pour siéger au sein du Comité Consultatif du Programme d'Études International (CCPEI). Les candidats pour ce comité pourront être des représentants pastoraux, administratifs, éducatifs et laïcs. La composition du CCPEI devrait autant que possible représenter l'église mondiale. Le Conseil des surintendants généraux nommera le Comité Consultatif du Programme d'Études International pour la durée des quatre années.

Le Comité Consultatif du Programme d'Études International se réunira au moins une fois tous les deux ans, en un lieu déterminé par le directeur du Développement du clergé mondial (529.1-529.2, 529.5).

S. La JNI mondiale

343. Le ministère de la jeunesse nazaréenne est organisé mondialement sous les auspices de la JNI, selon la charte de la JNI et sous l'autorité du Surintendant général ayant juridiction sur la JNI et le Conseil général. La JNI mondiale sera composée des membres, groupes locaux et organisations de la JNI de district dans le monde entier. La JNI mondiale est gouvernée par la Charte de la JNI et le Plan de ministère de la JNI mondiale approuvés par l'Assemblée générale.

343.1. Il y aura une Convention de la JNI mondiale qui se réunira à une date fixée par le Conseil des surintendants généraux, en consultation avec le Conseil de la JNI mondiale. La Convention quadriennale sera composée des membres désignés dans le Plan de ministère de la JNI mondiale (810).

343.2. La convention élira un président du Conseil de la JNI mondiale. Le vice-président du Conseil de la JNI mondiale est élu par le Conseil de la JNI mondiale lors de sa première réunion durant ou après l'Assemblée générale. Le président et le vice-président de la JNI mondiale seront membres d'office du Conseil de la JNI mondiale et siègeront sans rémunérations.

343.3. Le Conseil de la JNI mondiale sera composé du président, vice-président et d'une représentation de chaque région telle que stipulée dans le Plan de ministère de la JNI mondiale Le directeur de la JNI siègera d'office au conseil. Le conseil devra rendre compte au Conseil général par l'intermédiaire du Comité de la Mission Mondiale et du surintendant général ayant juridiction pour la JNI et se déroulera sous l'autorité de la charte JNI et du Plan de ministère de la JNI mondiale. Les membres du Conseil de la JNI mondiale seront en fonction jusqu'à la clôture de l'Assemblée générale suivante, lorsque leurs successeurs seront élus et qualifiés. (810)

343.4. La JNI mondiale sera représentée au Conseil général de l'Église du Nazaréen par le président du Conseil de la JNI mondiale élu par l'Assemblée générale selon la nomination faite par le Conseil de la JNI mondiale. (332.4 333.3)

343.5. La JNI mondiale sera représentée à l'Assemblée générale par le président du Conseil de la JNI mondiale à la fin de son mandat. (301)

T. Le Conseil de la MNI mondiale

344. Le Conseil de la MNI mondiale sera composé du président mondial, du directeur mondial et du nombre de membres prescrits et élus conformément à la Constitution de la MNI mondiale.

344.1. Le Conseil mondial sera gouverné par la Constitution de la MNI. Le Conseil mondial fera rapport au Comité de la Mission Mondiale du Conseil général. (811)

344.2. Sélection et élection du directeur de la MNI mondiale. Le comité de direction de la MNI mondiale et le surintendant général ayant juridiction formeront le comité de repérage pour identifier les candidats potentiels au poste de directeur de la MNI mondiale. Un ou deux noms de candidats potentiels seront soumis au Comité de la Mission Mondiale du Conseil général.

Le Comité de la Mission Mondiale du Conseil général et le surintendant général ayant juridiction examineront les noms qui leur seront soumis et ratifieront un ou deux noms pour élection par le Conseil des surintendants généraux.

Le Conseil des surintendants généraux élira le directeur de la MNI mondiale par bulletin de vote à partir des noms soumis par le Comité de la Mission Mondiale du Conseil général.

Le directeur de la MNI mondial sera membre d'office du Conseil de la MNI mondiale et membre du personnel de la Mission Mondiale.

344.3. La MNI mondiale sera représentée au Conseil général par un membre élu à cette fin par l'Assemblée générale, sur nominations faites par le Conseil mondial de la MNI mondiale. (332.5, 333.4)

344.4. Il y aura une Convention quadriennale tenue sous la direction du Conseil mondial de la MNI mondiale immédiatement avant la réunion régulière de l'Assemblée générale. La convention élira le Conseil mondial de la MNI mondiale, en accord avec la Constitution. La convention élira un président mondial qui sera membre d'office du Conseil mondial de la MNI mondiale. (811)

U. Les conseils nationaux

345. Sur recommandation du Conseil des surintendants généraux, un Conseil national peut-être établi quand une telle entité est nécessaire pour faciliter la mission et la stratégie de l'église dans ce pays. Le Conseil national aura l'autorité qui lui sera accordée par le directeur régional et le(s) conseil(s) consultatif(s) de district en phase 3 du pays, le cas échéant et en consultation avec le(s) surintendant général ayant juridiction sur la région et les districts de cette nation, d'agir au nom de l'église dans l'accomplissement de la stratégie régionale. Lorsque jugé nécessaire par le directeur régional, en consultation avec le surintendant général ayant juridiction, le Conseil national pourrait être reconnu comme l'autorité légitime de l'Église du Nazaréen dans ce pays. Un Conseil national qui n'est plus nécessaire à l'accomplissement de la mission ou une obligation légale, peut être dissous par le Conseil des surintendants généraux.

La composition et la structure de chaque Conseil national seront conformes aux attentes du Conseil des surintendants généraux.

Une copie des statuts constitutifs d'un tel conseil en association ou en organisme sera déposée immédiatement au Secrétaire général. Ces articles seront maintenus à jour en déposant tout changement avec le Secrétaire général. Les travaux du Conseil national concernant la facilitation de la mission et la stratégie de l'Église se dérouleront en consultation avec le directeur régional. Les procès-verbaux des réunions annuelles et spéciales du Conseil national seront revus par le Conseil consultatif régional avant d'être soumis au Secrétaire général pour vérification et commentaires en cas de besoin par le Conseil général. (32.5)

V. La région

346. Origine et raison d'être. Au cours de la croissance de l'église dans le monde, il s'est développé un groupement de plusieurs districts organisés en secteurs géographiques identifiés comme étant des régions. Un ensemble de districts répondant au gouvernement général de l'Église du Nazaréen et ayant un sens de régionalisme et d'identification culturelle peut être formé en région administrative par une initiative du Conseil général et l'approbation du Conseil des surintendants généraux.

346.1. Directives régionales. En accord avec une approche non symétrique de l'organisation, le Conseil des surintendants généraux peut, si cela s'avérait nécessaire et en consultation avec le Conseil Consultatif Régional, structurer les régions administratives selon les besoins particuliers, les problèmes potentiels, les réalités existantes et la diversité des antécédents culturels et éducatifs des secteurs géographiques du monde concernés. Dans de telles situations, le Conseil des surintendants généraux établira des directives qui incluront des engagements non négociables comprenant nos Articles de foi, une adhérence fidèle à notre doctrine et style de vie de sainteté, ainsi que le soutien de nos importants efforts missionnaires.

346.2. Les principaux devoirs des régions sont:
1. Exécuter la mission de l'Église du Nazaréen par l'intermédiaire des secteurs pionniers établis, des districts et des institutions;
2. Développer une conscience régionale, la communion fraternelle et des stratégies pour l'accomplissement du

Grand commandement, réunissant les représentants des districts et des institutions périodiquement afin de planifier, de prier ensemble et d'être inspirés ;

3. Proposer des délégués à l'Assemblée générale et aux Conventions mondiales pour être élus au Conseil général ;

4. Établir et maintenir, en harmonie avec les dispositions du *Manuel*, des écoles, des universités ou d'autres institutions selon leur gré ;

5. Être autorisées à recruter et à évaluer des candidats régionaux pour le service missionnaire en conformité avec le règlement (346.3) ;

6. Planifier les réunions du Conseil Consultatif Régional (CCR) et des conférences pour la région ;

7. Favoriser les Conseils nationaux, comme établi dans les paragraphes 345 et 346.3.

346.3. Conseil Consultatif Régional (CCR). Une région peut avoir un Conseil Consultatif Régional dont les responsabilités seront d'aider le directeur régional à l'élaboration de la stratégie de la région, d'examiner et de recommander l'approbation ou le rejet de tous les procès-verbaux des Conseils nationaux avant de les envoyer au Secrétaire général, de faire les entrevues des candidats missionnaires afin de les recommander au Conseil général pour une commission mondiale, et de recevoir les rapports du directeur régional, des coordinateurs de la stratégie du champ et des coordinateurs de ministères.

La composition du CCR sera flexible afin de structurer le CCR selon les besoins, le développement et les exigences de chaque région. Le directeur régional donnera une recommandation pour le nombre de membres du CCR au directeur de la Mission Mondiale et au surintendant général ayant juridiction pour approbation. Les membres d'office seront : le surintendant général ayant juridiction sur la région, le directeur de la Mission Mondiale et le directeur régional qui siège comme président. Les membres du personnel sous contrat avec la Mission Mondiale ne pourront pas être candidats à l'élection au CCR, mais peuvent être des personnes ressources. Les membres du CCR seront élus par voie de scrutin par le caucus régional à l'Assemblée générale. Le CCR comblera tout poste vacant dans l'intervalle entre les Assemblées générales.

Le directeur régional, en consultation avec le CCR, pourra convoquer une conférence régionale ou une conférence sur l'évangélisation d'un secteur selon les besoins. (32.5)

346.4. Le directeur régional. Là où cela est jugé nécessaire, une région peut avoir un directeur élu par le Conseil des surintendants généraux en consultation avec le directeur de la Mission Mondiale et ratifié par le Conseil général, qui travaillera en harmonie avec les directives et les pratiques de l'Église du Nazaréen, guidant les districts, les églises et les institutions de la région dans l'exécution de la mission, des stratégies et du programme de l'église.

Avant la réélection d'un directeur régional, un examen sera mené par le directeur de la Mission Mondiale et le surintendant général ayant juridiction, en consultation avec le Conseil Consultatif Régional (CCR). Un examen positif constituera l'acceptation de la recommandation pour réélection.

Chaque directeur régional est responsable pour son administration devant la Mission Mondiale et le Conseil général et il est responsable devant le Conseil des surintendants généraux pour les questions de juridiction.

346.5. Le coordinateur de la stratégie du champ. Lorsque cela est jugé nécessaire, le directeur régional pourrait établir une structure de champ dans la région et recommander au directeur de la Mission Mondiale la nomination de coordinateurs de la stratégie du champ en accord avec le *Manuel des orientations et procédures de la Mission Mondiale*. Le coordinateur de la stratégie du champ sera responsable devant le directeur régional.

346.6. Le Comité Consultatif du Programme d'Études Régional. Le Comité Consultatif du Programme d'Études Régional (CCPER) sera composé du coordinateur régional de l'éducation, qui pourra être d'office le président d'office du comité, ainsi que des représentants choisis en consultation avec le directeur régional. Les membres du CCPER devraient représenter toutes les parties concernées par l'éducation ministérielle (c.-à-d., pasteurs, administrateurs, éducateurs et laïcs) pour la région.

346.7. Les principaux devoirs du CCPER sont:

1. Concevoir un *Livre de référence pour l'ordination* de la région, décrivant les normes éducatives minimales pour l'ordination dans la région. Ce livre régional doit refléter les normes minimales établies dans le *Manuel* et élaborées dans le *Livre international des normes de développement pour l'ordination*.

2. Définir des procédures de validation pour les programmes d'éducation ministérielle de la région, vérifier que les programmes sont conformes aux normes minimales du CCPER et du Comité Consultatif du Programme d'Études International (CCPEI);

3. Collaborer avec les intervenants en éducation de la région dans l'interprétation des normes du programme d'études ministérielles;

4. Analyser la conformité des programmes d'études ministérielles présentés selon les normes du Guide régional pour l'ordination et les normes du Guide international;

5. Appuyer les programmes d'études ministérielles de la région devant le Comité Consultatif du Programme d'Études International pour adoption et approbation.

PARTIE V

Enseignement supérieur

ÉGLISE, ÉCOLE ET UNIVERSITÉ

CONSORTIUM MONDIAL DE L'ÉDUCATION NAZARÉENNE

CONSEIL INTERNATIONAL DE L'ÉDUCATION

I. ÉGLISE, ÉCOLE ET UNIVERSITÉ

400. L'Église du Nazaréen, dès son instauration, s'est engagée à soutenir l'éducation supérieure. L'Église fournit à l'école/l'université, des étudiants, une direction à l'administration et à la faculté et un soutien financier et spirituel. L'école/l'université éduque les jeunes de l'église et un grand nombre de ses adultes, elle les guide vers la maturité spirituelle, enrichit l'église et envoie dans le monde des serviteurs de Christ, qui savent penser et aimer. L'école/l'université de l'église, bien qu'elle ne soit pas une assemblée locale, est une partie intégrante de l'église et en est une manifestation. L'Église du Nazaréen croit à la valeur et la dignité de la vie humaine et en cas de besoin d'offrir un milieu dans lequel quelqu'un peut être racheté et enrichi spirituellement, intellectuellement et physiquement, « sanctifié, utile à son maître, propre à toute bonne œuvre » (2 Timothée 2.21). La tâche primordiale et les expressions traditionnelles de l'activité de l'église locale – évangélisation, éducation religieuse, ministères de compassion et réunions d'adoration – illustrent l'amour de l'Église pour Dieu et son souci pour les gens.

Au niveau de l'église locale, l'éducation chrétienne des jeunes et des adultes aux diverses étapes du développement humain intensifie l'efficacité de l'Évangile. Les églises locales peuvent intégrer dans leurs objectifs et leur fonctionnement des programmes éducatifs de garderies/écoles pour tous les niveaux, de la naissance jusqu'au secondaire. Au niveau de l'église générale, la pratique historique de fournir des institutions d'enseignement supérieur ou de préparation pour le ministère sera maintenue. Partout où de telles institutions existent, elles fonctionneront dans le cadre philosophique et théologique de l'Église du Nazaréen, tel qu'établi par l'Assemblée générale et exprimé dans le *Manuel*.

400.1. Déclaration de mission d'enseignement. L'enseignement dans l'Église du Nazaréen, enraciné dans l'engagement biblique et théologique des mouvements wesleyens et de la sainteté et responsable par rapport à la déclaration de mission d'enseignement de la dénomination, vise à orienter ceux qui comptent sur elle en accueillant, en enrichissant et en communicant au service de l'Église et du monde des connaissances chrétiennes consistantes et cohérentes des rapports sociaux et individuels. De plus, de telles institutions d'enseignement supérieur chercheront à fournir un curriculum, une instruction de qualité et une preuve de rendement scolaire qui préparera adéquatement les diplômés à fonctionner efficacement dans les vocations et professions de leur choix.

400.2. L'autorisation de l'Assemblée générale, sous recommandation du Conseil International De l'Éducation, est requise pour mettre en place des établissements conférant des grades universitaires.

L'autorisation concernant le développement ou le changement de statut d'établissements existants peut être accordée par le Conseil général, sur recommandation du Conseil International De l'Éducation.

Aucune église locale ou regroupement d'églises ou représentation de personnes d'une église locale ou d'un regroupement d'églises ne peut mettre en place ou parrainer un établissement post-secondaire ou de préparation au ministère au nom de l'Église, sauf sur recommandation du Conseil International De l'Éducation.

II. LE CONSORTIUM MONDIAL DE L'ÉDUCATION NAZARÉENNE

401. Il y aura un Consortium mondial de l'éducation nazaréenne composé du président, du proviseur, du recteur ou du directeur (ou de son représentant désigné) de chaque établissement du Conseil International De l'Éducation de l'Église du Nazaréen, des coordinateurs régionaux d'éducation, du commissaire à l'éducation, du directeur du Bureau de la mission mondiale et du surintendant général ayant juridiction pour le Conseil International De l'Éducation.

III. LE CONSEIL INTERNATIONAL DE L'ÉDUCATION

402. Le Conseil International De l'Éducation sera l'avocat de l'Église générale pour les institutions d'éducation dans l'Église du Nazaréen dans le monde.

Ce conseil sera composé de treize membres : huit membres élus par le Conseil général, plus cinq membres d'office : les deux représentants de l'éducation au Conseil général, le directeur de la Mission mondiale, le directeur du Développement du clergé mondial et le commissaire à l'éducation. Un Comité de sélection, composé du commissaire à l'éducation, du directeur de la Mission mondiale, des deux représentants de l'éducation au Conseil général et des surintendants généraux ayant juridiction pour le Conseil International de l'Éducation et de la Mission mondiale, présentera huit candidats approuvés par le Conseil des surintendants généraux au Conseil général pour élection.

Dans un effort pour assurer une représentation élargie de toute l'église, le Comité de sélection soumettra le nom des candidats comme suit : un coordonnateur régional de l'éducation, trois laïcs, deux ministres ordonnés affectés provenant des régions de la Mission mondiale où aucun coordinateur de l'éducation n'a été proposé comme candidat et deux candidats non désignés. Aucune région de la mission mondiale n'aura plus d'un membre élu au CIDE avant que chaque région ait un représentant.

Tout au long du processus de sélection et d'élection, l'attention sera donnée à l'élection des personnes ayant un point de vue interculturel et/ou de l'expérience en tant que pédagogues.

Les fonctions du Conseil International De l'Éducation sont:

402.1. S'assurer que les institutions sont sous le contrôle légal de leurs conseils d'administration respectifs, dont les constitutions et règlements internes se conformeront à leurs chartes ou articles de constitution en association respectifs et qui seront en harmonie avec les directives établies par le *Manuel* de l'Église du Nazaréen.

402.2. S'assurer que les membres des conseils d'administration des établissements nazaréens seront des membres en règle de l'Église du Nazaréen. Ils doivent être en plein accord avec les articles de foi, y compris la doctrine de l'entière sanctification et les usages de l'Église du Nazaréen, tels qu'ils sont établis dans le *Manuel*. Autant que possible, les Conseils de réglementation de l'enseignement supérieur seront composés d'un nombre égal de membres ministériels et laïques.

402.3. Recevoir les fonds qui peuvent être reçus pour des buts éducatifs par des dons, legs et donations et recommandera annuellement des allocations de ces fonds à chaque établissement d'enseignement, conformément aux orientations adoptées par le Conseil général. Les établissements ne continueront à recevoir un soutien régulier que si leurs normes d'enseignement, leur plan d'organisation et leurs rapports financiers sont déposés au Conseil International De l'Éducation.

402.4. Recevoir et de traiter de manière appropriée un rapport annuel du commissaire à l'éducation, donnant un résumé des informations suivantes sur toutes les institutions du Conseil International De l'Éducation: (1) rapport statistique annuel, (2) rapport annuel du vérificateur et (3) budget fiscal pour l'année en cours.

402.5. Recommander, appuyer et revendiquer, bien que son rôle auprès des établissements soit consultatif, auprès du Conseil des surintendants généraux et du Conseil général.

402.6. Servir l'église dans les questions relatives aux institutions scolaires nazaréennes, afin de fortifier les liens entre les établissements et l'église en général.

402.7. Soumettre ses travaux et recommandations au comité approprié du Conseil général.

403. Tous les statuts constitutifs et règlements internes des établissements doivent inclure un article sur la dissolution et la transmission des actifs, indiquant que l'Église du Nazaréen recevra de tels actifs pour être utilisés pour les services éducatifs de l'église.

PARTIE VI

Ministère et service chrétien

APPEL ET QUALIFICATIONS DU MINISTRE

CATÉGORIES DE MINISTÈRE

RÔLES DE MINISTÈRE

ÉDUCATION DU CLERGÉ

ACCRÉDITATIONS ET RÈGLEMENTATIONS MINISTÉRIELS

I. APPEL ET LES QUALIFICATIONS DU MINISTRE

NOTE: Le Comité de révision du *Manuel* reconnait la validité des pre-mières phrases du paragraphe 500 et il a tenté d'utiliser un tel vocabu-laire de manière appropriée dans tout le *Manuel*. Cependant, le terme «mi-nistre» tel qu'il est utilisé dans cette section du *Manuel* fait référence à une personne ayant une accréditation, qu'elle soit habilitée, ordonnée ou commissionnée.

500. L'Église du Nazaréen reconnaît que tous les croyants ont reçu l'Évangile et elle insiste sur l'importance d'exercer un ministère envers toute personne.

Nous affirmons aussi que Christ appelle certains hommes et certaines femmes à un ministère spécifique et public comme lui-même a choisi et ordonné ses 12 apôtres. Quand l'église, illu-minée par le Saint-Esprit, reconnaît un tel appel divin, elle en-dosse et assiste l'entrée du candidat dans une vie de ministère.

501. Théologie des femmes dans le ministère. L'Église du Nazaréen soutient le droit des femmes à exercer dans l'église les dons spirituels que Dieu leur a données. En outre, l'Église du Nazaréen affirme le droit historique des femmes à être élues et nommées pour des postes de responsabilité dans l'Église du Nazaréen y compris ceux d'ancien et de diacre.

Le but de l'œuvre rédemptrice de Christ est de permettre à la création de Dieu d'être libre de la malédiction de la Chute. Ceux qui sont «en Christ» sont de nouvelles créatures (2 Corinthiens 5.17). Aucun être humain ne peut être vu comme inférieur basé sur son statut social, sa race ou son gendre dans une commu-nauté rédemptrice (Galates 3.26-28).

Acceptant ce paradoxe évident créé par les instructions de Paul à Timothée (1 Timothée 2.11-12) et l'église à Corinthe (1 Corinthiens 14.33-34), nous croyons que l'interprétation de ces passages vus comme des restrictions du rôle des femmes repré-sente des conflits sérieux vis-à-vis des passages spécifiques des Écritures qui recommande la participation de la femme dans les rôles de responsabilité spirituelle (Joël 2.28-29; Actes 2.17-18; 21.8-9; Romains 16.1, 3, 7; Philippiens 4.2-3) et enfreint l'esprit et la pratique de la tradition de la sainteté Wesleyenne. Finalement, ce serait incompatible avec le caractère de Dieu présenté partout dans les Écritures, particulièrement tel qu'il est révélé en la personne de Jésus-Christ.

502. Théologie de l'ordination. Tout en affirmant le prin-cipe scripturaire du sacerdoce universel et du ministère de tous les croyants, l'ordination reflète la croyance biblique que Dieu appelle et équipe certains hommes et certaines femmes pour un ministère de responsable dans l'Église. L'ordination est l'acte d'authentification et d'autorisation de l'Église, qui reconnaît et confirme l'appel de Dieu au ministère de responsable en tant qu'intendants et prédicateurs de l'Évangile et de l'Église de

Jésus-Christ. Par conséquent, l'ordination porte témoignage à l'Église universelle et au monde entier que la personne candidate démontre une vie de sainteté exemplaire, possède les dons et grâces pour le ministère public et a une soif pour la connaissance, particulièrement de la Parole de Dieu, ainsi que la capacité de communiquer clairement une doctrine saine.

(Actes 13.1-3, 20.28; Romains 1.1-2; 1 Timothée 4.11-16, 5.22; 2 Timothée 1.6-7)

502.1. L'Église du Nazaréen dépend largement des qualités spirituelles, du caractère et de la manière de vivre de ses ministres. (538.17)

502.2. Le ministre de l'Évangile dans l'Église du Nazaréen doit être en paix avec Dieu par notre Seigneur Jésus-Christ et être entièrement sanctifié par le baptême du Saint-Esprit. Le ministre doit être profondément conscient du fait que des âmes pour lesquelles Christ est mort sont en perdition et qu'il est choisi par Dieu pour leur annoncer et leur faire connaître la bonne nouvelle du salut.

502.3. Le ministre doit être un modèle de ponctualité, de discrétion, de zèle, de sérieux, imitant la pureté, la connaissance, la patience, la bonté, l'amour et la vérité par la puissance de Dieu (2 Corinthiens 6.6-7).

502.4. Le ministre doit en outre avoir un sens profond de la nécessité pour les croyants de vivre la perfection chrétienne et de développer les grâces chrétiennes dans la vie pratique, afin que leur «amour augmente de plus en plus en connaissance et en pleine intelligence» (Philippiens 1.9). Celui qui souhaiterait exercer un ministère dans l'Église du Nazaréen doit avoir une profonde appréciation et du salut et de la morale chrétienne.

502.5. Le ministre devrait saisir les opportunités se présentant pour devenir un mentor des futurs ministres et pour soutenir l'appel au ministère.

502.6. Le ministre doit avoir des dons aussi bien que des grâces pour l'œuvre. Il aura soif de la connaissance, surtout de la Parole de Dieu; il doit avoir un jugement sain, une bonne compréhension et des idées claires concernant le plan de rédemption et du salut tel qu'il est révélé dans les Écritures. Les saints seront édifiés et les pécheurs convertis par son ministère. De plus, le ministre de l'Évangile dans l'Église du Nazaréen doit être un exemple de prière.

II. CATÉGORIES DE MINISTÈRE

A. Le ministère des laïcs

503. Tous les chrétiens devraient se considérer comme ministre du Christ et chercher à connaître la volonté de Dieu concernant leurs perspectives de service. (500)

503.1. L'Église du Nazaréen reconnaît le ministère des laïcs. Elle reconnaît aussi qu'un laïc peut servir l'église dans diverses fonctions. (Éphésiens 4.11-12) L'église reconnaît les rôles suivants de service dans lesquelles une assemblée de district peut placer un laïc : pasteur, évangéliste, missionnaire, enseignant, administrateur, aumônier et service spécial. La formation des laïcs est normalement requise ou fortement souhaitée pour occuper ces rôles. (605.3)

503.2. Le ministre laïc. Tout membre de l'Église du Nazaréen qui se sent appelé à servir à implanter de nouvelles églises, pasteur bi-vocationnel, enseignant, évangéliste laïc, évangéliste laïc par le chant, ministre d'intendance, ministre affecté au personnel de l'église et/ou tout autre ministère spécialisé dans l'église locale, mais qui ne se sent pas pour l'instant appelé d'une manière spéciale à devenir un ministre ordonné, peut poursuivre un programme pour l'obtention d'un certificat de ministre laïc.

503.3. Le conseil de l'église locale, sur la recommandation du pasteur, examinera le ministre laïc quant à son expérience personnelle du salut, ainsi que l'efficacité de sa participation aux ministères de l'église, la connaissance des doctrines de la Bible, de l'œuvre de l'église et s'assurera des qualifications du ministre laïc pour un tel ministère.

503.4. Le conseil de l'église locale peut délivrer à chaque candidat pour le ministère laïc un certificat signé par le pasteur et par le secrétaire du conseil de l'église.

503.5. Le certificat du ministre laïc peut être renouvelé chaque année par le conseil de l'église sur recommandation du pasteur, si le ministre laïc a complété au moins deux sujets de cours dans le programme d'études pour ministre laïc, ce programme suivant les directives mentionnées par la Formation continue des laïcs. Le ministre laïc fera un rapport annuel au conseil de l'église.

503.6. Pour un ministre laïc servant sous une affectation du district à l'implantation de nouvelles églises, pasteur suppléant, pasteur bi-vocationnel ou dans tout autre ministère spécialisé, après l'achèvement du cycle d'études requis, un certificat de ministre laïc peut être accordé par le conseil consultatif de district, signé par le surintendant de district et le du conseil consultatif de district. Le certificat de ministre laïc peut être renouvelé annuellement par le Conseil consultatif de district, sur la recommandation du surintendant de district.

503.7. Le ministre laïc servant en dehors de l'église locale où il est membre sera désigné et supervisé par le surintendant de district et le Conseil consultatif de district et leur adressera un rapport annuel. Au terme des activités assignées par le district, le ministre laïc devra se référer à l'église locale dont il est membre pour renouvellement et rapport.

503.8. Après avoir complété un programme d'études approuvé pour le ministère laïc, un ministre laïc se spécialisera dans les études de son ministère choisi. Les dispositions pour l'évaluation et la documentation du programme seront prises par le Bureau de la formation continue des laïcs.

503.9. Un ministre laïc ne sera pas autorisé à administrer les sacrements de baptême et de Sainte Cène et il ne célèbrera pas de mariages.

B. Ministère du clergé

504. L'Église du Nazaréen ne reconnaît qu'un ordre dans le ministère de prédication, celui d'ancien. Il est aussi reconnu que le membre du clergé peut servir l'Église dans divers rôles. Christ a appelé «les uns comme apôtres, les autres comme prophètes, les autres comme évangélistes, les autres comme pasteurs et docteurs, pour le perfectionnement des saints en vue de l'œuvre du ministère et de l'édification du corps de Christ» (Éphésiens 4.11-12). L'Église reconnaît les catégories suivantes de service dans lesquelles une assemblée de district peut placer un ancien, un diacre, ou en fonction des circonstances, un ministre habilité: pasteur, évangéliste, missionnaire, enseignant, administrateur, aumônier et service spécial. L'exercice des fonctions en qualité de «ministre affecté» implique que la formation ministérielle et l'ordination sont normalement requises, ou grandement désirables. Le *Livre de référence pour l'ordination* fournira des directives pour chaque catégorie de ministère, qui aideront les conseils de district à identifier les qualifications nécessaires pour être considéré comme ministre affecté. Seuls les ministres qui sont affectés seront des membres ayant droit de vote à l'assemblée de district.

504.1. Toutes les personnes affectées à un rôle particulier feront un rapport annuel à l'assemblée de district qui les a affectés.

504.2. Toutes les personnes affectées à un rôle particulier peuvent demander et obtenir annuellement du district qui les a nommés un certificat de leur rôle de service, signé par le surintendant de district et le secrétaire de district.

504.3. Toutes les personnes affectées à un rôle particulier de ministère, quand elles sont déclarées invalides par une autorité médicale approuvée, peuvent être enregistrées comme «invalides affectés».

Les rôles de ministère sont classés par ordre alphabétique pour des raisons de commodité.

III. RÔLES DE MINISTÈRE

505. Les rôles de ministères sont les suivants:

506. Administrateur. L'administrateur est un ancien ou un diacre, à la fois, élu par l'Assemblée générale comme un responsable général ; ou un membre du clergé qui a été élu ou employé par le Conseil général pour servir dans l'église générale ; ou un ancien qui a été élu par l'assemblée de district comme surintendant de district ; ou un membre du clergé qui a été élu ou employé dont l'affectation principale est d'être au service d'un district. Une telle personne est un ministre affecté.

507. Aumônier. L'aumônier est un ministre ordonné qui ressent l'appel divin au ministère spécialisé dans le secteur militaire, les institutions publiques ou l'industrie. Tout ministre voulant servir dans l'aumônerie doit être approuvé par son surintendant de district. Un ministre ordonné servant dans l'aumônerie comme affectation principale sera un ministre affecté et présentera un rapport annuel à l'assemblée de district et prêtera attention aux avis et aux conseils du surintendant de district et du Conseil consultatif de district. L'aumônier peut recevoir, en consultation avec une église du Nazaréen qui est officiellement organisée, des membres associés dans l'Église du Nazaréen, administrer les sacrements en harmonie avec le *Manuel*, donner des soins pastoraux, réconforter les affligés, reprendre, encourager et chercher par tous les moyens, la conversion des pécheurs, la sanctification des croyants et l'édification du peuple de Dieu dans la foi sainte. (519, 538.9, 538.13)

508. Diaconesse. Une femme qui est membre de l'Église du Nazaréen et croit qu'elle est divinement guidée pour s'engager à rendre service aux malades et aux nécessiteux, à réconforter les affligés et à accomplir d'autres tâches de bienveillance chrétienne et qui a fait preuve dans sa vie de capacité, de grâce et d'utilité et qui dans les années antérieures à 1985 a reçu une habilitation de diaconesse, ou a été consacrée comme diaconesse, continuera dans ce statut. Cependant, ces femmes appelées au ministère actif et affecté mais non appelées à la prédication, satisferont à toutes les conditions requises pour l'ordination à l'ordre de diacre. Les femmes désirant une accréditation pour les ministères de compassion peuvent se préparer pour remplir les conditions requises pour le ministre laïc. (113.9, 503.2, 503.9)

509. Éducateur. L'éducateur est un ancien, diacre ou ministre habilité, qui est employé pour servir dans l'administration ou en tant qu'enseignant dans un établissement d'enseignement de l'Église du Nazaréen. Le district désignera une telle personne comme un éducateur, en ce qui concerne leur affectation ministérielle.

510. Évangéliste. L'évangéliste est un ancien ou un ministre habilité qui se consacre à voyager et à prêcher l'Évangile et qui est autorisé par l'Église à promouvoir des réveils et répandre partout l'Évangile de Jésus-Christ. L'Église du

Nazaréen reconnaît trois niveaux d'évangéli-sation itinérante à laquelle une assemblée de district peut affecter ses ministres : évangéliste immatriculé, évangéliste commissionné et évangéliste titulaire. Un évangéliste qui consacre du temps à l'évangélisation en dehors de son église locale comme son affectation principale et qui ne maintient pas un statut de retraité avec l'Église ou l'un de ses départements ou institutions, sera un ministre affecté.

510.1. Un évangéliste immatriculé est un ancien ou un ministre ayant une habilitation de district qui a indiqué son désir de se consacrer à l'évangélisation comme ministère principal. L'immatriculation sera d'une durée d'un an. Le renouvellement au cours des assemblées de district subséquentes sera accordé selon la qualité et la quantité du travail accompli dans l'évangélisation au cours de l'année précédant l'assemblée.

510.2. Un évangéliste commissionné est un ancien qui a rempli toutes les conditions requises d'un évangéliste immatriculé durant deux années entières. La commission est d'une durée d'un an et elle peut être renouvelée au cours des assemblées de district subséquentes pour celui qui continue de satisfaire aux conditions requises.

510.3. Un évangéliste titulaire est un ancien qui a satisfait, pendant les quatre années complètes et consécutives précédant immédiatement la candidature pour l'obtention du statut d'évangéliste titulaire, à toutes les conditions requises pour l'évangéliste nommé et qui a été recommandé par le Conseil des accréditations ministérielles ou le Conseil ministériel de district et approuvé par le Comité pour les intérêts des évangélistes appelés par Dieu et par le Conseil des surintendants généraux. La désignation à ce rôle est permanente jusqu'à ce que l'évangéliste ne satisfasse plus aux conditions d'évangéliste nommé, ou jusqu'à ce que lui soit accordé le statut de retraité. (231.2, 536)

510.4. Une auto-évaluation et une revue régulière, semblables à l'évaluation de la relation église/pasteur, auront lieu entre l'évangéliste et le surintendant de district au moins tous les quatre ans après son élection en tant que titulaire. Le surintendant de district a la responsabilité de convoquer la réunion et de diriger l'évaluation. Cette réunion sera programmée en consultation avec l'évangéliste. Suite à cette revue, un rapport sera envoyé au Comité pour les intérêts des évangélistes appelés par Dieu afin d'évaluer les qualifications requises pour maintenir l'approbation. (211.21)

510.5. Un ancien ou un ministre habilité qui maintient à jour son statut de retraité avec l'église ou l'un de ses comités et qui désire accomplir une fonction ministérielle pour des réveils ou des réunions d'évangélisation, peut recevoir une attestation en tant que membre du « service d'évangélisation par des retraités». Une telle attestation sera valide pour un an et sera votée par l'assemblée de district sur la recommandation du surintendant de district et peut être renouvelée par les assemblées de district subséquentes et ce sur la base de l'œuvre d'évangélisation accomplie dans l'année précédant l'assemblée de district.

510.6. Un ancien ou un ministre habilité désirant intégrer le domaine de l'évangélisation entre deux assemblées de district peut être reconnu par le Développement du clergé mondial sur la recommandation du surintendant de district. L'immatriculation ou la commission devra être votée par l'assemblée de district sur la recommandation du surintendant de district.

510.7. Les directives et procédures pour obtenir une attestation d'évangéliste seront contenues dans le *Livre de référence pour l'ordination.*

511. Ministre d'éducation chrétienne. Un membre du clergé employé dans une tâche ministérielle, dans un programme de formation chrétienne d'une église locale, peut être affecté «ministre d'éducation chrétienne».

511.1. Une personne qui était, dans les années antérieures à 1985, habilitée ou commissionnée comme «ministre d'éducation chrétienne», continuera d'être en règle. Cependant, ceux qui désirent poursuivre le rôle de «ministre de l'éducation chrétienne» peuvent remplir les conditions de l'ordination à l'ordre de diacre à titre d'accréditation pour ce ministère.

512. Ministre de musique. Un membre de l'Église du Nazaréen qui se sent appelé au ministère de musique peut être commissionné comme ministre de musique pour un an par l'assemblée de district, pourvu qu'une telle personne :

(1) ait été recommandée pour une telle tâche par le conseil de l'église locale dont elle est membre ;

(2) qu'elle fasse preuve de grâce, de dons et de service ;

(3) qu'elle ait eu au moins un an d'expérience dans le ministère de musique ;

(4) qu'elle ait eu au moins une année d'étude vocale sous la direction d'un professeur reconnu et qu'elle poursuive le programme d'études prescrit ou son équivalent pour les directeurs de musique ou qu'elle l'ait déjà achevé ;

(5) qu'elle soit engagée régulièrement comme ministre de musique ;

(6) qu'on lui ait fait passer un examen sérieux sous la direction de l'assemblée du district où elle est membre, concernant ses qualifications intellectuelles et spirituelles ainsi que son aptitude générale pour une telle tâche. (205.10)

512.1. Seulement les personnes qui maintiennent ce ministère à titre d'affectation principale et vocation et qui ont une accréditation ministérielle, seront considérées comme ministres affectés.

513. Missionnaire. Le missionnaire est un membre du clergé ou un laïc qui œuvre sous la supervision de la Mission mondiale. Un missionnaire qui a été nommé et qui a une accréditation ministérielle sera considéré comme ministre affecté.

514. Pasteur. Un pasteur est un ministre qui, par l'appel de Dieu et de Son peuple, est chargé de la supervision d'une église locale. Un pasteur d'une église locale est un ministre affecté. (115, 213, 533.4)

515. Les devoirs essentiels d'un pasteur sont:

515.1. Prier.

515.2. Prêcher la Parole.

515.3. Équiper les saints en vue de l'œuvre du ministère.

515.4. Administrer les sacrements de la Sainte Cène et du Baptême. La Sainte Cène devrait être administrée au moins une fois par trimestre. Les pasteurs sont encouragés à célébrer plus fréquemment ce moyen de grâce. Un ministre habilité par le district qui ne s'est pas conformé complètement aux dispositions du paragraphe 532.7 s'arrangera pour qu'un ministre ordonné vienne administrer le sacrement. Un ministre habilité par l'église locale ne sera pas éligible pour administrer les sacrements du baptême ou de la Sainte Cène. Il sera bon de prendre en considération l'administration de la Sainte Cène aux personnes qui ne peuvent pas sortir de chez elles, sous la supervision du pasteur. (531.7, 700)

515.5. Prendre soin des personnes par des visites pastorales, particulièrement des malades et des nécessiteux.

515.6. Réconforter ceux qui sont dans le deuil.

515.7. Corriger, réprouver et encourager, avec toute patience et un enseignement soigneux.

515.8. Rechercher la conversion des pécheurs, l'entière sanctification des convertis et l'édification du peuple de Dieu dans la sainteté. (19)

515.9. Accorder la diligence requise à la solennité du mariage sous tous ses aspects. Les pasteurs devront communiquer le caractère sacré du mariage chrétien en veillant à l'état de leur mariage, dans toutes leurs communications, dans leurs ministères envers les autres, dans leurs préparations au mariage et en accordant à la cérémonie du mariage la solennité qu'elle mérite. (538.19)

515.10. Soutenir les personnes se sentant appelées au ministère chrétien et d'assumer le rôle de mentor pour les personnes appelées tout en les guidant vers une préparation appropriée au ministère.

515.11. Répondre aux attentes de Dieu et de l'Église pour l'éducation permanente. (538.18)

515.12. Entretenir son appel au fil des années dans le ministère, de maintenir une vie de dévotion personnelle qui enrichit son âme et, s'il est marié, de préserver l'intégrité et la vitalité de son mariage.

516. Les devoirs administratifs d'un pasteur sont :

516.1. Recevoir des personnes comme membres de l'église locale en accord avec les paragraphes 107 et 107.1.

516.2. Orienter le travail de tous les départements de l'église locale.

516.3. Nommer les enseignants de l'école du dimanche conformément au paragraphe 145.8.

516.4. Lire à l'assemblée la Constitution de l'Église du Nazaréen et l'Alliance de conduite chrétienne contenues dans les paragraphes 1-21, 28-33, inclusivement, durant chaque année de l'église, ou faire imprimer cette section du *Manuel* et la distribuer annuellement aux membres de l'église. (114)

516.5. Superviser la préparation de tous les rapports statistiques de tous les départements de l'église locale et présenter promptement tous ces rapports à l'assemblée de district par l'intermédiaire du secrétaire du district. (114.1)

516.6. Diriger les programmes d'évangélisation, d'éducation, de dévotion et d'expansion de l'église locale en harmonie avec les buts et les programmes de promotion de l'église au niveau du district et au niveau général.

516.7. Soumettre un rapport à l'assemblée annuelle de l'église, comportant un rapport sur l'état de l'église locale et de ses départements ; et les grandes lignes des besoins futurs avec des recommandations pour que l'église les réfèrent à ses responsables ou à ses départements pour étude ou mise en œuvre dans des étapes futures de croissance et de progrès.

516.8. Nommer un Comité d'enquête composé de trois personnes, en cas d'accusation portée contre un membre de l'église. (605)

516.9. Assurer que tout l'argent du Fonds pour l'Évangélisation Mondiale (FEM) recueilli par la MNI locale soit promptement remis au trésorier général ; et que toutes les sommes du fonds du ministère de district soient remises promptement au trésorier de district. (136.2)

516.10. Proposer au conseil de l'église et superviser toutes les personnes qui seront des employées salariées de l'église locale. (159.1-159.3)

516.11. Signer conjointement avec le secrétaire de l'église tous les transferts d'immobiliers, d'hypothèques, mainlevées d'hypothèques, contrats et autres documents légaux quand cela n'est pas prévu autrement dans le *Manuel*. (102.3, 103-104.3)

516.12. Aviser le pasteur de l'église la plus proche, en donnant l'adresse du membre ou de l'ami de son église locale, ou de l'un de ses départements, quand cette personne déménage dans une autre localité située dans le même district où une association étroite avec son église locale n'est plus pratique.

516.13. Organiser et mobiliser, avec le conseil de l'église, les fonds pour tous les objectifs de la dénomination assignés à l'église locale, y compris le Fonds d'Évangélisation Mondiale, tout fonds de ministère de district applicable et tout objectif de ministère établi par les conseils régionaux ou nationaux. (32.2, 130, 153)

516.14. Le pasteur peut, à la demande d'un membre, accorder un transfert d'appartenance à l'église, un certificat de recommandation, ou une lettre de libération. (111-111.1, 112.2, 815-818)

516.15. Le pasteur sera d'office le président de l'église locale, président du conseil de l'église et membre de tous les conseils et comités élus et permanents de l'église qu'il sert. Le pasteur aura accès à tous les documents de l'église locale. (127, 145, 150, 151, 152.1)

517. Le pasteur aura le droit de donner son avis sur la sélection de tous les directeurs des départements de l'église locale, de toute garderie ou école nazaréenne (jusqu'au secondaire).

518. Le pasteur et les membres de sa famille immédiate sont interdits de créer des obligations financières, de dépenser des fonds, de compter l'argent ou d'avoir un accès illimité aux comptes financiers de l'église.

Le conseil de l'église ou une réunion de l'église peut, par vote majoritaire, demander une exception auprès du conseil consultatif de district et du surintendant de district. Si le surintendant de district et une majorité du conseil consultatif de district approuvent l'exception, le surintendant de district fournira une approbation écrite suite à la demande du secrétaire du conseil de l'église qui enregistrera l'action dans les registres de l'église. La famille immédiate inclura l'épouse/époux, les enfants, frères et sœurs ou parents. (129.1, 129.21-129.22)

519. Le pasteur fera toujours preuve d'une considération appropriée aux avis concourants du surintendant de district et du conseil consultatif de district. (225.2, 538.2)

520. Au cas où un ministre habilité ou ordonné présenterait une accréditation d'une autre dénomination, entre les sessions régulières de l'assemblée de district et demanderait à devenir membre d'une église locale, le pasteur ne pourra recevoir un tel candidat sans avoir obtenu au préalable la recommandation favorable du conseil consultatif de district. (107, 228)

521. Pour l'exercice de sa fonction, le pasteur sera sujet à l'assemblée de district, à laquelle il fera un rapport annuel et donnera un bref témoignage de son expérience chrétienne personnelle. (205.3, 532.8, 538.9)

522. Le pasteur deviendra automatiquement membre de l'église dont il est pasteur; ou de l'église de son choix, s'il a plus d'une église à sa charge. (538.8)

523. Service pastoral inclut le ministère d'un pasteur ou d'un pasteur adjoint, qui peut servir dans des domaines spécialisés de ministères reconnus et approuvés par les organismes compétents à gouverner, habiliter et approuver. Un membre du clergé, appelé à servir à l'un de ces niveaux de service pastoral en lien avec une église, peut être considéré comme un ministre affecté.

524. Pasteurs suppléants. Un surintendant de district aura le pouvoir de nommer un pasteur suppléant qui servira en accord avec les règlements suivants:

(1) Un pasteur suppléant peut être un membre du clergé nazaréen servant dans une autre affectation, un ministre local ou un ministre laïc de l'Église du Nazaréen, un ministre en cours de transfert depuis une autre dénomination, ou un ministre qui appartient à une autre dénomination.

(2) Un pasteur suppléant sera nommé provisoirement pour prêcher et assurer un ministère spirituel, mais il n'aura pas l'autorité d'administrer les sacrements ni de célébrer des mariages à moins qu'il n'ait cette autorité d'une autre manière et il ne se chargera pas des fonctions administratives du pasteur sauf pour remplir des rapports, à moins d'être autorisé à le faire par le surintendant de district.

(3) L'appartenance d'un pasteur suppléant à son église ne sera pas automatiquement transférée à l'église dans laquelle il sert.

(4) Un pasteur suppléant sera membre sans droit de vote de l'assemblée de district, à moins qu'il ne soit membre avec droit de vote d'une autre manière.

(5) Un pasteur suppléant peut être relevé de ses fonctions ou remplacé à tout moment par le surintendant de district.

525. Pasteur d'une Congrégation Apparentée (CA). Un ancien ou un ministre habilité par le district qui dirige une église affiliée à une église mère sera ministre affecté et pourra être désigné par le district en tant que «pasteur CA».

526. Pasteur intérimaire. Un ancien peut être approuvé par l'assemblée de district pour une affectation intérimaire de district sur la recommandation du surintendant de district et du Conseil consultatif de district et servira suite à la sollicitation du surintendant de district et du conseil de l'église locale. (212.1)

527. Évangéliste par la musique. Un évangéliste par la musique est un membre de l'Église du Nazaréen dont l'intention est de consacrer la majeure partie de son temps au ministère d'évangélisation par la musique. Un évangéliste par la musique qui a une accréditation ministérielle, qui est engagé dans un ministère actif, qui s'adonne à l'évangélisation comme affectation principale et qui ne maintient pas un statut de ministre retraité avec l'Église ou aucun de ses départements ou institutions, sera un ministre affecté.

527.1. Les directives et procédures pour la certification des rôles d'évangélistes par le chant sont contenues dans le *Livre de référence pour l'ordination.*

528. Service spécial. Un membre du clergé dans le service actif qui n'est pas autrement prévu, sera nommé au service spécial, si un tel service est approuvé par l'assemblée de district. Il sera reconnu par son district comme ministre affecté. Les personnes désignées pour le service spécial doivent maintenir des liens avec l'Église du Nazaréen et présenteront annuellement par écrit au conseil consultatif de district ou au conseil des accréditations ministérielles de district la nature de leurs liens continus avec l'Église du Nazaréen.

528.1. Un membre du clergé employé dans une fonction ministérielle comme responsable dans une organisation religieuse servant l'église, ou approuvé après une évaluation soigneuse par son conseil consultatif de district et assemblée de district pour servir dans un établissement d'enseignement, dans une organisation d'évangélisation ou missionnaire qui n'est pas directement rattachée à l'église, peut être nommé au service spécial conformément au paragraphe 538.13.

IV. ÉDUCATION DU CLERGÉ

A. Fondements éducatifs pour le ministère ordonné

529. La formation ministérielle est conçue pour aider à préparer des prédicateurs appelés par Dieu dont le service est essentiel pour le développement et la croissance du message de la sainteté dans de nouveaux secteurs où il y a une opportunité d'évangéliser. Nous reconnaissons l'importance de bien comprendre notre mission, qui est basée sur la mission que Jésus a confiée à son Église en Matthieu 28.19-20 : « faire des disciples à l'image de Christ dans les nations. » Une grande partie de cette préparation est de nature théologique et biblique et mène à l'ordination pour le ministère de l'Église du Nazaréen. Le Conseil des études ministérielles de district déterminera le niveau et évaluera les progrès de chaque étudiant dans son programme d'études approuvé.

529.1. L'Église du Nazaréen offre à travers le monde une diversité d'institutions et de programmes d'enseignement. Les ressources de certains pays du monde donnent la possibilité de plusieurs programmes destinés à fournir les fondements éducatifs nécessaires au ministère. On s'attend à ce que chaque étudiant profite du programme d'études le plus approprié et adapté qui est approuvé par l'Église du Nazaréen dans sa région du monde. Quand cela ne sera pas possible, l'Église fera preuve d'autant de flexibilité qu'elle le pourra quant à ses modes de communication pour rendre disponible une préparation adéquate pour toutes les personnes appelées par Dieu au ministère dans l'Église. Les étudiants peuvent suivre un programme d'études approuvé, dirigé et supervisé par le conseil des études ministérielles de district ou un programme développé et donné par une institution Nazaréenne d'enseignement supérieur. Tout version de programme d'études approuvé devra respecter les normes générales décrites dans le *Livre de référence international sur les normes de développement pour l'ordination*[2] et le *Livre de référence pour l'ordination* de la région.

529.2. Quand un ministre habilité complète de manière satisfaisante un programme d'études approuvées, l'institution remettra un certificat d'achèvement au ministre habilité. Le ministre habilité présentera ce certificat au Conseil des études ministérielles de district. Ce conseil sera chargé de faire une recommandation à l'assemblée de district pour la graduation suite au programme d'études approuvé.

529.3. Domaines généraux du programme pour la préparation au ministère. Bien qu'un programme d'études soit souvent considéré comme étant seulement des programmes académiques et des contenus de cours, le concept est bien plus large. Le caractère de l'enseignant, le rapport entre les étudiants et l'enseignant, l'environnement et les expériences passées des étudiants se mêlent au contenu du cours pour former la totalité du programme d'études. Néanmoins, un programme destiné à la préparation au ministère comprendra un nombre minimal de cours qui fourniront des fondements éducatifs pour le ministère. Les différences culturelles et une diversité de ressources nécessiteront des détails différents dans la structure des programmes. Cependant, tous les programmes visant à fournir les fondements éducatifs nécessaires au ministère ordonné étant proposés pour approbation par le service pour le Développement du clergé mondiale doivent faire preuve d'un contenu, d'une compétence, d'un caractère et d'un contexte adaptés. Tous les cours doivent comporter ces quatre éléments en proportions diverses. L'objectif d'un programme d'études approuvé est d'inclure les cours qui aideront les ministres à accomplir la déclaration de mission de l'Église du Nazaréen décidée par le Conseil des surintendants généraux ci-dessous :

«La mission de l'Église du Nazaréen est de répondre au grand mandat de Christ qui est d'aller faire des disciples à l'image de Christ dans les nations.»

«L'objectif principal de l'Église du Nazaréen est de contribuer à l'avancement du Royaume de Dieu par la préservation et la

---

[2] *International Sourcebook on Developmental Standards for Ordination*

diffusion de la sainteté chrétienne telle que présentée dans les Écritures.»

«Les objectifs critiques de l'Église du Nazaréen sont la ' sainte communion chrétienne, la conversion des pécheurs, l'entière sanctification des croyants, leur édification dans la sainteté, la simplicité et la puissance spirituelle manifestée dans l'Église primitive du Nouveau Testament, de même que la prédication de l'Évangile à toute créature» (19).

Un programme d'études approuvé est décrit selon les catégories suivantes :

- Contenu — Une connaissance du contenu de l'Ancien et du Nouveau Testaments, de la théologie de la foi chrétienne et de l'histoire et de la mission de l'Église est essentielle pour le ministère. Une connaissance de l'art d'interpréter les Écritures, de la doctrine de la sainteté, de notre identité wesleyenne, de l'histoire et de l'organisation de l'Église du Nazaréen doit être incluse dans ces cours.

- Compétence — Des capacités à communiquer oralement et par écrit ; à organiser et à diriger ; à gérer des finances et à analyser sont également essentielles pour le ministère. En plus d'une éducation de base dans ces domaines, des cours développant des compétences quant à la prédication, la cure d'âme, l'exégèse biblique, le culte, l'efficacité dans l'évangélisation, la gestion des ressources sur une base biblique, l'éducation chrétienne et l'administration de l'église doivent être inclus. La conclusion du programme d'études requiert le partenariat de l'organisme de formation et de l'église locale afin de guider l'étudiant dans le développement de pratiques et de compétences ministérielles.

- Caractère — Une croissance personnelle concernant le caractère, l'éthique, la spiritualité et les relations personnelles et familiales est vitale pour le ministère. Des cours traitant les domaines de l'éthique chrétienne, la formation spirituelle, le développement humain, le ministre en tant que personne et la dynamique de la famille et du mariage doivent être inclus.

- Contexte — Le ministre doit comprendre à la fois le contexte historique et contemporain et interpréter la façon de penser et l'environnement social de la culture dans laquelle l'Église témoigne. Des cours traitant de l'anthropologie et de la sociologie, de la communication interculturelle, de la mission et des sciences sociales doivent être inclus.

529.4. Toute préparation au ministère ordonné suivie dans des écoles non nazaréennes ou sous des auspices non nazaréens sera évaluée par le Conseil des études ministérielles de district en conformité avec les exigences du programme inclus dans le

Livre de référence pour l'ordination développé par la région ou le groupe linguistique.

529.5. Tous les cours, conditions académiques requises et règlements administratifs officiels se trouveront dans un *Livre de référence pour l'ordination* développé par la région ou le groupe linguistique en collaboration avec les services pour le Développement du clergé mondial. Ce *Livre de référence pour l'ordination* de la région et les révisions qui s'avèreront nécessaires seront endossés par le Comité Consultatif du Programme d'Études International et approuvés par le Développement du clergé mondial, le Conseil général et le Conseil des surintendants généraux. Le *Livre de référence pour l'ordination* sera en accord avec le *Manuel* et le *Livre de référence international sur les normes de développement pour l'ordination,* produit par le Développement du clergé mondial avec le Comité Consultatif du Programme d'Études International. Le comité sera nommé par le Conseil des surintendants généraux.

529.6. Une fois qu'un ministre a rempli les conditions d'un programme d'études approuvé pour le ministère, il ou elle commencera une forme d'éducation permanente afin d'améliorer le ministère auquel il ou elle a été appelé(e) par Dieu. L'attente minimum est de vingt heures d'éducation permanente par année ou l'équivalent tel que déterminé par la région ou le groupe linguistique et stipulé dans leur *Livre de référence pour l'ordination* régionale. Tous les ministres, affectés ou non, habilités ou ordonnés, feront état de leur progrès dans un programme d'éducation permanente qui fera partie de leur rapport devant l'assemblée de district. Un rapport à jour sur le programme d'éducation permanente fera partie du processus d'évaluation de la relation église/pasteur et du processus d'appel d'un pasteur. Le *Livre de référence pour l'ordination* de la région ou du groupe linguistique contiendra les détails des procédures d'accréditation et de rapports.

529.7. À défaut de remplir les exigences de l'éducation permanente pendant plus de deux années consécutives, le ministre ordonné sera dans l'obligation de rencontrer le conseil des études ministérielles de district lors d'une session régulière. Le conseil des études ministérielles de district conseillera le ministre sur la démarche à suivre pour compléter les heures requises d'éducation permanente. (115, 123, 515.11 538.18)

B. Adaptations culturelles des fondements éducatifs pour le ministère ordonné

530. La diversité des contextes culturels du monde rend un programme unique inadapté pour toutes les régions du monde. Chaque région de l'Église sera responsable du développement d'exigences spécifiques au sein du programme afin de fournir des fondements éducatifs nécessaires au ministère de manière à refléter les ressources et les attentes de cette région du monde. L'approbation du Comité Consultatif du Programme d'Études International, du Conseil général et du Conseil des surintendants généraux sera nécessaire avant de mettre en œuvre un programme créé par la région. Même au sein d'une même région de l'Église, il existe une diversité d'attentes culturelles et de ressources. En conséquence, les dispositions régionales concernant les fondements éducatifs nécessaires au ministère ordonné feront preuve de flexibilité et de sensibilité culturelle. Ces dispositions seront dirigées et supervisées par le conseil des études ministérielles de district. Les adaptations culturelles pour chaque région du programme des fondements éducatifs nécessaires au ministère ordonné seront approuvées par le service pour le Développement du clergé mondial et le Comité Consultatif du Programme d'Études International en consultation avec le coordinateur régional de l'éducation. (527.5)

530.1. Un programme d'études approuvé, ainsi que les procédures nécessaires concernant son accomplissement pour ceux poursuivant l'accréditation en tant qu'ancien ou diacre, ou la certification dans une catégorie ou rôle de ministère, se trouveront dans le *Livre de référence pour l'ordination* de la région.

530.2. Tous les programmes d'études approuvés, seront régis par le *Livre de référence pour l'ordination* de la région. (529.2, 529.3, 529.5)

V. ACCRÉDITATIONS ET RÈGLEMENTS MINISTÉRIELS

A. Le ministre local

531. Un ministre local est un membre laïc de l'Église du Nazaréen qui a reçu du conseil de l'église locale une habilitation pour le ministère pour servir sous la direction du pasteur et autant que l'occasion le permet, pourvoyant ainsi à la démonstration, l'emploi et le développement des dons ministériels et du service. Il ou elle s'engage dans une démarche d'éducation permanente.

531.1. Tout membre de l'Église du Nazaréen qui se sent appelé par Dieu à prêcher ou poursuivre un ministère permanent dans l'Église peut recevoir une habilitation de ministre local pour une durée d'un an du conseil d'une église locale ayant un ministre ordonné comme pasteur, sur la recommandation du pasteur ou du conseil d'une église locale n'ayant pas un ministre ordonné comme pasteur, si la remise d'habilitation est recommandée par le pasteur et approuvée par le surintendant de district. Le candidat doit être d'abord examiné quant à son expérience personnelle du salut, sa connaissance des doctrines de la Bible et la pratique de l'Église; il doit aussi démontrer que son appel est justifié par la grâce, les dons et son utilité. Il doit subir une vérification appropriée de ses antécédents par l'église locale. Un ministre local fera un rapport à l'église locale lors de sa réunion annuelle. (113.9, 129.12, 211.12)

531.2. Le conseil de l'église remettra à chaque ministre local une habilitation signée par le pasteur et le secrétaire du conseil de l'église. Là où une église est desservie par une personne qui n'a pas une habilitation de district, le Conseil consultatif de district peut, sur la recommandation du surintendant de district, remettre ou renouveler une habilitation de ministre local. (211.12, 225.13)

531.3. L'habilitation d'un ministre local peut être renouvelée par le conseil d'une église locale ayant un ancien comme pasteur, sur la recommandation du pasteur; ou par le conseil de l'église d'une église locale n'ayant pas un ancien comme pasteur, pourvu que ce renouvellement d'habilitation soit recommandé par le pasteur et approuvé par le surintendant de district. (129.12, 211.12)

531.4. Les ministres locaux poursuivront un programme d'études approuvé pour les ministres sous la direction du Conseil des études ministérielles de district. L'habilitation locale ne peut être renouvelée après deux ans sans l'approbation écrite du surintendant de district si le ministre local n'a pas achevé au moins deux cours d'un programme d'études approuvé.

531.5. Un ministre local ayant servi en cette qualité durant au moins une année et ayant réussi les études requises, peut être recommandé par le conseil de l'église à l'assemblée de district pour qu'on lui accorde l'habilitation de ministre; mais s'il ne la reçoit pas, il continuera à maintenir sa position précédente. (129.12, 529, 532.1)

531.6. Un ministre local qui a été nommé comme pasteur intérimaire doit être approuvé par le conseil des accréditations ministérielles de district ou le conseil ministériel de district s'il continue son service après l'assemblée de district qui suit sa nomination. (212, 231.5, 524)

531.7. Un ministre local ne sera pas autorisé à administrer les sacrements du baptême et de la Sainte Cène et n'officiera pas aux mariages. (532.7)

B. Le ministre habilité

532. Un ministre habilité est celui dont l'appel ministériel et les dons ont été formellement reconnus par l'assemblée de district et par l'octroi d'une habilitation de ministre, autorisant et nommant une telle personne à une plus grande sphère de service, à des droits et responsabilités plus étendus que ceux qui incombent au ministre local, normalement comme une étape vers l'ordination comme ancien ou diacre. L'habilitation ministérielle de district inclura une déclaration indiquant si le ministre se prépare pour une ordination en tant que diacre ou ancien, ou bien si c'est une habilitation de district ne menant pas à l'ordination. (532.7)

532.1. Quand des membres de l'Église du Nazaréen reconnaissent être appelés à une vie entière dans le ministère, ils peuvent recevoir une habilitation de ministre par l'assemblée de district pourvu:

(1) qu'ils aient eu une habilitation de ministre local pour une année entière;

(2) qu'ils aient fini un quart d'un programme d'études approuvé pour les ministres et peuvent démontrer une appréciation, une compréhension et l'application du *Manuel* et de l'histoire de l'Église du Nazaréen et de la doctrine de la sainteté, en complétant avec succès les parties d'un cours d'un programme d'études agréé;

(3) qu'ils aient été recommandés pour un tel travail par le conseil de l'église locale dont ils sont membres et à cette recommandation sera annexé le formulaire pour l'habilitation de ministre de district soigneusement rempli;

(4) qu'ils aient fait preuve de la grâce, des dons et de leur utilité;

(5) qu'ils aient été soigneusement examinés, sous la direction de l'assemblée de district du district où ils maintiennent leur qualité de membres d'église, concernant leur capacité spirituelle, intellectuelle, etc., pour un tel travail, ainsi qu'une vérification de ses antécédents[3] selon les directives du Conseil consultatif de district;

(6) qu'ils aient promis de poursuivre immédiatement un programme d'études approuvé prescrit pour les ministres habilités et les candidats à l'ordination;

(7) que toute disqualification qui peut avoir été imposée par une assemblée de district ait été enlevée par une explication écrite du surintendant de district et du conseil consultatif de district où la disqualification avait été imposée; et pourvu que, en outre, leur relation matrimoniale ne les rende pas inéligibles pour une habilitation de district ou l'ordination; et

(8) dans le cas d'un divorce antérieur, la recommandation du conseil des accréditations ministérielles de district ou conseil ministériel de district, avec les documents à l'appui, sera donné au Conseil des surintendants généraux qui pourra éliminer cet obstacle à la poursuite d'une habilitation.

Le ministre doit avoir achevé l'équivalent du quart d'un programme d'études agréé dans l'Église du Nazaréen. Des

_____
[3] *Note de traduction :* contrôle du passé criminel et judiciaire de la personne.

exceptions à cette condition requise peuvent être faites par le conseil des accréditations ministérielles de district ou du conseil ministériel de district, pourvu que le candidat soit pasteur d'une église organisée et soit inscrit dans un programme d'études agréé et pourvu que le candidat achève annuellement le minimum des études requises par le *Manuel* pour le renouvellement d'une habilitation et pourvu que le surintendant du district approuve l'exception.

Dans le cas où une vérification de ses antécédents révèle un acte criminel antérieur au salut de la personne, ce fait ne devra pas être interprété par le conseil des accréditations ministérielles de district comme excluant automatiquement le candidat du ministère accrédité, sauf selon ce qui est prévu au paragraphe 540.9. (129.14, 207.6, 531.5)

532.2. Les ministres habilités d'autres dénominations évangéliques désirant s'unir à l'Église du Nazaréen peuvent être habilités comme ministres par l'assemblée de district, pourvu qu'ils présentent leurs accréditations provenant de la dénomination dont ils étaient auparavant membres; et pourvu, en outre,

(1) qu'ils aient achevé un quart d'un programme d'études approuvé pour les ministres locaux et peuvent démontrer une appréciation, une compréhension et l'application du *Manuel* et de l'histoire de l'Église du Nazaréen et de la doctrine de la sainteté, en complétant avec succès les parties d'un cours d'un programme d'études agréées;

(2) qu'ils aient été recommandés par le conseil de l'église locale de l'Église du Nazaréen dont ils sont membres;

(3) qu'ils aient fait preuve de la grâce, des dons et de leur utilité;

(4) qu'ils aient été soigneusement examinés sous la direction de l'assemblée de district quant à leurs qualités spirituelles, intellectuelles et autres compétences requises pour un tel travail; et

(5) qu'ils aient promis de poursuivre immédiatement le programme d'études approuvé prescrit pour les ministres habilités et les candidats à l'ordination.

(6) que toute disqualification, qui aurait pu être imposée par une assemblée de district, ou son équivalent ait été enlevée par une explication écrite du surintendant de district ou son équivalent et le Conseil consultatif de district ou son équivalent du district où la disqualification a été imposée; et de plus que leur relation matrimoniale ne les rende pas inéligibles pour une habilitation de district; et

(7) dans le cas d'un divorce antérieur, la recommandation du conseil des accréditations ministérielles de district ou conseil ministériel de district, avec les documents à l'appui, sera donnée au Conseil des surintendants généraux qui

peut éliminer cet obstacle à la poursuite d'une habilitation. (532.1)

532.3. Une habilitation de ministre prendra fin à la clôture de l'assemblée de district suivante. Elle peut être renouvelée par le vote de l'assemblée de district pourvu:

(1) que le candidat soumette pour le renouvellement auprès de l'assemblée de district le formulaire pour l'habilitation de ministre de district soigneusement rempli; et

(2) que le candidat ait achevé au moins deux cours dans le programme d'études approuvé; et

(3) que le candidat ait été recommandé pour le renouvellement de l'habilitation par le conseil de l'église locale dont il est membre, sur sélection par le pasteur.

Cependant, au cas où il n'aurait pas réussi dans le programme d'études approuvé qui est requis, son habilitation peut être renouvelée par l'assemblée de district seulement s'il soumet une explication écrite de son échec. Une telle explication devra être satisfaisante au conseil des accréditations ministérielles de district ou conseil ministériel de district et être approuvée par le surintendant général présidant l'assemblée. L'assemblée de district peut, avec raison et à sa discrétion, voter contre le renouvellement de l'habilitation d'un ministre.

Les ministres habilités qui ont achevé le programme d'études agréées et dont leur relation avec l'assemblée de district est celle de retraitée, ils jouiront, sur la recommandation du conseil consultatif de district, du renouvellement de leur habilitation sans devoir remplir le formulaire pour l'habilitation de ministre de district. (205.4)

532.4. Pour être qualifié pour l'ordination, les candidats doivent avoir terminé avec succès le programme d'études approuvé dans une période de 10 ans, à compter de la date de la première habilitation accordée par le district. Toute exception due à des circonstances extraordinaires peut être accordée par le conseil des accréditations ministérielles de district ou conseil ministériel de district, sous réserve de l'approbation du surintendant général ayant juridiction.

Un ministre habilité qui ne se prépare pas pour l'ordination ou qui est disqualifié pour l'ordination pour ne pas avoir réussi le programme d'études approuvé dans la limite de temps peut obtenir le renouvellement de son habilitation de ministre sur la recommandation du conseil consultatif de district et du conseil des accréditations ministérielles de district ou conseil ministériel de district. Une telle recommandation sera subordonnée à ce que le ministre ait obtenu son diplôme d'un programme d'études agréé ou qu'il ait complété au moins deux cours dans un programme d'études agréé durant l'année précédente.

532.5. Dans le cas de ministres habilités servant comme pasteurs, la recommandation pour le renouvellement de l'habilitation de ministre sera faite par le conseil consultatif de district. Dans le cas de ministres locaux servant comme pasteurs, la recommandation pour l'obtention de l'habilitation de ministre sera donnée par le conseil consultatif du district. (225.13)

532.6. Le surintendant général ayant juridiction délivrera à chaque ministre habilité une habilitation de ministre, portant la signature du surintendant général ayant juridiction, du surintendant de district et du secrétaire de district.

532.7. Les ministres habilités seront investis de l'autorité de prêcher la Parole et d'exercer leurs dons et grâces dans divers ministères pour le Corps du Christ. En outre, dans la mesure où ils sont dans un ministère affecté reconnu par le district où réside leur affiliation ministérielle, les ministres habilités seront aussi revêtus de l'autorité d'administrer les sacrements de baptême et de la Sainte Cène dans leur propre assemblée et d'officier aux mariages dans la mesure où les lois de l'État ne s'y opposent pas. (511, 512, 515, 515.4, 523, 532.8, 533-533.2, 534-534.2, 700, 701, 705)

532.8. Tous les ministres habilités seront membres ministériels de l'assemblée de district du district où ils maintiennent leur qualité de membres d'église et ils feront un rapport annuel à cette assemblée. Les rapports peuvent être soumis sur le formulaire du rapport annuel approprié ou sur le formulaire pour l'habilitation du ministre de district en cas de renouvellement. (201, 205.3, 521)

532.9. Si un ministre habilité rejoint une église ou une dénomination autre que l'Église du Nazaréen ou s'engage dans un autre ministère chrétien sans l'approbation du conseil consultatif de district ou sans l'approbation écrite du Conseil des surintendants généraux, il sera immédiatement expulsé du ministère et de sa qualité de membre de l'Église du Nazaréen. L'assemblée de district fera insérer dans son procès-verbal la phrase suivante: «Expulsé(e) de sa qualité de membre et du ministère de l'Église du Nazaréen pour s'être uni(e) à une autre église, dénomination, ou ministère.» (107, 112)

C. Le diacre

533. Un diacre est un ministre dont l'appel par Dieu au ministère chrétien, ses dons et son utilité ont été démontrés et améliorés par une formation et une expérience appropriée et qui a été mis à part pour le service de Christ par un vote de l'assemblée de district et par l'acte solennel de l'ordination et qui a été investi du pouvoir d'exercer certaines fonctions du ministère chrétien.

533.1. Le diacre ne témoigne pas d'un appel spécifique à la prédication. L'Église reconnaît, sur la base de l'Écriture et de l'expérience, que Dieu appelle des individus à un ministère permanent même s'ils ne témoignent pas d'un appel spécifique et elle croit que les individus ainsi appelés à de tels ministères devraient être reconnus et confirmés par l'Église et s'ils remplissent les conditions requises, ils devraient recevoir les responsabilités établies par l'Église. C'est une directive permanente du ministère.

533.2. Le diacre doit satisfaire aux conditions de la directive quant à l'éducation, démontrer les dons et grâces appropriés et être reconnu et confirmé par l'Église. Le diacre sera investi de l'autorité d'administrer les sacrements du baptême et de la Sainte Cène et d'officier lors de mariages là où la loi de l'état ne l'interdit pas et, de temps à autre, de diriger des services d'adoration et de prêcher. Il est entendu que le Seigneur et l'Église peuvent utiliser les dons et les grâces de cette personne dans divers ministères auxiliaires. En tant que symbole du ministère de serviteur du Corps de Christ, le diacre peut aussi utiliser ses dons dans des rôles en dehors de l'Église institutionnelle. (515.4, 515.9)

533.3. Un candidat au diaconat professe un appel de Dieu à ce ministère. Celui-ci détient actuellement une habilitation de district et, à un certain moment, en a possédé une durant au moins trois années consécutives. En outre, il a été recommandé pour le renouvellement de son habilitation de district par le conseil de l'église locale dans laquelle il ou elle est membre ou par le Conseil consultatif de district. De plus, le candidat

(1) a rempli toutes les conditions requises par l'Église,

(2) a complété avec succès un programme d'études approuvé prescrit pour les ministres habilités et les candidats à l'ordination en tant que diacre,

(3) a été soigneusement considéré et a reçu un rapport favorable du conseil des accréditations ministérielles de district ou le conseil ministériel de district à l'assemblée de district.

Ce candidat peut être élu à l'ordre de diacre par un vote favorable aux deux tiers de l'assemblée de district; pourvu qu'il/elle ait été un ministre affecté pour au moins trois années consécutives; et de plus, pourvu que le candidat serve actuellement dans un ministère affecté. Dans le cas d'une affectation à temps partiel, il faut comprendre qu'il doit y avoir une extension du nombre d'années de service consécutif dépendant du niveau d'engagement dans un ministère de l'église locale et que leur témoignage et service démontre que leur appel au ministère est plus important que toutes leurs autres activités. De plus, toute disqualification qui a pu être imposée par une assemblée de district devra avoir été enlevé par écrit par le surintendant de district et le conseil consultatif de district de ce district. De plus, le statut matrimonial du candidat doit être tel qu'il ne le rend pas inéligible à l'ordination (205.6, 320, 529)

533.4. Si dans la poursuite de son ministère, le diacre ordonné se sent appelé au ministère de la prédication, il peut être ordonné à l'ordre d'ancien après avoir rempli les conditions requises pour cette accréditation et avoir remis son accréditation de diacre.

D. L'ancien

534. Un ancien est un ministre dont l'appel de Dieu à prêcher, les dons et l'utilité ont été démontrés et améliorés par une formation et une expérience appropriée, qui a été mis à part pour le service de Christ au moyen de Son Église par le vote d'une l'assemblée de district et par l'acte solennel d'ordination et qui a été ainsi pleinement investi du pouvoir d'exercer toutes les fonctions du ministère chrétien.

534.1. Nous ne reconnaissons qu'un ordre du ministère de la prédication – celui d'ancien. C'est un ordre permanent dans l'Église. L'ancien est appelé à bien diriger dans l'Église, à prêcher la Parole, à administrer les sacrements du baptême et de la Sainte Cène et à célébrer solennellement le mariage, le tout au nom de et en soumission à Jésus-Christ, le chef suprême de l'Église. (31, 514-515.3, 515.4-515.9, 538.15)

534.2. L'église s'attend à ce que celui qui est appelé à ce ministère officiel soit un intendant de la Parole et qu'il s'engage à la proclamer de toutes ses forces et durant toute sa vie.

534.3. Un candidat à l'ordre d'ancien professe un appel de Dieu à ce ministère. Celui-ci détient actuellement une habilitation de district, qui a, à un certain moment, possédé une habilitation durant au moins trois années consécutives et qui est recommandé pour le renouvellement de son habilitation de district par le conseil de l'église locale dans laquelle il ou elle est membre, ou par le Conseil consultatif de district. En outre, le candidat :

(1) a rempli toutes les conditions requises par l'Église,

(2) a complété avec succès un programme d'études approuvé prescrit pour les ministres habilités et les candidats à l'ordination en tant qu'ancien et

(3) a été soigneusement considéré et a reçu un rapport favorable du conseil des accréditations ministérielles de district ou conseil ministériel de district à l'assemblée de district. Ce candidat peut être élu à l'ordre d'ancien par un vote favorable aux deux tiers de l'assemblée de district. Pour être éligible pour une élection, le candidat ait été un ministre affecté pour au moins trois années consécutives ; et il doit actuellement servir dans un ministère affecté. Dans le cas d'une affectation à temps partiel, il faut comprendre qu'il doit y avoir une extension du nombre d'années de service consécutif dépendant du niveau d'engagement dans un ministère de l'église locale et que leur témoignage et

service démontre que leur appel au ministère est plus important que toutes leurs autres activités. De plus, toute disqualification qui a pu être imposée par une assemblée de district devra avoir été enlevé par écrit par le surintendant de district et le conseil consultatif de district de ce district où la disqualification était imposée avant que ce ministre soit éligible pour l'ordre d'ancien. De plus, le statut matrimonial du candidat doit être tel qu'il ne le rend pas inéligible à l'ordination (205.6, 320, 529)

E. La reconnaissance des accréditations

535. Les ministres ordonnés d'autres dénominations évangéliques désirant s'unir à l'Église du Nazaréen et présentant leurs documents d'ordination, peuvent avoir leur ordination reconnue par l'assemblée de district, après examen satisfaisant de leur conduite, expérience personnelle et doctrine par le conseil des accréditations ministérielles de district ou conseil ministériel de district, dans la mesure où:

(1) ils démontrent une appréciation, compréhension et application du *Manuel* et de l'histoire de l'Église du Nazaréen et de la doctrine de la sainteté en complétant avec succès les parties correspondantes d'un programme d'études agréé;

(2) ils soumettent à l'assemblée de district le Questionnaire d'ordination et de reconnaissance soigneusement rempli; et

(3) ils remplissent tous les conditions requises pour l'ordination définies aux paragraphes 533-533.3 ou 534-534.3; et

(4) pourvu que le candidat serve actuellement dans un ministère où il a été affecté. (205.7, 228, 529, 532.2)

535.1. Le surintendant général ayant juridiction remettra au ministre ordonné ainsi reconnu un certificat d'ordination, portant la signature du surintendant général ayant juridiction, du surintendant de district et du secrétaire de district. (538.6)

535.2. Quand l'accréditation d'un ancien d'une autre dénomination aura été dûment reconnue, son accréditation émise par cette dénomination lui sera retournée avec l'inscription suivante écrite ou marquée par un sceau au recto:

Accrédité par l'assemblée de district de l'Église du Nazaréen de (nom de l'église locale), le (date), comme base de sa nouvelle accréditation.

_____ , surintendant général

_____ , surintendant de district

_____ , secrétaire de district

F. Le ministre retraité

536. Un ministre retraité est celui qui a été mis à la retraite par l'assemblée de district dans laquelle il est membre ministériel, sur recommandation du conseil des accréditations ministérielles de district ou le conseil ministériel de district. Tout changement de statut doit être approuvé par l'assemblée de district, sur recommandation du conseil des accréditations ministérielles de district ou le conseil ministériel de district.

536.1. La mise à la retraite n'exigera pas la cessation des activités ministérielles ou ne privera pas en elle-même le ministre de sa qualité de membre de l'assemblée de district. Un ministre qui servait dans un rôle «affecté» lors de la demande de mise à la retraite ou à l'âge normal pour la retraite sera considéré «retraité affecté». Par contre, un ministre donc le statut est d'être sans affectation dans une ou l'autre des situations mentionnées ci-dessus sera considéré «retraité non affecté». (201, 538.9)

536.2. Les ministres retraités (affectés ou non affectés) demeurent dans l'obligation de présenter un rapport annuel à l'assemblée de district. Dans le cas des ministres retraités dans l'incapacité de présenter un rapport dû à des contraintes qui sont hors de leur contrôle, l'assemblée de district peut, sur recommandation du conseil des accréditations ministérielles de district ou du conseil ministériel de district, accorder un statut «exempté» à un tel ministre, satisfaisant ainsi de manière perpétuelle l'obligation de rapport annuel. (538.9)

G. Le transfert des ministres

537. Quand un membre du clergé désire être transféré à un autre district, un transfert de membre ministériel peut être remis par un vote de l'assemblée de district ou par le conseil consultatif de district entre deux assemblées du district où sa qualité de membre ministériel est maintenue. Un tel transfert peut être reçu par le conseil consultatif de district dans la période précédant l'assemblée de district, accordant ainsi à un tel ministre tous les droits et privilèges de membre dans le district qui le reçoit. Une telle action est sujette à l'approbation finale du conseil des accréditations ministérielles et de l'assemblée de district. (205.8-205.9, 226, 231.9-231.10)

537.1. Le transfert d'un ministre habilité ne sera valide que lorsqu'un dossier détaillé des notes de la personne habilitée dans un programme d'études approuvé pour les ministres habilités, dûment certifié par le secrétaire du conseil des études ministérielles de district de l'assemblée du district qui délivre le transfert, a été envoyé au secrétaire du conseil des accréditations ministérielles de district qui reçoit le transfert. Le secrétaire du conseil des accréditations ministérielles de district qui reçoit avisera le secrétaire de son district que le relevé des notes du ministre habilité en question a été reçu. Le ministre en question travaillera activement au transfert de ses notes dans le programme d'études approuvé au district qui reçoit. (233.1-233.2)

537.2. L'assemblée de district recevant un transfert accusera réception du transfert de la qualité de membre de la personne auprès de l'assemblée de district délivrant le transfert. Jusqu'à ce que le transfert soit reçu par vote de l'assemblée de district à laquelle il est adressé, la personne ainsi transférée continuera à être membre de l'assemblée de district qui lui délivre le transfert. Un tel transfert n'est valable que jusqu'à la clôture de la session suivant la date d'émission de l'assemblée de district à laquelle il est adressé. (205.8, 226, 231.10)

H. Règlements généraux

538. Les définitions suivantes sont des termes liés aux règlements généraux pour les ministres de l'Église du Nazaréen :

Membres du clergé — Anciens, diacres et ministres habilités. (530, 531, 532)

Laïcs — Membres de l'Église du Nazaréen ne faisant pas partie du clergé.

Actif — Un membre du clergé assumant une affectation.

Affecté — Le statut d'un membre du clergé qui est actif dans l'un des rôles décrits dans les paragraphes 505-528.

Non affecté — Le statut d'un membre du clergé en règle, mais qui n'est pas actuellement actif dans l'un des rôles décrits dans les paragraphes 505-528.

Retraité affecté — Le statut d'un membre du clergé retraité qui avait une affectation lorsque la mise à la retraite a été demandée.

Retraité non affecté — Le statut d'un membre du clergé retraité qui était non affecté lorsque la mise à la retraite a été demandée.

Liste des ministres — La liste des ministres d'un district, habilités ou ordonnés, qui sont en règle en tant que membres du clergé et qui n'ont pas déposé leur accréditation.

En règle — Le statut d'un membre du clergé qui n'a pas d'accusations non résolues en attente, et qui n'est pas actuellement sous discipline.

Rayé — Décision prise par une assemblée de district d'exclure de la liste des ministres les noms des membres du clergé qui ont démissionné ou rendu leur accréditation ou dont l'accréditation a été suspendue ou révoquée.

Discipliné — Le statut d'un membre du clergé qui a été relevé, en tout ou en partie, des droits, privilèges et responsabilités des membres du clergé par une mesure disciplinaire.

Suspension — Une gamme d'actions disciplinaires, autre que l'accréditation rendue, par laquelle un ministre est temporairement relevé des droits, privilèges et responsabilités des membres du clergé jusqu'à ce que les conditions d'une réintégration soient réunies.

Expulsé — Statut d'un membre du clergé dont l'accréditation a été révoquée et qui a été rayé en tant que membre de l'Église du Nazaréen.

Accréditation déposée — Le statut de l'accréditation d'un membre du clergé en règle qui, pour cause d'inactivité dans le ministère, a renoncé aux droits, privilèges et responsabilités des membres du clergé en déposant son accréditation au Secrétaire général. Une personne qui a déposé son accréditation reste membre du clergé et peut être réintégrer avec ses droits, privilèges et responsabilités, en conformité avec le paragraphe 539.10 (539, 539.1)

Accréditation rendue — Le statut de l'accréditation d'un membre du clergé qui, à cause d'une mauvaise conduite, d'accusations, de confessions, des conséquences de l'action d'un Conseil de discipline ou à cause d'un acte volontaire dont la cause est autre qu'une inactivité dans le ministère, a été relevé des droits, privilèges et responsabilités des membres du clergé. La personne dont l'accréditation est rendue demeure membre du clergé, sous discipline. Il est possible de réintégrer cet individu avec les droits, privilèges et responsabilités des membres du clergé lors de la restauration du statut de ministre en règle et du retour de l'accréditation.

Accréditation renoncée — Le statut de l'accréditation d'un membre qui renonce à ses droits, privilèges et responsabilités des membres du clergé pour devenir membre laïc de l'église. Un membre du clergé qui n'est pas en règle peut renoncer seulement avec l'approbation du conseil consultatif de district. (539.1, 539.5)

Accréditation révoquée — Le statut de l'accréditation d'un membre du clergé qui a été expulsé du ministère et de sa qualité de membres de l'Église du Nazaréen. Le nom du ministre dont l'accréditation a été révoquée sera rayé du registre des ministres.

Retour d'accréditation — L'action accompagnant le recouvrement des droits, privilèges et responsabilités des membres du clergé à un ministre dont l'accréditation a été déposée, suspendue, rendue, renoncée ou révoquée.

Rétablissement — Le processus qui consiste à assister un ministre volontairement ou autrement relevé des droits, privilèges et responsabilités des membres du clergé ainsi que son conjoint et sa famille dans le rétablissement de la santé et l'intégrité. Les efforts de rétablissement doivent être entrepris indépendamment du processus déterminant si le retour de l'accréditation du ministre serait approprié ou conseillé.

Réintégration — L'octroi des droits, privilèges et responsabilités des membres du clergé à un ministre dont l'accréditation a été déposée, suspendue, rendue, renoncée ou révoquée à la condition d'être restauré au statut de ministre en règle et de recevoir toutes les approbations nécessaires.

Accusation — Un document écrit, signé par au moins deux membres de l'Église du Nazaréen, accusant un membre de l'Église du Nazaréen d'une conduite qui, si elle était démontrée, provoquerait une action disciplinaire envers ce membre selon les termes du *Manuel*.

Connaissance — La conscience de certains faits appris par l'exercice de ses propres sens.

Information — Faits appris d'autres personnes.

Opinion — Une conclusion de bonne foi fondée sur la connaissance et l'information.

Commission d'enquête — Une commission nommée en accord avec le *Manuel* afin de rassembler des informations concernant une mauvaise conduite présumée ou suspectée.

Inculpation — Un document écrit décrivant spécifiquement la conduite d'un membre de l'Église du Nazaréen qui, si elle était prouvée, constituerait la base d'une action disciplinaire selon les termes du *Manuel*.

538.1. Au cas où un membre du clergé, sans l'approbation écrite du conseil consultatif de district dans lequel il maintient sa qualité de membre ministériel et sans l'approbation écrite du Conseil des surintendants généraux, conduit régulièrement des activités religieuses indépendantes avec un autre groupe religieux, celui-ci sera passible de mesures disciplinaires. (538.13, 606.1)

538.2. Un membre du clergé témoignera toujours du respect pour le conseil conjoint du surintendant de district et du Conseil consultatif de district. (519)

538.3. Toute prétention à la participation par un membre du clergé et/ou des membres de sa famille dans tout plan ou fonds que l'Église peut avoir maintenant ou à l'avenir, pour l'assistance ou le soutien de ses ministres invalides ou âgés, sera basée uniquement sur un service régulier, à plein temps et actif, accompli par le ministre comme pasteur ou évangéliste affecté ou dans une autre fonction reconnue, sous la sanction de l'assemblée de district. Cette règle exclura d'une telle participation tous ceux qui servent occasionnellement ou à temps partiel.

538.4. Un ministre habilité activement affecté comme pasteur ou pasteur adjoint à plein temps d'une Église du Nazaréen sera un membre votant de l'assemblée de district. (201)

538.5. Le candidat élu à l'ordre d'ancien ou de diacre sera ordonné par l'imposition des mains du surintendant général et des ministres ordonnés avec les exercices religieux appropriés, sous la direction du surintendant général qui préside. (307.4)

538.6. Le surintendant général ayant juridiction remettra à la personne ordonnée un certificat d'ordination, portant la signature du surintendant général ayant juridiction, du surintendant de district et du secrétaire de district. (535.1)

538.7. Au cas où le certificat d'ordination d'un ancien ou d'un diacre aurait été égaré, endommagé ou détruit, un autre certificat peut être délivré sur la recommandation du conseil consultatif de district. Une telle recommandation sera faite directement au surintendant général ayant juridiction et, sur l'autorité de cette approbation, un duplicata du certificat sera délivré par le Secrétaire général. Au verso du certificat, le numéro original devrait être identifié à côté du mot DUPLICATA. Si le surintendant général, surintendant de district ou le secrétaire de district signant le certificat original n'est pas disponible, le surintendant général ayant juridiction, le surintendant de district et le secrétaire de district réclamant la copie du certificat signeront ce certificat. Au verso figurera la mention suivante écrite ou imprimée, ou bien écrite et imprimée et signée par le surintendant général ayant juridiction, le surintendant de district et le secrétaire de district.

Ce certificat est donné pour remplacer le certificat d'ordination original délivré à (nom), le (date), (année) par (organisation qui a ordonné) à laquelle date il (elle) a été ordonné(e) et son certificat d'ordination original fut signé par <u>intendant général</u>), (<u>surintendant de district</u>) et (<u>secrétaire de district</u>).

Le certificat original a été (<u>égaré</u>, <u>déchiré</u>, <u>détruit</u>).

_____ , surintendant général

_____ , surintendant de district

_____ , secrétaire de district

538.8. Tous les membres du clergé (affectés et non affectés) seront des membres actifs dans une Église du Nazaréen locale où ils seront fidèles par leur présence, leur dîme et leur participation aux ministères de l'église. Des exceptions à cette exigence peuvent être accordées uniquement avec l'approbation du conseil consultatif de district. Tout membre du clergé qui n'est pas membre d'une église du Nazaréen locale sur le district qui détient son accréditation et qui n'a pas obtenu une exception est sujet à une action disciplinaire du conseil consultatif de district. (522, 538.10)

538.9. Tous les anciens et diacres maintiendront leur qualité de membre ministériel de l'assemblée de district où leur qualité de membre d'église est maintenue et à laquelle ils feront un rapport annuel. Tout ancien ou diacre qui pendant deux années consécutives manquera de faire un rapport à son assemblée de district soit en personne soit par lettre cessera d'en être membre, si l'assemblée de district en décide ainsi. (201, 205.3, 521, 536.1)

538.10. Tout membre du clergé qui a rejoint une église ou une dénomination autre que l'Église du Nazaréen, ou un autre ministère chrétien, cessera d'être membre de l'Église du Nazaréen à moins qu'il ou elle obtienne l'approbation du conseil consultatif de district de l'assemblée de district dans lequel il ou elle a son affiliation ministérielle. L'assemblée de district fera inscrire dans son registre des procès-verbaux la déclaration suivante : «Expulsé (e) de sa qualité de membre et du ministère de l'Église du Nazaréen suite à son union à une autre église, dénomination, ou ministère.» (107, 112)

538.11. Tout membre du clergé qui se retire ou est expulsé de sa qualité de membre d'une église locale lorsqu'il n'est pas en règle, ne peut être réadmis dans l'Église du Nazaréen qu'avec le consentement du conseil consultatif de district du district duquel il s'est retiré ou a été expulsé de sa qualité de membre. Le conseil consultatif de district peut donner son accord à condition que l'ancien ministre reste par la suite membre laïc de l'église ou, avec l'approbation du surintendant de district et du surintendant général ayant juridiction, que l'ancien ministre soit à nouveau admis comme membre du clergé sous discipline ayant affirmé sa volonté à participer activement et avec constance à un processus de rétablissement. (539.6)

538.12. Un ancien ou diacre dont le nom a été retiré de la liste des ministres d'une assemblée de district et qui n'a pas déposé son accréditation ne sera pas reconnu par aucun autre district sans avoir reçu le consentement écrit de l'assemblée de district à laquelle son nom a été retiré de la liste des ministres, sauf exception. Le conseil consultatif de district peut agir à la suite d'une demande de transfert de juridiction entre deux assemblées de district. (538.11)

538.13. Un membre de clergé doit avoir la permission écrite du conseil consultatif de district pour pouvoir accomplir les choses suivantes :

- mener régulièrement des activités ecclésiastiques indépendantes non dirigées par l'Église du Nazaréen ou
- mener des missions indépendantes ou des activités d'église non autorisées ou
- être en relation avec le personnel d'une église indépendante ou d'un autre groupe religieux, un ministère chrétien ou une dénomination.

Si un membre du clergé ne se conforme pas à ces exigences, il peut, sur recommandation, d'un vote des deux tiers de tous les membres du conseil des accréditations ministérielles de district ou du conseil ministériel de district et par l'action de l'assemblée de district, être expulsé de sa qualité de membre et du ministère de l'Église du Nazaréen. La détermination finale à savoir si une activité spécifique constitue «une mission indépendante» ou «une activité religieuse non autorisée» sera du ressort du Conseil des Surintendants Généraux. (112-112.1, 532.9)

538.14. Avant de permettre à un membre du clergé de participer aux activités d'une église indépendante le conseil consultatif de district doit demander l'autorisation écrite auprès du Conseil des Surintendant Généraux

538.15. Un ministre affecté peut commencer une église locale quand il y est autorisé par le surintendant de district ou le Surintendant général ayant juridiction. Les rapports d'organisation officielle doivent être soumis au Secrétaire général par le surintendant de district. (100, 211.1)

538.16. L'appartenance à l'assemblée découlera d'une affectation comme pasteur ou autre ministre qui est en service et maintient activement un emploi dans ce ministère comme sa vocation première dans l'un des rôles ministériels affectés définis aux paragraphes 505-528.

538.17. Les informations divulguées à un ministre dans le cadre de ses activités en relation d'aide, de conseil ou d'orientation spirituelle seront gardées dans la plus stricte confidentialité possible et ne seront pas divulguées sans le consentement éclairé de la personne, sauf si contraire à la loi.

Chaque fois que possible et dès que possible, le ministre doit divulguer les circonstances où il peut se soustraire à l'obligation de confidentialité :

(1) Lorsqu'il y a un danger clair et présent pour soi-même ou les autres.

(2) Lorsqu'il y a la suspicion de maltraitance ou de négligence contre un mineur, une personne handicapée, une personne âgée ou toute autre personne vulnérable au sens de la législation locale. Il n'est pas de la responsabilité du rapporteur de prouver la véracité du rapport ou d'enquêter sur son contexte mais uniquement de signaler les suspicions aux autorités compétentes. La définition d'un mineur est une personne de moins de 18 ans à moins d'atteindre l'âge de la majorité plus tard en vertu de la législation nationale de leur propre État ou pays.

(3) Lors de procédures légales sur ordre judiciaire de fournir des preuves. Les ministres doivent conserver en sécurité un dossier contenant le minimum d'informations sur le contenu des sessions, y inscrire les divulgations communiquées et le consentement éclairé fourni.

Les informations qui proviennent d'un contact professionnel peuvent être utilisée dans l'enseignement, la rédaction, les homélies ou autres présentations publiques uniquement lorsque des mesures ont été prises pour garantir absolument à la fois l'identité de l'individu et la confidentialité des divulgations.

Durant les activités de relation d'aide avec un mineur, si un ministre découvre l'existence d'un danger sérieux au bien-être de cet enfant et que la communication d'informations confidentielles à un parent ou tuteur légal est essentielle à la santé et au bien-être du mineur, le ministre doit divulguer l'information nécessaire à la protection de la santé et du bien-être du mineur.

538.18. Tous les anciens et diacres doivent s'engager dans une éducation permanente en suivant deux unités de valeur d'éducation permanente ou leur équivalent chaque année sous l'administration du Conseil des études ministérielles de district. (529.6)

538.19. Un ministre peut célébrer le mariage uniquement pour les personnes qui s'y ont qualifiées en suivant des séances de préparation et qui sont en accord avec les exigences bibliques pour le mariage.

Le mariage biblique existe seulement dans une relation impliquant un homme et une femme. (31,515.9)

538.20. Chaque district doit avoir un plan écrit, complet et réviser annuellement pour orienter leurs efforts afin de fournir une réponse rapide, compatissante et éclairée aux membres du clergé impliqués dans une conduite indigne d'un ministre, à leurs familles et à toute assemblée locale concernée. Le plan du district sera en harmonie avec les directives du *Manuel* et inclura une disposition pour établir et tenir un registre des faits et circonstances relatives au changement de statut de tout ministre qui cesse d'être autorisé à exercer les droits, privilèges et responsabilités des membres du clergé. Ce dossier doit inclure toute la correspondance et les actes officiels liés au statut du membre du clergé en question ainsi que les noms et la date de nomination des personnes choisies pour l'équipe de rétablissement tel que prévu en conformité avec le paragraphe 540.1. (225.5)

I. Le dépôt, la suspension, la renonciation ou la révocation d'une accréditation ministérielle

539. Le Secrétaire général est autorisé à recevoir et à garder en sûreté les accréditations des membres du clergé en règle qui, à cause d'inactivité dans le ministère pour une période de temps, désirent les retourner. Lorsque l'accréditation est déposée, le membre du clergé certifiera au Secrétaire général que l'accréditation n'est pas déposée dans le but d'éviter une action disciplinaire. Le dépôt de l'accréditation n'évitera pas au membre du clergé d'être passible de sanctions disciplinaires en tant que membre du clergé. Les membres du clergé qui déposent leur accréditation auprès du Secrétaire général peuvent être réintégrés. (539.10.)

539.1. Un membre du clergé en règle qui n'a pas obtenu le statut de retraité et qui n'assume plus les responsabilités du clergé en restant non affecté pendant une période d'au moins quatre ans, il sera considéré comme ne participant plus activement au clergé. Dans un tel cas, la personne devra déposer son accréditation. Le comité des accréditations ministérielles de district ou conseil ministériel de district fera le rapport suivant à l'assemblée de district : « l'accréditation (de l'ancien ou du diacre en question) a été déposée par l'action du comité des accréditations ministérielles ou conseil ministériel de district. » Cette action devrait être considérée sans préjudice à l'égard de son intégrité. La personne qui dépose son accréditation peut la recouvrir. (539.10.)

539.2. Quand un membre du clergé en règle met fin à un ministère affecté pour poursuivre un appel ou une vocation autre que l'œuvre du clergé dans l'Église du Nazaréen, il peut renoncer aux droits, privilèges et responsabilités des membres du clergé. L'assemblée de district à laquelle il appartient, recevra son accréditation pour la confier au Secrétaire général. Il sera noté dans les registres du district que son nom a été « rayé de la liste des ministres pour avoir renoncé à son statut ». Le membre du clergé qui démissionne de cette façon peut recouvrir son accréditation. (539.11.)

539.3. Quand un ministre ordonné non retraité met fin à son service actif en tant que membre du clergé et s'adonne à un emploi séculier à plein temps, après une période de deux ans, il peut être requis par le comité des accréditations ministérielles de district ou conseil ministériel de district de renoncer son appartenance au clergé ou à déposer son accréditation au Secrétaire général. Cette période de deux ans commencera lors de l'assemblée de district qui suit la cessation d'activité en tant que membre du clergé. Le comité des accréditations ministérielles de district ou le conseil ministériel de district donnera un rapport à l'assemblée de district concernant sa décision. Cette mesure devrait être considérée sans préjudice à l'intégrité de cette personne.

539.4. Les droits, privilèges et responsabilités d'un membre du clergé peuvent être suspendus et son nom rayé de la liste des ministres s'il change de lieu de résidence par rapport à l'adresse au dossier sans fournir une nouvelle adresse au conseil des accréditations ministérielles de district ou le conseil ministériel de district dans un délai d'un an, ou s'il manque de soumettre un rapport annuel comme l'exigent les paragraphes 532.8 et 538.9. Une telle suspension sera la responsabilité du comité des accréditations ministérielles de district ou le conseil ministériel de district.

539.5 Un membre du clergé qui reçoit un Certificat de recommandation de son église locale et qui ne s'est pas joint à une autre église du Nazaréen avant l'assemblée de district suivante ou qui déclare par écrit qu'il s'est retiré de l'Église du Nazaréen ou qui s'est joint une autre dénomination soit en tant que membre soit en tant que ministre, et qui n'a pas renoncé à son statut de ministre accrédité peut être expulsé du ministère de l'Église du Nazaréen par ordre de l'assemblée de district sur recommandation du conseil des accréditations ministérielles de district et son nom rayé de la liste des ministres et de la liste des membres de l'église locale. (111.1, 815)

539.6. Un membre du clergé qui n'est pas en règle peut démissionner de son accréditation, sur recommandation du Conseil consultatif de district. (540)

539.7. Un membre du clergé peut être expulsé du ministère de l'Église du Nazaréen tel que prévu aux paragraphes 539.5 et 540.10, ou par mesure disciplinaire en conformité avec les paragraphes 606-609.

539.8. Quand un ancien ou un diacre a été expulsé, l'accréditation du membre du clergé sera envoyée au Secrétaire général pour être classée et conservée, soumis à un décret de l'assemblée de district dans laquelle l'ancien ou le diacre était membre lorsqu'il a été expulsé. (326.5)

539.9. Les pasteurs, les conseils des églises locales et toute autre personne déterminant l'affectation de postes dans l'église n'engageront pas un membre du clergé qui n'est pas en règle dans des postes de confiance ou d'autorité tels que pasteur intérimaire, directeur du chant, enseignant d'école du dimanche ou autre, tant que son statut de ministre en règle ne sera pas restauré. Les exceptions à cette interdiction exigent l'approbation écrite du surintendant de district du district auquel le ministre appartenait lorsqu'il a été relevé des droits, privilèges et responsabilités des membres du clergé et du Surintendant général ayant juridiction dans ce même district. (540.4.)

539.10. Recouvrement d'une accréditation déposée. Quand un ancien ou diacre en règle a déposé son accréditation, cette accréditation peut lui être retournée à tout moment, sur l'ordre de l'assemblée de district où elle a été déposée, lorsque l'ancien ou le diacre est en règle, pourvu que le retour de son accréditation ait été recommandé par le surintendant de district et par le conseil consultatif de district. Entre les assemblées de district, un conseil consultatif de district peut voter de retourner l'accréditation déposée d'un ministre.

539.11. Recouvrement d'une accréditation renoncée ou révoquée. Un ancien ou un diacre qui, alors qu'il était ministre en règle, a renoncé son ordre ministériel ou s'est uni à une autre église, dénomination ou ministère, peut obtenir le retour de son accréditation de l'assemblée de district après avoir rempli le questionnaire d'ordination et de reconnaissance, réaffirmant ses vœux ministériels, après examen et recommandation favorable du conseil des accréditations ministérielles de district ou du conseil ministériel de district et avec l'approbation préalable du surintendant de district et du Surintendant général ayant juridiction. (539.2)

539.12. Suite au décès d'un ministre ordonné dont l'accréditation avait été déposée et qui était en règle au moment de son décès, la famille du ministre pourra, sur demande écrite au Secrétaire général et avec l'approbation du surintendant de district auquel une telle accréditation avait été remise, recevoir le certificat d'ordination dudit ministre.

539.13. Séparation/divorce. Dans les 48 heures d'une requête pour action en divorce ou dissolution légale/séparation d'un mariage par le ministre, ou dans les 48 heures de la séparation physique entre le ministre et son (sa) conjoint(e) dans le but de rompre la cohabitation physique, le ministre devra (a) contacter le surintendant de district, pour l'informer de la décision prise ; (b) accepter de se réunir avec le surintendant de district et un membre du Conseil consultatif de district à une date et dans un lieu mutuellement acceptés ; ou si aucune date et aucun lieu ne peuvent être mutuellement arrangés, que la réunion ait lieu à une date et un lieu choisis par le surintendant de district ; et (c) expliquer (à la réunion mentionnée dans la sous-section «b» ci-dessus) les circonstances de l'action prise et le conflit conjugal aussi bien que les bases bibliques qui justifieraient le fait selon lequel ce membre du clergé devrait être autorisé à continuer à servir comme membre en règle du clergé. Si un membre du clergé manquait de se conformer aux sous-sections ci-dessus, un tel manquement donnerait lieu à une sanction disciplinaire. Tous les ministres, qu'ils soient actifs ou inactifs, retraités, affectés ou non, sont sujets à ces dispositions et doivent sérieusement tenir compte des conseils combinés du surintendant de district et du Conseil consultatif de district. Aucun ministre actif ou affecté ne peut continuer dans un rôle ministériel sans le vote affirmatif du Conseil consultatif de district.

J. La restauration d'un membre du clergé

540. L'Église du Nazaréen reconnaît sa responsabilité d'offrir l'espoir et la guérison de la grâce de Dieu qui rachète et renouvelle à tous ses ministres qui, en rendant leur accréditation volontairement ou non, ont été relevés des droits, privilèges et responsabilités des membres du clergé à cause d'une conduite indigne d'un ministre. L'église reconnaît également son obligation d'inviter le ou la conjointe et la famille du ministre, son assemblée et sa communauté à l'étreinte de l'amour de Dieu. Pour cette raison, le processus qui mène à la restauration au statut de ministre en règle est mené en deux étapes distinctes :

1. Le rétablissement. Quelle que soit la gravité de l'inconduite du ministre, la probabilité de son retour éventuel au service ministériel ou sa réceptivité initiale à la grâce et aux offres d'aide offertes, le rétablissement du bien-être du ministre (spirituel et autre), et de son ou sa conjointe et

de sa famille doit être recherché avec diligence, prière et fidélité par le district en conformité avec les paragraphes 540.1-540.7. Un tel rétablissement sera l'unique but de cette étape.

2. La réintégration. La restauration au statut de ministre en règle et la recommandation d'un retour de son accréditation doivent être considérées comme un processus séparé et ultérieur aux efforts visant le rétablissement de la santé et du bien-être du ministre, de son conjoint et de sa famille. (540.6-540.12).

540.1. Nomination d'une équipe chargée du rétablissement. Lorsque l'inconduite d'un membre du clergé devient évidente, une intervention rapide, appropriée et compatissante est essentielle pour le ministre, son ou sa conjointe et sa famille, l'assemblée locale et la communauté. Puisque de tels développements sont rarement anticipés, la sélection et la préparation préalable de personnes qualifiées, membres du clergé et laïques, afin de faciliter un rétablissement, sont des éléments importants du plan d'intervention du district. Ces personnes doivent être nommées par le surintendant de district en consultation avec le conseil consultatif de district. Lorsque des situations d'inconduite du clergé surviennent, ces personnes, agissant en tant qu'équipe de rétablissement, doivent être déployées par le surintendant du district aussi rapidement que possible et conformément au plan du district. Une équipe de rétablissement ainsi déployée devra être composée d'au moins trois personnes. (211.20, 222.5, 540)

540.2. Devoirs de l'équipe de rétablissement. L'équipe de rétablissement est chargée de faciliter le rétablissement de la santé et du bien-être du ministre, du ou de la conjointe du ministre et de sa famille. Cette équipe n'a ni la responsabilité ni l'autorité de déterminer si le ministre devrait être réintégrés avec les droits, privilèges et responsabilités des membres du clergé. Dans la mesure où la situation le permet, les tâches de l'équipe de rétablissement comprennent:

1. dispenser des soins à l'épouse et à la famille du ministre ainsi qu'au ministre;

2. éclairer le ministre et son conjoint sur le processus et l'objectif du rétablissement;

3. coordonner les efforts combinés du ministre, du district et de tout assemblée locale concernée pour développer un plan qui répond aux besoin financier, d'hébergement, médicaux, émotionnels, spirituels et autres besoins qui surviennent généralement de façon urgente dans les situations où une inconduite est devenue évidente;

4. mettre en œuvre le plan approuvé par le district, notamment de rendre compte régulièrement de ses propres efforts et l'état d'avancement du rétablissement de la

santé et du bien-être du ministre, de son ou sa conjointe et de sa famille;

5. communiquer au ministre et à son ou sa conjointe, au surintendant de district et au conseil du district approprié lorsqu'elle estime que son travail est proche d'être terminé ou a progressé autant qu'il est possible de l'espérer;

6. transmettre au conseil des accréditations ministérielles ou au conseil ministériel de district ou au comité chargé d'examiner la réintégration, suite à la demande du ministre à être réintégré avec les droits, privilèges et responsabilités des membres du clergé, sa recommandation quant à savoir s'il est approprié de songer à le restaurer au statut de ministre en règle. (540.8)

540.3. Dans le cas où le ministre sous discipline deviendrait insensible au processus de rétablissement, des efforts diligents seront consacrés à l'avancement du rétablissement du conjoint du ministre et de sa famille tout en cherchant activement à mobiliser ou remobiliser le ministre dans le rétablissement. Après avoir considéré les efforts de rétablissement et en prenant en compte le bien-être du conjoint et de la famille du ministre, le surintendant de district peut suspendre, conclure ou réorienter d'une autre manière les efforts de rétablissement.

Dans le cas où un district ne nomme pas d'équipe de rétablissement ou si l'équipe de rétablissement nommée ne s'acquitte pas de ses responsabilités dans les 180 jours qui suivent la date à laquelle le ministre a été placé sous discipline, le ministre sous discipline peut envoyer une requête au Conseil des Surintendants Généraux demandant de transférer à un autre district la responsabilité de faciliter les efforts visant à son rétablissement et de se prononcer sur sa demande ultérieure, le cas échéant, pour la restauration au statut de ministre en règle et la réintégration avec les droits, privilèges et responsabilités des membres du clergé. Cette option est également possible pour le ministre concerné lorsqu'un district manque de répondre à sa demande de restauration au statut de ministre en règle. (540-540.2, 540.4-540.12)

540.4. Un membre du clergé qui n'est pas en règle ne doit pas occuper un poste de confiance ou d'autorité dans l'église ou dans un culte d'adoration, tel que, prêcher, diriger le culte de louanges, enseigner une classe d'école du dimanche, diriger une étude biblique ou un petit groupe. Le ministre ne peut occuper ces fonctions ou se voir confier un rôle ministériel que sur la recommandation favorable de l'équipe de rétablissement nommée par le district et affectée au ministre et le consentement du conseil consultatif de district, du conseil des accréditations ministérielles ou du conseil ministériel de district, du surintendant de district et du Surintendant général ayant juridiction. Une recommandation favorable indique que la personne, son conjoint et sa famille ont fait suffisamment de progrès dans le processus de rétablissement pour justifier une fois de plus que l'individu concerné soit en service dans un poste de confiance ou d'autorité. L'approbation de servir dans un poste de confiance ou d'autorité peut être accordée avec ou sans restriction et peut être retirée par le surintendant de district en consultation avec l'équipe de rétablissement. (606.1-606.2, 606.5, 606.11-606.12)

540.5. Sur demande d'un ministre sous discipline de restauration au statut de ministre en règle prévu au paragraphe 540.6, l'équipe de rétablissement peut recommander au surintendant du district et le conseil de district compétent ou comité nommé que la demande soit examinée conformément aux dispositions du paragraphe 540.8; ou recommander que le ministre continue le processus de rétablissement pour une période supplémentaire et précise avant de présenter une nouvelle demande.

Dans l'éventualité où l'équipe de rétablissement a conclu ses efforts et que le ministre sous discipline ne demande pas la restauration au statut de ministre en règle, le ministre demeure sous discipline à moins que la décision soit prise 1) d'expulser le ministre de sa qualité de membre et du ministère de l'Église du Nazaréen ou 2) d'accorder au ministre l'autorisation de renoncer son accréditation et de devenir membre laïc de l'église. Dans les situations où un ministre était sous discipline et renonce son accréditation, et qu'il existe des preuves de rétablissement substantiel et soutenu, on prendra soin de reconnaître et de célébrer ces progrès de façon appropriée. (539.5, 540.10)

540.6. Demande de restauration au statut de ministre en règle. Un ministre qui a été relevé des droits, privilèges et responsabilités des membres du clergé peut demander la restauration au statut de ministre en règle et le retour de son accréditation sous réserve des critères d'éligibilité du paragraphe 540.7. Une telle demande doit être adressée au surintendant de district au moins six mois avant la tenue de la prochaine réunion prévue de l'assemblée de district et doit être conforme au plan approuvé par le district. Le surintendant de district accusera réception de la demande sous 30 jours.

540.7. Un ministre peut demander la restauration de son statut de ministre en règle et le retour de son accréditation pourvu que l'équipe de rétablissement affectée au ministre soit favorable à cette demande et peut attester que le ministre a participé activement et de façon constante pendant au moins deux ans à un processus de rétablissement pendant au moins deux ans sous sa supervision. Un ministre qui, à son avis, s'est efforcé de participer activement et de façon cohérente pendant au moins quatre ans à un tel processus de rétablissement peut demander la restauration de son statut de ministre en règle avec ou sans le soutien favorable de l'équipe de rétablissement.

Lorsqu'un ministre sous discipline a poursuivi sa participation au rétablissement dès le début, le calcul de la période minimale requise avant de demander une restauration au statut de ministre en règle commencera avec la première réunion officielle du ministre avec l'équipe de rétablissement, ou 60 jours après la date à laquelle l'équipe de rétablissement a initialement été affectée au ministre. Dans le cas où un ministre a retardé ou interrompu sa participation au processus de rétablissement, le surintendant de district, en consultation avec l'équipe de rétablissement, déterminera si le délai minimum requis avant de présenter une demande de restauration au statut de ministre en règle a été respecté. (538, 540.3)

540.8. Réponse à une demande de restauration au statut de ministre en règle. Le Conseil des accréditations ministérielles (Conseil ministériel de district), ou un comité qui en dépend sélectionné par le surintendant de district, examinera toute demande de restauration au statut de ministre en règle reçue par le surintendant de district et :

1. vérifiera que la demande est valide, satisfaisant à tous les critères nécessaires

2. demandera et évaluera la recommandation de l'équipe de rétablissement ;

3. interroger le ministre demandant la restauration au statut de ministre en règle et toute autre personne qu'il juge appropriée d'interroger ;

4. déterminer s'il y a lieu de recommander ou non de réintégrés le ministre avec les droits, privilèges et responsabilités des membres du clergé et le retour de son accréditation.

Lorsqu'une demande a été soumise au moins 180 jours avant la prochaine assemblée de district programmé, l'examen de la demande sera complété et la recommandation au surintendant du district faite avant cette assemblée de district. Une recommandation de réintégration d'un ministre avec les droits, privilèges et responsabilités des membres du clergé dont l'accréditation a été rendue pour inconduite sexuelle nécessitera l'approbation aux deux tiers du conseil consultatif de district. La recommandation doit être présentée au Conseil des Surintendants Généraux dans l'année qui suit la date de la dernière demande de restauration au statut de ministre en règle. Toute exception à l'une des périodes de temps spécifiées dans le présent paragraphe devra recevoir l'approbation écrite préalable du Surintendant général ayant juridiction. (540.2, 540.3, 540.6, 540.7, 540.12)

540.9. Un individu coupable d'inconduite sexuelle impliquant des mineurs ne devrait pas être rétabli en tant que membre du clergé en règle ou autorisé à détenir une habilitation ministérielle, à occuper un poste de responsabilité ou de ministère auprès des mineurs ou être élu ou nommé à un poste de direction dans l'église locale. Un mineur est défini comme étant tout être humain âgé de moins de 18 ans, sauf si l'âge de la majorité est atteint plus tard en vertu de la législation nationale d'un État ou d'un pays. (129,30, 600, 606,1-606,2, 606,5, 606,11-606,12, 916)

538.10. Le conseil des accréditations ministérielles de district ou le conseil ministériel de district ou un comité qui en dépend, ayant examiné une demande de restauration au statut de ministre en règle soumis dans le délai autorisé, peut recommander au surintendant du district et aux conseils de district appropriés une des options suivantes :

1. que son statut de ministre en règle soit restauré et son accréditation retournée ;
2. que le ministre poursuive le processus de rétablissement pendant une période déterminée avant de présenter une nouvelle demande de restauration de son statut de ministre en règle ;
3. que la période de rétablissement soit prolongée et que le plan de rétablissement soit révisé (par exemple, rengagement ministériel supervisé, l'affectation d'une nouvelle équipe de rétablissement ou la résolution de problèmes personnels, maritaux ou familiaux) ;
4. que le ministre continue d'être sous discipline ;
5. que son statut de ministre en règle ne soit pas restauré, mais que les preuves de rétablissement soient dûment reconnues et célébrées, et que la permission lui soit accordée de renoncer son accréditation ;
6. que le ministre soit expulsé de sa qualité de membre et du ministère de l'Église du Nazaréen. (539.5, 540.7, 540.12)

540.11. En cas de refus de deux demandes de réintégration par un ministre sous discipline, une demande peut être présentée par le Conseil des Surintendants Généraux, de transférer la responsabilité de rétablissement et d'une possible restauration au statut de ministre en règle du ministre concerné à un autre district où la demande peut être considérée. Si une troisième demande de restauration au statut de ministre en règle et de réintégration aux droits, privilèges et responsabilités des membres du clergé est rejetée, le ministre peut devenir personne laïque avec l'approbation du conseil consultatif de district. (538.13, 539.6)

540.12. Réintégration aux droits, privilèges et responsabilités des membres du clergé. Un membre du clergé qui n'est plus en règle et dont la demande de restauration au statut de ministre en règle a donné lieu à une recommandation de réintégration aux droits, privilèges et responsabilités des membres du clergé peut être restauré au statut de ministre en règle et voir le retour de son accréditation seulement par le processus suivant :

1. approbation du surintendant de district,
2. approbation du conseil des accréditations ministérielles, ou du conseil consultatif du district,
3. approbation des deux tiers du conseil consultatif du district,
4. approbation du Conseil des Surintendants Généraux,
5. approbation de l'assemblée de district où il a perdu son statut de ministre en règle.

(605.1-605.2, 605.5, 605.11-605.12)

I. ENQUÊTE POUR INCONDUITE PRÉSUMÉE ET LA DISCIPLINE DANS L'ÉGLISE

600. Les objectifs de la discipline dans l'Église sont de maintenir l'intégrité de l'église, de protéger du mal les innocents, de préserver l'efficacité du témoignage de l'église, d'avertir et de corriger les négligents, d'amener les coupables au salut, de réhabiliter les coupables, de ramener à un service effectif ceux qui sont réhabilités et de protéger la réputation et les ressources de l'église. Les membres de l'Église qui désobéissent à l'Alliance du caractère chrétien ou à l'Alliance de conduite chrétienne, ou qui violent volontairement et continuellement leurs vœux de membres, doivent être traités avec bienveillance mais aussi avec fermeté, selon la gravité de leurs offenses. La sainteté de cœur et de vie étant la norme du Nouveau Testament, l'Église du Nazaréen insiste sur un ministère pur et exige que ceux qui ont une accréditation en tant que membre du clergé soient orthodoxes quant à la doctrine et mènent une vie sainte. En conséquence, la discipline n'a pas une fonction punitive ou de rétribution, mais sert à atteindre ces objectifs. La détermination du statut et de la continuité de relation avec l'église dépend également du processus disciplinaire.

II. RÉPONSE À UNE INCONDUITE POTENTIELLE

601. Une réponse est appropriée à chaque fois qu'une personne ayant l'autorité pour répondre prend connaissance d'informations qu'une personne prudente croirait crédibles. Une réponse est également appropriée quand des informations conduiraient une personne prudente à croire que l'église, des victimes potentielles d'une inconduite ou toute autre personne pourraient souffrir des conséquences de l'inconduite d'une personne investie de confiance ou d'autorité dans l'Église.

601.1. Quand une personne qui n'a pas l'autorité pour répondre au nom de l'église prend connaissance d'informations qu'une personne prudente croirait crédibles et qui conduiraient une personne prudente à croire qu'une personne en situation de confiance ou d'autorité pourrait être engagée dans une inconduite au sein de l'église, la personne ayant les informations devra en informer le représentant de l'église ayant l'autorité pour répondre.

601.2. La personne ayant l'autorité pour répondre est déterminée par la position occupée au sein de l'église par l'individu ou les individus pouvant être impliqués dans une inconduite, selon l'ordre suivant:

Personne Impliquée	Personne ayant autorité pour répondre
Non membre	Le pasteur de l'église locale où la conduite en question a lieu
Laïc	Le pasteur de l'église où le laïc est membre
Membre du clergé	Le surintendant du district (en conjonction avec le conseil consultatif de district) où la personne impliquée est membre ou le pasteur de l'église locale où la personne fait partie du personnel.
Surintendant de district	Le surintendant général ayant juridiction
Coordinateur stratégique du champ	Le surintendant général ayant juridiction
Autres cas	Le Secrétaire général

La personne ayant autorité pour répondre devra dans un délai raisonnable mettre au courant selon le cas les responsables appropriés soit du district, du champ et de la région ou du niveau général à propos des accusations. La personne ayant autorité pour répondre peut se faire aider par d'autres personnes dans l'établissement des faits ou la réponse.

601.3. Si aucune accusation n'a été faite, l'objectif de l'enquête sera de déterminer si une action s'avère nécessaire pour prévenir tout dommage ou limiter les conséquences de dommages déjà commis. Dans le cas où une personne prudente pourrait croire qu'aucune autre action n'est nécessaire pour prévenir un dommage ou pour limiter les conséquences d'un dommage, aucune enquête ne continuera, à moins qu'une accusation écrite formelle soit faite. Les faits rassemblés lors d'une enquête peuvent devenir la base d'une accusation.

III. RÉPONSE À L'INCONDUITE D'UNE PERSONNE EN POSITION D'AUTHORITÉ OU DE CONFIANCE

602. Lorsqu'une personne autorisée à répondre prend connaissance de faits indiquant que des personnes innocentes ont été victimes de l'inconduite d'une personne en position d'autorité ou de confiance, des mesures seront entreprises afin que l'église réagisse de manière appropriée. Une réponse appropriée tentera de prévenir tout dommage supplémentaire pour les victimes de l'inconduite, de répondre aux besoins des victimes, de l'accusé(e) et de toute autre personne subissant les conséquences de l'inconduite. Une attention particulière devrait être accordée aux besoins du conjoint et de la famille de l'accusé(e). La réponse tentera également de prendre en compte les besoins de l'église locale, du district et de l'église nationale concernant les relations publiques, la protection légale et la sauvegarde de l'intégrité de l'église.

Les personnes répondant au nom de l'église doivent être conscientes que leurs actions et paroles peuvent avoir des conséquences selon les lois civiles. Le devoir de l'église d'agir est basé sur la responsabilité chrétienne. Aucune personne n'a l'autorité d'accepter une responsabilité financière pour une église locale sans qu'il y ait décision du conseil de l'église, ou pour un district sans qu'il y ait décision du conseil consultatif de district. Toute personne ayant des doutes quant aux mesures à prendre devrait envisager la possibilité de se faire conseiller par un professionnel.

602.1. Dans chaque église locale, il est approprié que le conseil de l'église mette en place une réponse à toute crise pouvant avoir lieu; cependant, une réponse peut s'avérer nécessaire avant qu'une réunion du conseil de l'église puisse avoir lieu. Il est sage pour chaque église locale d'avoir un plan de réponse d'urgence.

602.2. Dans chaque district, le conseil consultatif de district a la responsabilité principale de répondre à une situation de crise; cependant, il peut s'avérer nécessaire de répondre avant qu'une réunion du conseil ne puisse avoir lieu. Il est sage qu'un district adopte un plan de réponse d'urgence. Le plan peut inclure la nomination par le Conseil consultatif de district d'une équipe de réponse composée de personnes ayant des qualifications particulières telles que des conseillers, des travailleurs sociaux, des personnes formées dans le domaine de la communication et des personnes familières avec les lois en vigueur.

603. Résolution des conflits et réconciliation dans l'église. Les désaccords font partie de la vie, même dans l'église. Cependant, lorsque ces désaccords deviennent des conflits et divisent les fidèles ou perturbent la communion de l'église, une démarche informelle devrait précéder toute démarche formelle de résolution. Que la démarche soit informelle ou formelle, le but devrait être la résolution et la réconciliation.

603.1. Démarche informelle: Lorsqu'un conflit survient dans l'église, une période de discernement et de conseil devrait être recherchée avec le désir de vivre en paix avec tous. Toutes les parties concernées sont encouragées à présenter la question au Seigneur dans la prière, et à vraie dire, l'ensemble de la démarche doit être baignée de prière. Les individus en conflit devraient s'approcher les uns des autres dans l'humilité et dans l'espoir d'une réconciliation.

603.2. Démarche formelle: Si cette démarche échoue, les individus peuvent décider de s'engager dans une démarche formelle de réconciliation. La question sera arbitrée par un groupe représentatif d'individus matures et impartiaux dans l'église. S'il est déterminé qu'il y a eu faute, ce groupe peut recommander une action appropriée selon les stipulations du paragraphe 604 du *Manuel*.

604. Résolution de questions disciplinaires par consentement. Le processus disciplinaire décrit dans le présent *Manuel* a pour but de fournir un processus approprié pour la résolution d'allégations d'inconduite lorsque les allégations sont contestées par l'accusé(e). Dans de nombreux cas, il est approprié de résoudre les questions disciplinaires par un accord. Les efforts visant à résoudre les questions disciplinaires par accord sont encouragés et devraient être entrepris aussi souvent que possible.

604.1. Toute affaire dépendant de la juridiction d'un conseil de discipline local peut être résolue par un accord écrit entre la personne accusée et le pasteur, si l'accord en question est approuvé par le conseil de l'église et par le surintendant de district. Les termes d'un tel accord auront les mêmes conséquences qu'une action d'un conseil de discipline local.

604.2. Toute affaire dépendant de la juridiction d'un conseil de discipline de district peut être résolue par un accord écrit entre la personne accusée et le surintendant de district, si l'accord en question est approuvé par le conseil consultatif de district et le surintendant général ayant juridiction. Les termes d'un tel accord auront les mêmes conséquences qu'une action d'un conseil de discipline de district.

IV. DISCIPLINE CONTESTÉE D'UN LAÏC

605. Si un membre laïc est accusé de conduite non chrétienne, de telles accusations seront soumises par écrit et signées par au moins deux membres qui ont été fidèles dans leur assistance à l'église pendant au moins six mois. Le pasteur nommera un comité d'enquête de trois membres de l'église locale, sur approbation du surintendant de district. Le comité fera un rapport écrit de son enquête. Ce rapport doit être signé par une majorité et archivé par le conseil de l'église.

Après l'enquête de l'église locale et conformément à ses découvertes, deux membres en règle de l'église locale peuvent signer les charges contre l'accusé(e) et les remettre au conseil de l'église qui les archivera. Par la suite, le conseil de l'église nommera, sujet à l'approbation du surintendant de district, un conseil de discipline local composé de cinq membres sans préjugé et capables d'écouter et de juger le cas d'une manière juste et impartiale. Si le surintendant de district est de l'avis qu'il est impossible de sélectionner cinq membres de l'église locale à cause de la taille de l'église, de la nature des allégations ou de la position d'influence de l'accusé(e), le surintendant de district, après avoir consulté le pasteur, nommera cinq membres laïcs venant d'autres églises du même district qui formeront le Conseil de discipline. Ce conseil tiendra une audience aussitôt que possible et déterminera les faits impliqués. Après avoir entendu les témoins et examiné les preuves, soit le Conseil de discipline absoudra l'accusé(e) soit il administrera la discipline comme les faits en cause l'exigeront. Une telle décision doit être unanime. La discipline peut prendre la forme d'une réprimande, d'une suspension ou d'une expulsion du statut de membre de l'église locale. (515.8)

605.1. Un appel contre la décision d'un conseil de discipline local peut être présenté à la cour d'appel de district soit par l'accusé(e) soit par le conseil de l'église dans les trente jours de cette décision.

605.2. Quand une personne laïque a été expulsée du statut de membre de l'église locale par un conseil de discipline local, elle ne peut se joindre à nouveau à l'Église du Nazaréen sur le même district qu'avec l'approbation du conseil consultatif de district. Si un tel consentement est accordé, elle sera reçue comme membre de cette église locale en utilisant la formule approuvée pour la réception de membres d'église. (21, 28-33, 112.1-112.4, 704)

605.3. Les laïcs assumant des rôles de responsable seront tenus à des normes éthiques plus élevées. Lorsqu'une inconduite survient, les conséquences sont souvent très sérieuses. Un individu coupable d'inconduite sexuelle impliquant des mineurs ne pourra occuper un quelconque poste de responsable auprès de mineurs ou d'exercer un ministère envers des mineurs, ni d'être élu ou nommé à un quelconque rôle de responsable dans l'église locale. Un mineur est défini comme toute personne humaine de moins de 18 ans, à moins que l'âge de la majorité soit atteint plus tard en vertu des lois locales de l'état ou du pays.

V. DISCIPLINE CONTESTÉE D'UN MEMBRE DU CLERGÉ

606. La perpétuité et l'efficacité de l'Église du Nazaréen dépendent largement des qualifications spirituelles, du caractère et de la façon de vivre de ses ministres. Les membres du clergé suivent un appel de haut niveau et servent comme des personnes ointes de Dieu et en qui l'Église se confie. Ils acceptent cet appel tout en sachant que ceux qu'ils servent s'attendent à ce qu'ils aient des normes éthiques personnelles élevées. À cause de ces exigences élevées, le clergé et leur ministère sont particulièrement assujettis à des accusations d'inconduite. Nous exhortons donc nos membres à adopter le processus suivant avec la sagesse et la maturité bibliques qui caractérisent le peuple de Dieu.

606.1. Si un membre du clergé est accusé de conduite indigne d'un ministre, ou d'enseigner des doctrines qui ne sont pas en harmonie avec celles de l'Église du Nazaréen, ou de relâchement grave dans le contrôle de l'application de l'Alliance du caractère chrétien ou de l'Alliance de conduite chrétienne, une telle accusation sera adressée par écrit et sera signée par au moins deux membres en règle de l'Église du Nazaréen. Les accusations impliquant une inconduite sexuelle ne peuvent être signées par aucune personne ayant consenti à participer à la présumée inconduite. Cette accusation écrite doit être déposée au bureau du surintendant de district qui la présentera au conseil consultatif de district où l'accusé(e) est membre ministériel. Cette accusation fera partie du dossier de l'affaire.

Le conseil consultatif de district informera par écrit l'accusé(e) que des accusations ont été enregistrées et ceci le plus tôt possible par une méthode efficace. Lorsqu'il est difficile d'informer l'accusé(e), l'information peut être communiquée d'après la manière utilisée pour des informations légales dans la localité en question. L'accusé(e) et son conseiller auront le droit d'examiner les accusations et de recevoir une copie écrite immédiatement sur demande. (540.4, 540.9, 540.12)

606.2. La signature apposée sur un document d'accusation contre un membre du clergé sert d'attestation par le signataire que, au mieux de sa connaissance, les informations incluses et les conclusions formées après une enquête raisonnable, l'accusation est basée sur des faits réels. (540.4, 540.12)

606.3. Quand une accusation écrite a été déposée au bureau du surintendant de district et présentée au conseil consultatif de district, le conseil consultatif de district nommera un comité d'au moins trois ministres ordonnés affectés et d'au moins deux laïcs, comme en jugera bon le conseil consultatif de district, pour enquêter sur les faits et circonstances impliqués et faire un rapport écrit du résultat de leur enquête, signé par une majorité du comité.

Si, après examen du rapport du comité, il apparaît qu'il y a probablement des raisons valables pour de telles accusations, celles-ci seront établies et signées par deux ministres ordonnés. Le conseil consultatif de district informera par écrit l'accusé(e) que des accusations ont été formulées et ceci le plus tôt possible par toute méthode efficace. Lorsqu'il est difficile d'informer l'accusé(e), l'information peut être communiquée d'après la manière utilisée pour les communications légales dans la localité en question. L'accusé(e) et son conseiller auront le droit d'examiner les accusations précises et d'en recevoir une copie immédiatement sur requête. Aucun(e) accusé(e) ne sera requis(e) de répondre à des accusations sur lesquelles il ou elle n'aura été informé(e) comme il est ici spécifié. (225.3)

606.4. Si après enquête il semble qu'une accusation portée contre un membre du clergé est sans fondement solide et a été formulée en faisant preuve de mauvaise foi, la formulation de l'accusation peut devenir la base d'une action disciplinaire à l'encontre des personnes ayant signé l'accusation.

606.5. Au cas où des accusations seraient portées contre quelqu'un, le conseil consultatif de district nommera cinq ministres ordonnés affectés du district et au moins deux laïcs, selon son jugement, pour entendre le cas et décider des faits impliqués; ces cinq ministres ordonnés ainsi nommés formeront un conseil de discipline de district pour diriger l'audience et prendre une décision conformément aux lois de l'Église. Aucun surintendant de district ne servira comme procureur ou assistant du procureur dans le jugement d'un ministre ordonné ou d'un ministre habilité. Ce conseil de discipline aura le pouvoir de défendre et d'absoudre l'accusé(e) des charges portées contre lui ou de lui administrer la discipline proportionnellement à l'offense. Une telle discipline peut inclure des dispositions visant à faciliter le salut et la réhabilitation de la personne coupable. La discipline peut inclure la repentance, la confession, la restitution, la suspension, la recommandation de rayer l'accréditation, l'expulsion du ministère ou comme membre de l'église ou les deux à la fois, une réprimande en privé ou en public ou toute autre discipline pouvant être appropriée, y compris la suspension ou le report de la punition durant une période de mise à l'épreuve. (225.4, 540.4, 540.12, 606.11-606.12)

606.6. Si l'accusé(e) ou le conseil consultatif de district le demande, le conseil de discipline sera un conseil de discipline régional. Le Conseil régional, pour chaque cas, sera nommé par le Surintendant général ayant juridiction dans le district où le ministre accusé maintient sa qualité de membre ministériel.

606.7. Il est prévu qu'en aucun cas une action disciplinaire ne peut être prise contre un missionnaire par un district en phase 1 en tant que tel.

606.8. La décision d'un conseil de discipline sera unanime, écrite et signée par tous les membres et comportera le verdict «coupable» ou «non coupable» pour chacune des accusations précises.

606.9. Toute audience présidée par un conseil de discipline, comme il a été prévu, sera toujours conduite dans les limites du district où les accusations ont été retenues et dans un endroit désigné par le conseil qui doit entendre les accusations.

606.10. La procédure à appliquer à toute audience sera conforme aux Règles de procédure prévues ci-après. (225.3, 225.4, 532.9, 538.13, 609)

606.11. Quand un ministre est accusé d'une conduite ne convenant pas à un ministre et admet sa culpabilité, ou confesse sa culpabilité sans être accusé, le conseil consultatif de district peut imposer une ou plusieurs mesures disciplinaires prévues au paragraphe 605.5. (538.6-538.8)

606.12. Quand un ministre est accusé d'une conduite ne convenant pas à un ministre et admet sa culpabilité, ou confesse sa culpabilité avant d'être amené devant un conseil de discipline, le conseil consultatif de district peut imposer une ou plusieurs des mesures disciplinaires prévues au paragraphe 606.5. (540.4, 540.12)

607. Après une décision prise par un conseil de discipline, l'accusé(e), le conseil consultatif de district ou ceux qui ont signé les accusations auront le droit de faire appel de la décision devant la Cour d'appel régionale. L'appel devra être fait dans les trente jours qui suivent la décision du Conseil de discipline et la cour réexaminera tout le dossier de l'affaire et toutes les phases du jugement. Si la cour découvre une erreur importante préjudiciable au droit de quelqu'un, elle corrigera une telle erreur en ordonnant une nouvelle audition de l'affaire qui doit être conduite en vue d'accorder réparation à la personne affectée par les débats ou la décision antérieure.

608. Quand la décision d'un conseil de discipline sera défavorable au ministre accusé et que cette décision prévoira la suspension de ses fonctions pastorales ou l'annulation de son accréditation, le ministre devra suspendre immédiatement toute activité pastorale ; et le refus d'obtempérer impliquera la perte du droit de faire appel.

608.1. Quand la décision d'un conseil de discipline prévoit la suspension ou l'annulation de son accréditation et que le ministre accusé désire faire appel, il adressera son accréditation au secrétaire de la cour à laquelle l'appel est fait, au moment où l'avis d'appel est fait et son droit d'appel sera basé sur sa conformité à cette disposition. Quand de telles accréditations seront ainsi déposées, elles seront soigneusement gardées par le secrétaire jusqu'à la conclusion de l'affaire et alors elles seront soit envoyées au Secrétaire général, soit retournées au ministre sur décision de la cour.

608.2. Des appels à la Cour d'appel générale peuvent être présentés par l'accusé(e) ou le conseil de discipline à l'égard des décisions d'une cour d'appel régionale. De tels appels seront gouvernés selon les mêmes règlements et procédures que les autres appels à la Cour d'appel générale.

VI. RÈGLES DE PROCÉDURE

609. La Cour d'appel générale adoptera des règles de procédure uniformes pour gouverner toutes les poursuites devant les

Conseils de discipline et les cours d'appel. Après qu'elles aient été adoptées et publiées, ces règles constitueront l'autorité suprême dans toutes les délibérations judiciaires. Les Règles de procédure imprimées seront fournies par le Secrétaire général. Les changements ou amendements à apporter à ces règles peuvent être adoptés par la Cour d'appel générale à n'importe quel moment et quand ils sont adoptés et publiés, ils seront applicables et feront autorité dans tous les cas. Toutes les décisions qui seront prises ultérieurement dans ces cas devront se conformer à ces changements ou amendements. (606.1)

VII. COUR D'APPEL DE DISTRICT

610. Chaque district organisé aura une cour d'appel de district composée de deux laïques et de trois ministres ordonnés affectés, incluant le surintendant de district, élus par l'assemblée de district conformément au paragraphe 205.22. Cette cour entendra les appels des membres d'église concernant toute décision des conseils de discipline locaux. L'avis d'appel doit être adressé par écrit dans les trente jours qui suivent une telle décision ou après que l'appelant en a eu connaissance. Un tel avis sera adressé à la cour d'appel de district ou remis à l'un des membres de cette cour et une copie de l'avis sera remise au pasteur de l'église locale et au secrétaire du conseil de l'église concernée. (205.22)

610.1. La Cour d'appel du district aura juridiction pour entendre et décider de tous les appels de laïcs ou d'églises à l'égard de la décision d'un conseil de discipline nommé pour discipliner un laïc.

VIII. COUR D'APPEL GÉNÉRALE

611. L'Assemblée générale élira cinq ministres ordonnés affectés pour servir comme membres de la Cour d'appel générale durant la période quadriennale en cours ou jusqu'à ce que leurs successeurs soient élus et qualifié. Cette cour aura la juridiction suivante:

611.1. Écouter et juger tous les appels d'une action ou décision de n'importe quel conseil de discipline de district ou Cour d'appel régionale. Lorsque ces appels sont jugés par cette cour, ces jugements feront autorité et seront définitifs. (305.7)

612. Les postes vacants qui peuvent survenir au sein de la Cour d'appel générale durant l'intervalle entre les sessions de l'Assemblée générale seront comblés par nomination du Conseil des Surintendants Généraux. (317.6)

613. Les frais de déplacement et les allocations journalières pour les membres de la Cour d'appel générale seront identiques à ceux accordés aux membres du Conseil général de l'Église, quand les membres de la cour sont engagés dans les affaires officielles de la cour et le paiement en sera effectué par le Trésorier général.

614. Le Secrétaire général sera responsable de tous les dossiers permanents et de toutes les décisions de la Cour d'appel générale. (326.4)

IX. COUR D'APPEL RÉGIONALE

615. Il y aura une Cour d'appel régionale pour chaque région. Chaque Cour d'appel régionale sera composée d'au moins cinq ministres ordonnés affectés élus par le Conseil des surintendants généraux, suivant chaque Assemblée générale. Les postes vacants de cette cour seront comblés par le Conseil des surintendants généraux. Les Règles de procédure seront les mêmes pour les Cours d'appel régionales et pour la Cour d'appel générale, dans le *Manuel* de l'église comme dans le *Manuel judiciaire*. Un quorum de cinq sera requis pour que les appels puissent être renvoyés à la cour.

X. GARANTIE DES DROITS

616. Le droit à une audition juste et impartiale des accusations portées contre un ministre ou une personne laïque accusée ne sera pas refusé ou indûment différé. Les accusations écrites seront entendues dans le plus bref délai possible afin que l'innocent puisse être absous et le coupable soumis à la discipline. Chaque personne accusée a droit à la présomption d'innocence jusqu'à ce qu'elle soit déclarée coupable. Pour toute accusation, la preuve de la culpabilité incombera à la partie plaignante qui doit l'établir avec une certitude morale et au-delà d'un doute raisonnable.

616.1. Le coût de la préparation du dossier d'un cas pour un ministre, y compris une transcription mot à mot de tous les témoignages entendus au cours du procès, en vue d'un recours en appel devant la Cour d'appel générale, sera à la charge du district où l'audience a été tenue et l'action disciplinaire prise. Chaque ministre qui fait appel, aura le droit de présenter des arguments oraux aussi bien qu'écrits au moment de son recours en appel, mais ce droit peut être abandonné sur déclaration écrite de l'accusé.

616.2. L'instance la plus élevée pour le recours en appel d'un ministre est la Cour d'appel générale et l'instance la plus élevée pour le recours d'un laïc est la Cour d'appel de district.

616.3. Un ministre ou laïc qui est accusé d'inconduite ou de toute violation du *Manuel* de l'église et contre qui des accusations sont portées, aura le droit de rencontrer ses accusateurs face à face et de contre interroger les témoins à charge.

616.4. Le témoignage de tout témoin devant un conseil de discipline ne sera pas reçu ou pris en considération, à moins qu'il ne soit fait sous serment ou par affirmation solennelle.

616.5. Un ministre ou laïc qui est traduit devant un conseil de discipline pour répondre à des accusations portées contre lui aura toujours le droit d'être représenté par le conseiller de son choix, pourvu qu'un tel conseiller soit un membre en règle dans l'Église du Nazaréen. Tout membre à part entière, d'une église régulièrement organisée, contre lequel aucune accusation écrite n'est en cours, sera considéré en règle.

616.6. Un ministre ou laïc n'est pas obligé de répondre à des accusations pour un acte commis il y a plus de cinq ans avant l'enregistrement de telles accusations et aucune preuve ne sera considérée à une audience pour une affaire survenue plus de cinq ans avant l'enregistrement des accusations. Si, par contre, la personne agressée par un tel acte était mineure ou jugée mentalement incapable d'initier une procédure d'accusation ou pour enregistrer une accusation, la période limitée de cinq ans ne commencerait que lorsque la personne atteindra la majorité ou sera jugée mentalement apte. Dans le cas d'un abus sexuel envers un mineur, aucune limite de temps ne pourra être appliquée. Un mineur est défini comme toute personne humaine de moins de 18 ans, à moins que l'âge de la majorité soit atteint plus tard en vertu des lois locales de l'état ou du pays.

Si un ministre est déclaré coupable d'un délit majeur par une cour de justice, il ou elle rendra son accréditation au surintendant de district. Sur la demande d'un tel ministre et si le conseil de discipline n'a pas été jusqu'ici impliqué, le conseil consultatif de district poursuivra une enquête des circonstances de la condamnation et peut restituer l'accréditation s'il trouve cela approprié.

616.7. Un ministre ou laïc ne sera pas mis en péril deux fois pour la même offense. Il ne sera pas considéré, cependant, qu'une telle personne était mise en péril à une audience quelconque où, au cours des délibérations, la Cour d'appel découvre une erreur réversible commise dans la procédure originale devant un conseil de discipline.

PARTIE VIII

Sacrements et Rituels

LA SAINTE CÈNE

LE BAPTÊME DES CROYANTS

LE BAPTÊME DES BÉBÉS OU DES JEUNES ENFANTS

LA CONSÉCRATION DES BÉBÉS OU DES JEUNES ENFANTS

LA RÉCEPTION DES MEMBRES DE L'ÉGLISE

LE MARIAGE

LES FUNÉRAILLES

L'INSTALLATION DES RESPONSABLES

L'ORGANISATION D'UNE ÉGLISE LOCALE

LA DÉDICACE D'ÉGLISES

NOTE: Afin de corriger ou d'ajouter à toute section des Sacrements et Rituels du *Manuel*, l'action de l'Assemblée générale est nécessaire.

I. LES SACREMENTS

700. LA SAINTE CÈNE

L'administration de la Sainte Cène peut être introduite par un sermon approprié et la lecture de 1 Corinthiens 11.23-29, Luc 22.14-20 ou d'autres passages adaptés.

L'INVITATION

Ensuite, le ministre fera l'invitation suivante :

La Sainte Cène, instituée par notre Seigneur et Sauveur Jésus-Christ, est un sacrement qui proclame sa vie, ses souffrances, sa mort sacrificatoire et sa résurrection et l'espérance de son retour. Elle annonce la mort du Seigneur jusqu'à son retour.

La Saine Cène est un moyen de grâce dans lequel le Christ est présent par l'Esprit. Elle est reçue en appréciant avec respect et reconnaissance l'œuvre de Christ.

Tous ceux qui se repentent véritablement, abandonnent leurs péchés et croient en Christ pour le salut sont invités à participer à la mort et à la résurrection du Christ. Nous venons à sa table afin d'être renouvelés dans la vie et le salut et unis par l'Esprit.

Dans l'unité avec l'Église, nous confessons notre foi : Christ est mort, Christ est ressuscité, Christ reviendra. Ainsi, nous prions :

LA PRIÈRE DE CONSÉCRATION

Le ministre peut offrir une prière de confession et de supplication, ainsi que la prière de consécration suivante :

Dieu saint,

Nous sommes rassemblés à ta table dans le nom de ton Fils, Jésus-Christ, qui a reçu l'onction de ton Esprit pour prêcher la Bonne Nouvelle aux pauvres, proclamer aux captifs la délivrance, pour renvoyer libres les opprimés. Christ a guéri les malades, nourri les affamés, il a mangé avec les pécheurs et établi la nouvelle alliance pour le pardon des péchés. Nous vivons dans l'espérance de son retour.

La nuit où il fut livré, il prit du pain et après avoir rendu grâce, il le rompit et le donna à ses disciples en disant : « Prenez et mangez, ceci est mon corps qui est livré pour vous : faites ceci en mémoire de moi. »

De même après avoir soupé, il prit la coupe et après avoir rendu grâce, il la leur donna en disant : « Buvez-en tous ; car ceci est mon sang, le sang de la nouvelle alliance qui est répandu pour vous et pour plusieurs pour la rémission des péchés, faites ceci en mémoire de moi toutes les fois que vous en boirez. » Par Jésus-Christ notre Seigneur. Amen.

(Matthieu 26 :27-29, Luc 22 :19)

Ainsi, nous sommes rassemblés en tant que Corps de Christ pour nous offrir à toi dans la louange et la reconnaissance. Répands ton Esprit Saint sur nous et sur ces dons que tu nous as accordés. Par la puissance de ton Esprit, fait qu'ils soient pour nous le corps et le sang de Christ, afin que nous soyons pour le monde le Corps de Christ, racheté par son sang.

Par ton Esprit, que nous soyons unis en Christ, unis les uns avec les autres et unis dans le ministère du Christ envers le monde entier, jusqu'à ce que le Christ vienne lors de la victoire finale. Au nom du Père, du Fils et du Saint-Esprit, Amen.

Et maintenant, comme notre Sauveur le Christ nous l'a enseigné, nous prions :

LE NOTRE PÈRE

L'assemblée peut ici prier le Notre Père

Notre Père qui est aux cieux !

que ton nom soit sanctifié ;

que ton règne vienne;

que ta volonté soit faite sur la terre comme au ciel.

Donne-nous aujourd'hui notre pain quotidien ;

pardonne-nous nos offenses, comme nous aussi nous pardonnons à ceux qui nous ont offensés ;

ne nous induis pas en tentation, mais délivre-nous du malin.

Car c'est à toi qu'appartiennent, dans tous les siècles, le règne, la puissance et la gloire. Amen.

Avant le partage du pain, le ministre dira:

Que le corps de notre Seigneur Jésus-Christ, brisé pour vous, vous garde sans taches jusque dans la vie éternelle. Mangez ce pain, en vous rappelant que Christ est mort pour vous et soyez reconnaissants.

Avant le partage de la coupe, le ministre dira:

Que le sang de notre Seigneur Jésus-Christ versé pour vous, vous garde sans taches jusque dans la vie éternelle. Buvez ceci, en vous rappelant que Christ est mort pour vous et soyez reconnaissants.

LA PRIÈRE FINALE

Après que tous auront participé, le ministre pourra adresser une prière finale d'actions de grâce et d'engagement. (29.5, 515.4, 532.7, 533.2, 534.1)

Remarque: Seulement du vin non fermenté devrait être utilisé lors du sacrement de la Sainte Cène.

701. LE BAPTÊME DES CROYANTS

BIEN-AIMÉS : Le baptême chrétien est un sacrement qui signifie la participation par la foi à la mort et à la résurrection de Jésus-Christ et l'incorporation à son Corps, l'Église. C'est un moyen de grâce proclamant que Jésus-Christ est Seigneur et Sauveur.

L'apôtre Paul déclare que tous ceux qui sont baptisés en Jésus-Christ sont baptisés en sa mort. Nous sommes ensevelis avec lui par le baptême afin que, comme Christ est ressuscité des morts, nous aussi nous soyons ressuscités pour marcher en nouveauté de vie. Tout comme nous sommes devenus unis à lui dans sa mort, nous serons aussi unis à lui dans sa résurrection.

La foi chrétienne avec laquelle vous êtes venus maintenant pour être baptisés, est affirmée dans le symbole des apôtres que nous confessons.

LA CONFESSION DE FOI

Le ministre conduira alors l'assemblée dans l'affirmation de la confession de foi :

« Nous croyons en Dieu, le Père tout-puissant, créateur du ciel et de la terre.

« Et en Jésus-Christ, son Fils unique, notre Seigneur qui a été conçu du Saint-Esprit, est né de la Vierge Marie, a souffert sous Ponce Pilate, a été crucifié, est mort et a été enseveli, est descendu aux enfers ; le troisième jour est ressuscité des morts ; est monté aux cieux, est assis à la droite de Dieu le Père tout-puissant ; d'où il viendra pour juger les vivants et les morts.

« Nous croyons au Saint-Esprit, à la Sainte Église universelle, à la communion des saints, à la rémission des péchés, à la résurrection de la chair et à la vie éternelle. »

Voulez-vous être baptisé dans cette foi?

Réponse: «Je le veux».

Reconnaissez-vous Jésus-Christ comme votre Seigneur et Sauveur et croyez-vous qu'il vous sauve maintenant?

Réponse: «Oui, par la foi».

En tant que membre de l'Église de Jésus-Christ voulez-vous le suivre tous les jours de votre vie, en grandissant dans la grâce et dans l'amour de Dieu et du prochain?

Réponse: «Je le veux, avec l'aide de Dieu».

Le ministre, mentionnant le nom complet de la personne et utilisant le mode préféré du baptême — aspersion, versement, ou immersion — dira:

(Nom du candidat), je te baptise au nom du Père, du Fils et du Saint-Esprit. Amen.

702. LE BAPTÊME DES BÉBÉS OU JEUNES ENFANTS

Quand les témoins se présenteront avec l'enfant ou les enfants, le ministre dira :

BIEN-AIMÉS : Le sacrement du baptême est le signe et le sceau de la nouvelle alliance de la grâce. Bien que nous ne croyions pas que le baptême confère la grâce régénératrice de Dieu, nous croyons que Dieu a donné ce saint sacrement comme un signe et un sceau de l'acceptation de Dieu dans la communauté de la foi chrétienne sur la base de sa grâce prévenante. Il anticipe la confession de foi personnelle en Jésus-Christ.

En présentant cet enfant pour qu'il soit baptisé, vous rendez témoignage de votre propre foi chrétienne et de votre désir de le mener aussitôt que possible à la connaissance de Jésus-Christ comme Sauveur personnel. À cette fin, c'est votre devoir et votre responsabilité de lui enseigner dès qu'il sera capable d'apprendre la nature et le but de ce saint sacrement ; de surveiller son éducation afin qu'il ne soit pas induit en erreur ; de diriger son jeune esprit vers les Saintes Écritures et ses pieds vers la maison de Dieu ; de l'éloigner des mauvais compagnons et des mauvaises habitudes ; et dans la mesure du possible, de l'élever dans l'enseignement et le respect du Seigneur.

Essayerez-vous de faire tout cela avec l'aide de Dieu ? » Si c'est le cas, répondez : « Oui ».

Le ministre demandera alors aux parents ou aux tuteurs de donner le nom de l'enfant ; puis il baptisera l'enfant en répétant son nom complet, en disant :

(<u>Nom de l'enfant</u>), je te baptise au nom du Père et du Fils et du Saint-Esprit. Amen.

Par ce baptême nous accueillons cet enfant dans la communauté de foi chrétienne. Maintenant je vous demande chère assemblée : êtes-vous prêts à vous engager en tant que corps du Christ à soutenir et encourager ces parents, pendant qu'ils s'acquittent de leurs responsabilités envers cet enfant et à les aider en pourvoyant à sa croissance vers la maturité spirituelle ?

Réponse : Nous nous engageons.

Le ministre dira alors la prière suivante ou fera une prière personnelle improvisée :

Père céleste, nous te demandons humblement d'entourer cet enfant de tes tendres soins. Enrichis-le abondamment de ta grâce céleste ; conduis-le en toute sécurité à travers les périls de l'enfance ; délivre-le des tentations de la jeunesse ; mène-le à une connaissance personnelle de Jésus-Christ comme Sauveur ; aide-le à grandir en sagesse, en stature et en grâce devant Dieu, devant les hommes et à y persévérer jusqu'à la fin. Soutiens les parents (tuteurs) par tes tendres soins, afin que par des conseils sages et un saint exemple, ils puissent assumer fidèlement leurs responsabilités envers cet enfant et envers toi. Au nom de Jésus-Christ, notre Seigneur. Amen.

II. RITUELS

703. LA CONSÉCRATION DES BÉBÉS OU JEUNES ENFANTS

Quand les parents ou les tuteurs se présenteront avec l'enfant ou les enfants, le ministre dira:

«Alors on lui amena des petits enfants, afin qu'il leur imposât les mains et priât pour eux. Mais les disciples les repoussèrent. Et Jésus dit: Laissez les petits enfants et ne les empêchez pas de venir à moi; car le royaume des cieux est pour ceux qui leur ressemblent» (Matthieu 19.13-14).

En présentant cet(te) enfant pour qu'il (qu'elle) soit consacré(e), vous indiquez non seulement votre foi dans la religion chrétienne, mais aussi votre désir que cet(te) enfant connaisse et suive la volonté de Dieu, qu'il (qu'elle) vive et meure comme un(e) chrétien(ne) et puisse entrer dans une vie éternelle bénie.

Pour atteindre ce but sacré, il sera de votre devoir en tant que parents (tuteurs) de lui enseigner tôt la révérence pour le Seigneur; de veiller sur son éducation afin qu'il (qu'elle) ne s'écarte pas du droit chemin; de diriger son jeune esprit vers les Saintes Écritures et ses pieds vers la maison de Dieu; de l'éloigner des mauvais compagnons et des mauvaises habitudes et, dans la mesure du possible, de l'élever dans l'enseignement et le respect du Seigneur.

Vous efforcerez-vous de faire cela avec l'aide du Seigneur? Si c'est le cas, répondez: «Oui».

Je vous demande maintenant à vous l'assemblée: est-ce que vous vous engagez, comme le corps de Christ, à soutenir et encourager ces parents (tuteurs) alors qu'ils s'efforcent d'accomplir leur devoir envers cet(te) enfant et d'aider (nom de l'enfant), en responsable sa croissance vers la maturité spirituelle? Si c'est le cas, répondez: «Oui».

Notre bon et tendre Père céleste, nous te consacrons maintenant (nom de l'enfant) au nom du Père, du Fils et du Saint-Esprit. Amen.

Le ministre peut alors faire la prière suivante ou une prière improvisée.

Père céleste, nous te prions humblement d'entourer cet(te) enfant de tes tendres soins. Comble-le (la) de ta grâce céleste; conduis-le (la) à travers les périls de l'enfance en toute sécurité; délivre-le (la) des tentations de la jeunesse; conduis-le (la) pour qu'il (qu'elle) connaisse personnellement Jésus-Christ comme Sauveur; aide-le (la) à grandir en sagesse, en stature et en grâce devant Dieu et devant les hommes et à y persévérer jusqu'à la fin. Soutiens les parents (tuteurs) par tes tendres soins, afin que par des conseils sages et un saint exemple, ils puissent assumer fidèlement leurs responsabilités envers cet(te) enfant et envers toi. Au nom de Jésus-Christ notre Seigneur. Amen.

704. LA RÉCEPTION DES MEMBRES DE L'ÉGLISE

Il est attendu que les futurs membres aient été baptisés dans la foi chrétienne et instruits concernant la doctrine et les pratiques de l'Église du Nazaréen.

Ils s'approcheront et le pasteur leur parlera en ces termes :

BIEN-AIMÉS : Les privilèges et bénédictions découlant de notre communion dans l'Église de Jésus-Christ sont sacrés et précieux. Il y a là une telle communion sacrée qui ne peut être connue autrement.

Il y a le soin pieux des pasteurs, avec les enseignements de la Parole, l'inspiration de l'adoration collective et la coopération dans le service, accomplissant ce qui ne peut être fait autrement.

PROFESSION DE FOI

Aujourd'hui, nous affirmons à nouveau les doctrines et les pratiques de l'église.

Nous croyons en un seul Dieu - Père, Fils et Saint-Esprit.

Nous croyons que les êtres humains sont nés dans le péché ; qu'ils ont besoin de l'œuvre du pardon par Christ et de la nouvelle naissance par le Saint-Esprit ; qu'ensuite il y a l'œuvre plus profonde de la purification du cœur, c'est-à-dire l'entière sanctification, par la plénitude du Saint-Esprit qui rend témoignage à chacune de ces œuvres de grâce.

Nous croyons que notre Seigneur reviendra, que les morts ressusciteront et que tous iront au jugement dernier avec ses récompenses et ses punitions.

PROFESSION DE FOI (ALTERNATIVE)

Le ministre peut utiliser (Manuel paragraphe 20) comme profession de foi commune alternative.

Aujourd'hui, nous affirmons à nouveau la profession de foi commune de l'église du Nazaréen qui exprime nos convictions en:

Un seul Dieu: Père, Fils et Saint-Esprit; que le texte de l'Ancien et du Nouveau Testament, donné avec une pleine inspiration, contient toute vérité nécessaire à la foi et à la vie chrétienne; que l'être humain est né avec une nature déchue et est, par conséquent, enclin au mal et cela continuellement; que la personne qui est ultimement impénitente est sans espoir et perdue pour l'éternité; que l'expiation par Jésus-Christ est pour toute la race humaine; et que quiconque se repent et croit dans le Seigneur Jésus-Christ est justifié, régénéré et sauvé de l'empire du péché; que les croyants sont appelés à être entièrement sanctifiés, suite à la régénération, par la foi dans le Seigneur Jésus-Christ; que le Saint-Esprit témoigne de la nouvelle naissance et aussi de l'entière sanctification des croyants; que notre Seigneur reviendra, que les morts ressusciteront et que le jugement dernier aura lieu.

Croyez-vous ces vérités de tout votre cœur?

Réponse: «Oui, j'y crois».

Reconnaissez-vous Jésus-Christ comme votre sauveur et réalisez-vous qu'il vous sauve maintenant?

Réponse: «Oui, j'y crois par la foi».

En désirant vous unir à l'Église du Nazaréen, vous engagez-vous à aimer le Seigneur votre Dieu de tout votre cœur, âme, esprit et force et votre prochain comme vous-même comme cela est défini dans l'Alliance du caractère chrétien et l'Alliance de conduite chrétienne de l'église du Nazaréen?

Vous engagez-vous à la mission de Dieu telle qu'elle est qu'exprimée dans la doctrine, la communion et le travail de l'église du Nazaréen?

Allez-vous soutenir les enseignements de l'église du Nazaréen et poursuivre, avec l'aide de Dieu, la croissance de votre compréhension et pratique de ces enseignements d'une manière qui renforce le témoignage de l'église?

Allez-vous chercher en toute chose à glorifier Dieu, par une marche humble, une conversation pieuse et un service saint; par un don dévoué de vos ressources; par une assistance fidèle aux moyens de grâce?

Allez-vous suivre Jésus Christ tous les jours de votre vie en vous abstenant de tout mal, et en recherchant avec assiduité la perfection de la sainteté de cœur et de vie dans la crainte du Seigneur?

Réponse: « Oui, je m'y engage ».

Le ministre dira alors à la personne ou aux personnes:

Je vous souhaite la bienvenue dans l'Église du Nazaréen et dans la communauté de cette congrégation locale avec ses avantages et ses responsabilités. Que Christ, qui est la tête de l'Église, vous bénisse et vous garde et vous donne d'être fidèle en toute bonne oeuvre, afin que votre vie et témoignage chrétien portent du fruit dans le soin apporté au pauvre et à l'opprimé et puissent mener d'autres à Christ.

705. LE MARIAGE

Reconnaissant les contextes internationaux et culturels variés en ce qui concerne le mariage, l'église du nazaréen suggère les principes suivants:

- L'égalité entre le mari et la femme
- Une relation d'alliance reflétant la relation d'alliance entre Christ et son Église
- L'usage de la langue qui est légalement et culturellement appropriée. Ce rituel n'élimine ni ne remplace les exigences légales du pays.

La cérémonie suivante est proposée comme modèle.

Au jour et à l'heure fixée pour la célébration du mariage, les futurs époux ayant été qualifiés selon la loi et suite à des conseils attentifs et à la direction du ministre, se tiendront debout, l'un près de l'autre et faisant face au ministre.

REMARQUES DU CÉLÉBRANT

Le ministre dira à l'assemblée:

MES BIEN-AIMÉS: Nous sommes réunis ici en présence de Dieu et en présence de ces témoins, pour unir (<u>Nom du futur époux</u>) et (<u>nom de la future épouse</u>) dans le saint mariage, qui est un état honorable, institué par Dieu au temps de l'innocence de l'homme et qui symbolise l'union mystique de Christ avec son Église. Aussi Christ a-t-il rehaussé et embelli ce saint état de sa présence et de son premier miracle qu'il fit à Cana, en Galilée et l'auteur de la lettre aux hébreux recommande cet état comme honorable entre tous. C'est pourquoi, l'on ne doit pas s'y engager avec imprudence ou avec légèreté, mais il faut y apporter la révérence, la discrétion et la crainte de Dieu.

Ces personnes ici présentes viennent s'unir dans ce saint état.

S'adressant aux personnes qui doivent être mariées, le ministre dira:

(<u>Nom du futur époux</u>) et (<u>nom de la future épouse</u>), je vous demande et vous adjure tous deux, étant ici dans la présence de Dieu, de vous rappeler que l'engagement au mariage est un engagement permanent. C'est l'intention de Dieu que votre mariage soit pour la vie et que seule la mort vous sépare.

Si les vœux que vous échangez aujourd'hui sont gardés sans être violés et si vous cherchez toujours à connaître et à faire la volonté de Dieu, votre vie sera bénie de sa présence et votre foyer demeurera dans sa paix.

L'ÉCHANGE DES CONSENTEMENTS

Suite à cette déclaration, le ministre dira à l'homme:

(Nom du futur époux), voulez-vous prendre cette femme pour votre épouse et vivre avec elle selon l'ordonnance de Dieu dans le saint état du mariage» Voulez-vous l'aimer, la soutenir, l'honorer et la garder, dans la maladie et dans la santé et renonçant à toute autre femme, voulez-vous vous attacher à elle seule tant que vous vivrez tous deux?

Réponse: Oui.

Puis le ministre dira à la femme:

(Nom de la future épouse), voulez-vous prendre cet homme pour votre époux et vivre avec lui selon l'ordonnance de Dieu dans le saint état du mariage? Voulez-vous l'aimer, l'honorer et le garder, dans la maladie et dans la santé et renonçant à tout autre homme, vous attacher à lui seul, tant que vous vivrez tous deux?

Réponse: Oui.

Ensuite, le ministre demandera:

Voulez-vous en tant que (parents, membres des familles, membres de la famille de Dieu), donner votre bénédiction à cette union?

Réponse par les parents, membres des familles, ou membres de la famille de Dieu : « Nous le voulons ».

ÉCHANGES DE VOEUX

Vis-à-vis l'un de l'autre et joignant les mains droites, le couple échangera les vœux suivants.

L'homme répètera après le ministre :

Moi, (<u>nom du futur époux</u>),

te prends, (<u>nom de la future épouse</u>),

pour mon épouse,

pour t'avoir et te garder dès ce jour et à l'avenir,

pour le meilleur et pour le pire,

dans la richesse et dans la pauvreté,

dans la maladie et dans la santé,

pour t'aimer et te chérir jusqu'à ce que la mort nous sépare,

selon la sainte ordonnance de Dieu

et sur cela j'engage ma foi.

La femme répètera après le ministre :

Moi, (<u>nom de la future épouse</u>),

te prends, (<u>nom du futur époux</u>),

pour mon époux,

pour t'avoir et te garder dès ce jour et à l'avenir,

pour le meilleur et pour le pire,

dans la richesse et dans la pauvreté,

dans la maladie et dans la santé,

pour t'aimer et te chérir jusqu'à ce que la mort nous sépare,

selon la sainte ordonnance de Dieu

et sur cela j'engage ma foi.

ÉCHANGE DES ANNEAUX

Si on le désire, une cérémonie pour l'anneau peut être introduite à ce moment.

Le ministre recevra l'anneau des mains du garçon d'honneur qui à son tour, le remet au nouvel époux, tandis que ce dernier mettra l'anneau au doigt de la nouvelle épouse, il répétera après le ministre:

Je te donne cet anneau en témoignage de mon amour et de l'engagement de ma fidélité constante.

S'il y a un échange d'anneaux, l'épouse répètera la même phrase après le ministre.

PRIÈRE

Le couple s'agenouillera alors, puis le ministre peut prononcer la prière suivante ou une prière improvisée:

Dieu éternel, créateur et conservateur de toute la race humaine, dispensateur de toute grâce spirituelle, Auteur de la vie éternelle, répands ta bénédiction sur tes serviteurs (Nom du futur époux) et (Nom de la future épouse) que nous bénissons maintenant en ton nom; afin qu'ils puissent garder le vœu et l'alliance établis entre eux en ce jour et demeurer toujours ensemble dans l'amour et dans la paix par Jésus-Christ notre Seigneur. Amen.

Ensuite, le ministre dira:

Puisque cet homme et cette femme ont consenti tous deux à cette sainte union et en ont témoigné devant Dieu et devant cette assemblée et l'ont déclaré en unissant leurs mains, je déclare qu'ils sont mari et femme, au nom du Père et du Fils et du Saint-Esprit. Ceux qui sont unis par Dieu, que personne ne les sépare. Amen.

BÉNÉDICTION

Le ministre ajoutera alors cette bénédiction:

Que Dieu le Père, le Fils et le Saint-Esprit vous bénisse, vous garde et vous préserve; que

le Seigneur vous considère favorablement dans
sa miséricorde et vous comble de toutes sortes de
grâces et de bénédictions spirituelles, afin d'obtenir la vie éternelle dans le monde à venir.

*Ensuite le ministre termine avec une prière improvisée et une béné-
diction, ou bien tous les deux. (523.7, 533.2, 534.1, 538.19)*

706. LES FUNÉRAILLES

BIEN-AIMÉS: Nous sommes réunis aujourd'hui pour offrir nos derniers respects à la dépouille mortelle de notre bien-aimé(e) frère (sœur) et ami(e) décédé(e). À vous, membres de la famille, qui pleurez cette perte, nous présentons tout spécialement notre profonde et sincère sympathie. Que nous puissions partager avec vous le réconfort accordé par la Parole de Dieu pour une telle circonstance:

«Que votre cœur ne se trouble point. Croyez en Dieu et croyez en moi. Il y a plusieurs demeures dans la maison de mon Père; Si cela n'était pas, je vous l'aurais dit. Je vais vous préparer une place. Et, lorsque je m'en serai allé et que je vous aurai préparé une place, je reviendrai et je vous prendrai avec moi, afin que là où je suis vous y soyez aussi» (Jean 14.1-3).

«Je suis la résurrection et la vie. Celui qui croit en moi vivra, quand même il serait mort; et quiconque vit et croit en moi ne mourra jamais» (Jean 11.25-26).

INVOCATION

Le ministre peut utiliser ses propres mots ou les suivants.

Dieu Tout-puissant, notre Père céleste, nous venons dans ce lieu de tristesse, comprenant notre totale dépendance de toi. Nous savons que tu nous aimes et que tu peux transformer même l'ombre de la mort en lumière du matin. Aide-nous maintenant à attendre devant toi avec des cœurs respectueux et soumis.

Tu es notre refuge et notre force, ô Dieu, un secours toujours présent dans la détresse.

Accorde-nous ton abondante miséricorde. Que ceux qui sont endeuillés aujourd'hui trouvent le réconfort et le baume de la guérison dans ta grâce vivifiante. Nous t'apportons humblement ces requêtes au nom de Jésus-Christ notre Seigneur.

Amen.

CANTIQUE OU CHANT SPÉCIAL

VERSETS DE L'ÉCRITURE

« Béni soit Dieu, le Père de notre Seigneur Jésus-Christ, qui selon sa grande miséricorde, nous a régénérés, pour une espérance vivante, par la résurrection de Jésus-Christ d'entre les morts, pour un héritage qui ne se peut ni corrompre, ni souiller, ni flétrir, lequel vous est réservé dans les cieux, à vous qui, par la puissance de Dieu, êtes gardés par la foi pour le salut prêt à être révélé dans les derniers temps ! C'est là ce qui fait votre joie, quoique maintenant, puisqu'il le faut, vous soyez attristés pour un peu de temps par diverses épreuves, afin que l'épreuve de votre foi, plus précieuse que l'or périssable (qui cependant est éprouvé par le feu), ait pour résultat la louange, la gloire et l'honneur, lorsque Jésus-Christ apparaîtra, lui que vous aimez sans l'avoir vu, en qui vous croyez sans le voir encore, vous réjouissant d'une joie ineffable et glorieuse, parce que vous obtiendrez le salut de vos âmes pour prix de votre foi » (1 Pierre 1.3-9)

D'autres passages que l'on peut utiliser: Matthieu 5.3-4, 6-8; Psaume 27.3-5, 11, 13-14; 46.1-6, 10-11

SERMON

CANTIQUE OU CHANT SPÉCIAL PRIÈRE DE CLÔTURE

* * *

AU CIMETIÈRE

Quand la foule se sera rassemblée, le ministre peut lire l'un des passages suivants ou tous:

« Mais je sais que mon rédempteur est vivant et qu'il se lèvera le dernier sur la terre. Quand ma peau sera détruite, il se lèvera ; quand je n'aurai plus de chair, je verrai Dieu. Je le verrai et il me sera favorable ; mes yeux le verront et non ceux d'un autre ? »

(Job 19.25-27).

« Voici, je vous dis un mystère : nous ne mourrons pas tous, mais tous nous serons changés, en un instant, en un clin d'œil, à la dernière trompette. La trompette sonnera et les morts ressusciteront incorruptibles et nous, nous serons changés. »

« Alors s'accomplira la parole qui est écrite : La mort a été engloutie dans la victoire. O mort, où est ta victoire ? O mort, où est ton aiguillon ? L'aiguillon de la mort, c'est le péché ; et la puissance du péché, c'est la loi. Mais grâces soient rendues à Dieu, qui nous donne la victoire par notre Seigneur Jésus-Christ ! »

« Ainsi, mes frères bien-aimés, soyez fermes, inébranlables, travaillant de mieux en mieux à l'œuvre du Seigneur, sachant que votre travail ne sera pas vain dans le Seigneur »

(1 Corinthiens 15.51-52, 54-58).

« Et j'entendis du ciel une voix qui disait : Écris : Heureux dès à présent les morts qui meurent dans le Seigneur ! Oui, dit l'Esprit, afin qu'ils se reposent de leurs travaux, car leurs œuvres les suivent » (Apocalypse 14.13).

Le ministre lira alors l'une des déclarations suivantes pour l'enterrement.

POUR UN CROYANT :

Puisque l'esprit de notre bien-aimé(e) défunt(e) est retourné(e) à Dieu, qui l'a donné, nous livrons donc tendrement son corps à la tombe avec la ferme assurance et l'espoir certain de la résurrection des morts et de la vie dans le monde à venir, par Jésus-Christ notre Seigneur, qui nous donnera de nouveaux corps semblables à son corps glorieux. «Bienheureux ceux qui meurent dans le Seigneur.»

POUR UN NON CROYANT

Nous sommes venus maintenant pour déposer le corps de notre ami(e) défunt(e) dans la poussière de la même nature. Nous laissons son esprit entre les mains de Dieu, car nous savons que le juge miséricordieux de toute la terre agira avec droiture. Que nous, les vivants qui restent, soyons consacrés à nouveau pour vivre dans la crainte et l'amour de Dieu afin que nous obtenions une entrée triomphante dans le royaume des cieux.

POUR UN ENFANT

Dans l'espoir sûr et certain de la résurrection pour la vie éternelle par Jésus-Christ notre Seigneur, nous déposons le corps de cet enfant dans la tombe. Comme Jésus, durant sa vie terrestre, a pris les enfants dans ses bras et les a bénis, qu'il reçoive ce cher enfant, car, comme il a dit, «le royaume des cieux est pour ceux qui leur ressemblent».

PRIÈRE

Notre Père céleste, Dieu de toute miséricorde, nous regardons à toi en cet instant de deuil et de tristesse. Console ces bien-aimés dont les cœurs sont lourds et tristes. Sois avec eux; soutiens et guide-les dans les jours à venir. Permets, ô Seigneur, qu'ils puissent t'aimer, te servir et recevoir la plénitude de tes promesses dans le monde à venir.

«Que le Dieu de paix, qui a ramené d'entre les morts le grand pasteur des brebis, par le sang d'une alliance éternelle, notre Seigneur Jésus-Christ, vous rende capables de toute bonne œuvre pour l'accomplissement de sa volonté et fasse en vous ce qui lui est agréable, par Jésus-Christ, auquel soit la gloire aux siècles des siècles. Amen»

(Hébreux 13.20-21).

707. INSTALLATION DES RESPONSABLES

Après un cantique approprié, le secrétaire lira les noms et fonctions des responsables à installer. Ceux-ci peuvent s'avancer et se tenir debout devant l'autel de l'Église, en regardant le ministre. À chacun d'eux doit être remise une carte de promesse.

Le ministre dira alors:

Reconnaissant que la méthode divine de mettre à part certains ouvriers pour des domaines spécifiques de service chrétien, nous venons installer ces responsables (ou moniteurs) qui ont été dûment choisis pour servir dans notre église pour l'année suivante. Considérons les instructions de Dieu tirées de sa Sainte Parole.

«Je vous exhorte donc, frères, par les compassions de Dieu, à offrir vos corps comme un sacrifice vivant, saint et agréable à Dieu, ce qui sera de votre part un culte raisonnable. Ne vous conformez pas au siècle présent, mais soyez transformés par le renouvellement de l'intelligence, afin que vous discerniez quelle est la volonté de Dieu, ce qui est bon, agréable et parfait».

(Romains 12.1-2)

«Efforce-toi de te présenter devant Dieu comme un homme éprouvé, un ouvrier qui n'a point à rougir, mais qui dispense droitement la parole de la vérité».

(2 Timothée 2.15)

«Que la parole de Christ habite parmi vous abondamment; instruisez-vous et exhortez-vous les uns les autres en toute sagesse, par des psaumes, par des hymnes, par des cantiques spirituels, chantant à Dieu dans vos cœurs sous l'inspiration de la grâce».

(Colossiens 3.16)

«Que celui à qui l'on enseigne la parole fasse participer à tous ses biens celui qui l'enseigne».
(Galates 6.6).

Nous arrivons au moment important, quand vous tous qui vous tenez devant l'autel, devez-vous charger de la tâche de prendre soin des affaires de l'église et de la Mission Nazaréenne Internationale, de la Jeunesse Nazaréenne Internationale et des Ministères de l'École du Dimanche et de la Formation de Disciples Internationaux. Que vous puissiez considérer les responsabilités que vous assumez maintenant comme des occasions spéciales pour servir notre Seigneur et que vous puissiez trouver joie et bénédiction spirituelle dans l'accomplissement de vos tâches respectives.

Votre tâche n'est pas facile, car la continuité de l'Église et la destinée des âmes est dans vos mains. Le développement du caractère chrétien est votre responsabilité et conduire les perdus à Jésus-Christ est votre objectif le plus élevé. Que Dieu vous accorde sagesse et force tandis que vous accomplissez son œuvre pour sa gloire.

Vous avez reçu une carte sur laquelle est imprimé un texte d'alliance. Nous la lirons ensemble et pendant que nous la lisons, que chacun (chacune) en fasse un engagement personnel.

ALLIANCE DE L'OUVRIER

En considération de la confiance qui m'est donnée par l'église qui me choisit pour la fonction que j'assume maintenant, je m'engage :

À maintenir un haut niveau de vie et d'exemple chrétien en harmonie avec les idéaux et les normes de l'Église du Nazaréen.

À développer mon expérience chrétienne personnelle en mettant à part chaque jour un temps défini pour la prière et la lecture de la Bible.

À assister à l'école du dimanche, aux cultes du dimanche et à la réunion de prière au cours de la semaine, sauf en cas de force majeure.

À assister fidèlement à toutes les réunions convoquées des divers conseils, conciles, ou comités auxquels je suis ou pourrai être affecté.

À aviser mon supérieur si je suis incapable d'être présent à un moment donné ou d'assumer les responsabilités de ce poste.

À lire les publications nazaréennes, ainsi que tout autre livre qui m'aideront à accomplir ma tâche.

À améliorer mes capacités en participant au programme d'éducation permanente des laïcs quand j'en ai l'occasion.

À m'efforcer de conduire les âmes à Jésus-Christ en manifestant un intérêt actif dans le bien-être spirituel des autres et en assistant et en prêtant mon concours à toutes les réunions évangéliques dans l'église.

Le ministre adressera alors une prière appropriée et on pourra chanter un cantique spécial de consécration; puis le ministre dira:

Ayant engagé vos cœurs et vos mains pour faire avancer l'œuvre de cette église dans vos affectations respectives, je vous installe ici dans les fonctions auxquelles vous avez été élus ou nommés. Vous êtes maintenant une partie essentielle de la structure et de la direction de cette église. Puissiez-vous, par l'exemple, par le précepte et par un service diligent, être des ouvriers efficaces dans la vigne du Seigneur.

Le ministre demandera alors à l'assemblée de se lever et s'adressera à elle comme suit:

Vous avez entendu l'engagement et les promesses prononcés par les responsables de l'église pour l'année qui vient. Je vous adjure, en tant qu'assemblée, d'être fidèle dans l'appui que vous leur accorderez. Le fardeau que nous avons déposé sur leurs épaules aujourd'hui est lourd et ils auront besoin de votre aide et de vos prières. Que vous puissiez les aider joyeusement quand ils vous le demandent, afin que, dans notre travail commun, notre église puisse être un instrument efficace pour gagner les perdus à Christ.

Le ministre peut ensuite adresser une prière de clôture ou faire répéter le Notre Père par l'assemblée à l'unisson.

708. L'ORGANISATION D'UNE ÉGLISE LOCALE

Surintendant du district : Bien-aimés en Christ, nous sommes réunis en ce jour du Seigneur et en cette occasion spéciale pour organiser officiellement l'église du Nazaréen de (nom de l'église). En réalité, vous êtes déjà une église, mais aujourd'hui la vie de cette assemblée atteint une nouvelle dimension étant donné que vous adoptez les droits, les privilèges et les responsabilités d'une église pleinement organisée conformément à la constitution et à l'organisation de l'Église du Nazaréen.

Au nom de la famille nazaréenne à travers le monde, je vous félicite pour votre vision, votre foi et votre travail diligent. Vous avez travaillé dans l'unité des cœurs et des esprits pour devenir une communauté de foi vivant comme une expression authentique du royaume de Dieu dans le monde. En vous organisant comme église locale, vous déclarez votre volonté de partager avec les nazaréens du monde entier notre mission commune de : « Faire des disciples à l'image de Christ dans toutes les nations. »

Trois valeurs essentielles nous guident dans cette mission :

Nous sommes un peuple chrétien. Nous nous joignons aux chrétiens du monde entier pour affirmer les credo historiques trinitaires et nous accordons une grande valeur à notre héritage unique issu de la tradition wesleyenne de la sainteté. Nous considérons la Bible comme notre source principale de vérité qui nous annonce Christ et « tout ce qui est nécessaire à notre salut. »

Nous sommes un peuple de la sainteté. Nous croyons que la grâce de Dieu pourvoit non seulement au pardon de nos péchés mais aussi à la purification de nos cœurs par la foi. À travers cet acte de grâce du Saint-Esprit, nous sommes sanctifiés et rendus capables de vivre à l'image de Christ dans le monde.

Nous sommes un peuple missionnaire. Nous croyons que Dieu nous appelle à participer à la mission de réconciliation du royaume. Nous le faisons par la prédication de l'Évangile, par des actes de compassion et de justice et en faisant des disciples suivant le modèle de Jésus.

Surintendant du district au pasteur : Pasteur, veuillez maintenant nous présenter ceux qui seront les membres fondateurs de l'Église du Nazaréen de (nom de l'église) ?

Pasteur : (nom du surintendant du district), c'est un honneur pour moi de vous présenter les membres fondateurs de cette assemblée. Je vous recommande ces frères et sœurs en Jésus-Christ qui se sont engagés dans notre mission commune en tant que membres de l'Église du Nazaréen.

Le pasteur lit les noms ou présente chaque membre ou famille.

Surintendant du district : Frères et sœurs, je vous demande maintenant de réaffirmer vos vœux d'adhésion.

Reconnaissez-vous Jésus-Christ comme votre Seigneur et Sauveur, et croyez-vous qu'il vous sauve maintenant ?

Réponse : Oui, j'y crois par la foi.

Surintendant du district : Croyez-vous aux déclarations des articles de foi de l'Église du Nazaréen ?

Réponse: Oui, j'y crois.

Surintendant du district: Vous engagez-vous à vous consacrer à la communion fraternelle et à l'œuvre de Dieu en accord avec l'Église du Nazaréen tel qu'énoncé dans l'Alliance du caractère chrétien et l'Alliance de la conduite chrétienne? Vous efforcerez-vous de glorifier Dieu par tous les moyens, en marchant dans l'humilité, en ayant des conversations édifiantes et un service saint, en donnant avec dévotion selon vos moyens et en participant fidèlement aux moyens de grâce, en vous abstenant de tout mal, chercherez-vous sincèrement à atteindre la sainteté de cœur et de vie dans la crainte de l'Éternel?

Réponse: Oui, je m'y engage.

Surintendant du district: Ainsi, par l'autorité qui m'est confiée en tant que surintendant du district de l'Église du Nazaréen du (nom du district), je déclare, par la présente, l'organisation officielle de l'Église du Nazaréen de (nom de l'église). Je vous souhaite la bienvenue dans la famille des assemblées nazaréennes dans le monde. Que le Seigneur pourvoie chaque jour, dans sa grande miséricorde, à tout ce dont vous avez besoin pour accomplir sa volonté. Que la paix du Seigneur Jésus-Christ soit avec vous.

709. LA DÉDICACE D'ÉGLISES

Ministre: Puisque la main du Seigneur nous a fait prospérer et nous a permis par sa grâce et sa force d'achever la construction de cet édifice à la gloire de son nom, nous nous tenons maintenant en présence de Dieu pour consacrer cet édifice au service de son royaume.

A la gloire de Dieu notre Père, de qui viennent toute grâce excellente et tout don parfait; à l'honneur de Jésus-Christ, notre Seigneur et Sauveur; et à la louange du Saint-Esprit, source de lumière, de vie et de puissance; celui qui nous sanctifie,

Assemblée: Nous consacrons cet édifice humblement, avec joie et gratitude.

Ministre: En mémoire de tous ceux qui ont aimé et servi cette église, en établissant l'héritage dont nous jouissons maintenant et qui font maintenant partie de l'Église triomphante,

Assemblée: Nous consacrons avec reconnaissance cet édifice (temple, sanctuaire, centre d'éducation, salle de réunion, etc.).

Ministre: Pour l'adoration dans la prière et les cantiques, pour la prédication de la Parole, pour l'enseignement des Écritures et pour la communion des saints.

Assemblée: Nous consacrons solennellement cette maison de Dieu.

Ministre: Pour réconforter ceux qui sont dans le deuil, pour affermir les faibles, pour aider ceux qui sont tentés et pour donner de l'espoir et du courage à ceux qui viennent à l'intérieur de ces murs,

Assemblée : Nous consacrons ce lieu de communion et de prière.

Ministre : Pour communiquer la bonne nouvelle du salut qui nous délivre du péché, pour propager la sainteté biblique, pour instruire dans la justice et pour servir nos frères et sœurs,

Assemblée : Nous consacrons cet édifice avec révérence.

À l'unisson : Nous, en tant qu'ouvriers avec Dieu, joignons maintenant nos mains et nos cœurs et consacrons une fois de plus nos vies aux buts saints et élevés pour lesquels cet édifice a été mis à part. Nous promettons notre dévotion loyale, notre intendance fidèle et notre service diligent afin que dans ce lieu le nom du Seigneur soit glorifié et pour l'avancement du royaume ; par Jésus-Christ notre Seigneur.

Amen.

PARTIE IX

Charte et Plans de ministère; Statuts constitutifs; Règlements

JEUNESSE NAZARÉENNE INTERNATIONALE

MISSION NAZARÉENNE INTERNATIONALE

MINISTÈRES DE L'ÉCOLE DU DIMANCHE ET DELA FORMATION DE DISCIPLES INTERNATIONAUX

I. JEUNESSE NAZARÉENNE INTERNATIONALE

810. CHARTE DE LA JEUNESSE NAZARÉENNE INTERNATIONALE

«Que personne ne méprise ta jeunesse; mais sois un modèle pour les fidèles, en parole, en conduite, en amour, en foi, en pureté.» 1 Timothée 4.12

810.1 Notre mission

La mission de la Jeunesse Nazaréenne Internationale (JNI) est d'appeler notre génération à une vie dynamique en Christ.

810.2 Nos membres

Les membres de la JNI sont toutes les personnes participant au ministère nazaréen envers les jeunes qui choisissent d'adhérer à notre vision et à nos valeurs déclarées.

810.3 Notre vision

L'Église du Nazaréen croit que les jeunes font partie intégrante de l'Église. La JNI existe pour guider des jeunes à une relation avec Jésus-Christ durant leur vie entière et pour faciliter leur croissance en tant que disciples pour le service chrétien.

810.4 Nos valeurs

1. Nous avons à cœur les jeunes … importants dans le royaume de Dieu.
2. Nous avons à cœur la Bible … vérité constante de Dieu pour notre vie.
3. Nous avons à cœur la prière …une communication vitale et interactive avec notre Père céleste.
4. Nous avons à cœur l'Église … une communauté mondiale de foi et de sainteté, culturellement diverse, mais unie en Christ.
5. Nous avons à cœur l'adoration … des rencontres avec un Dieu intime qui changent nos vies.
6. Nous avons à cœur **la formation des disciples** … un style de vie où l'on devient semblable à Christ.
7. Nous avons à cœur **la communauté** … construire des relations qui nous aident à nous unir les uns aux autres et à Dieu.
8. Nous avons à cœur **le ministère** … offrir la grâce de Dieu à notre monde.
9. Nous avons à cœur **le témoignage** … partager l'amour de Dieu en paroles et en actes.

10. Nous avons à cœur **la sainteté** ... une œuvre de grâce par laquelle Dieu, à travers l'action de son Saint-Esprit, nous rend capables de vivre une vie qui reflète le Christ dans ce que nous sommes et dans tout ce que nous faisons.

Ces valeurs sont des dimensions importantes d'une vie sainte et doivent être reflétées par la vie et le ministère de la JNI à tous les niveaux de l'Église. (Veuillez-vous référer aux articles de foi du *Manuel* de l'Église du Nazaréen pour plus de renseignements concernant ces valeurs.) En reflétant ces valeurs, nous reconnaissons les principes fondateurs suivants.

810.5 Nos principes fondateurs

1. **La JNI existe pour les jeunes.**

   La JNI existe pour attirer, former et aider les jeunes pour le service du royaume de Dieu et pour faciliter leur intégration dans l'Église du Nazaréen.

2. **La JNI est centré sur Christ.**

   Le Christ est au centre de notre identité, la Parole de Dieu est la source d'autorité concernant tous nos actes et la sainteté est notre modèle de vie.

3. **La JNI est construite sur un ministère relationnel avec la jeunesse dans l'église locale.**

   Un ministère efficace envers les jeunes dans l'église locale est critique pour la santé et l'enthousiasme de la JNI. Les relations et un ministère incarnationel sont les fondements du ministère nazaréen envers les jeunes, tout en les guidant vers une maturité spirituelle en Christ.

4. **La JNI développe et guide de jeunes responsables.**

   La JNI donne des occasions aux responsables émergeants de se développer et d'utiliser leurs dons dans un environnement de croissance et de soutien, assurant la présence de ministères de responsables solides pour l'avenir de l'Église du Nazaréen. La formation de ministères de responsables, la responsabilité mutuelle et des mécanismes pour l'évaluation et la modification du ministère sont des fonctions vitales de la JNI.

5. **La JNI est habilitée pour guider.**

   Un ministère pertinent envers les jeunes nécessite que la responsabilité du ministère et les choix d'organisation reviennent à tous les niveaux de ministères de responsables de la JNI et aux conseils d'administration appropriés. Un sentiment d'appartenance et d'appropriation, une passion pour le service et une participation aux prises de décisions sont des éléments clés pour l'épanouissement des jeunes au moyen de la JNI.

6. **La JNI accueille l'unité et la diversité en Christ.**

   La JNI s'engage à comprendre et célébrer les différences et la diversité de langues, de couleurs, de races, de classes socioéconomiques et de sexes. Nos différences n'affaiblissent pas notre unité mais elles augmentent notre potentiel et notre efficacité. Partager la bonne nouvelle de Jésus-Christ de manière adaptée à chaque culture doit toujours être une haute priorité.

7. **La JNI crée des réseaux et des partenariats.**
   Un climat de coopération caractérise nos relations à chaque niveau de la JNI. La création de réseaux au sein de l'église améliore la préparation et l'envoi des jeunes pour le service. La JNI participe activement à de tels efforts de coopération.

810.6 Notre structure pour le ministère

La charte de la JNI fournit la base de l'organisation, de la planification et de l'application du ministère envers les jeunes à tous les niveaux de l'Église du Nazaréen. Des plans de ministère standards sont offerts afin d'encourager les groupes locaux, les districts et les régions de la JNI à s'adapter aux besoins du ministère envers les jeunes en fonction de leur contexte. Les plans de ministère à tous les niveaux doivent être en harmonie avec la charte de la JNI et le *Manuel* de l'Église du Nazaréen.

810.7 Révisions

La charte de la JNI peut être modifiée par des amendements approuvés par la Convention de la JNI mondiale, en accord avec le plan de ministère mondial.

A. PLAN DE MINISTÈRE LOCAL

EXEMPLE

Ministères

810.100 Évangélisation

La JNI développe et met en œuvre divers ministères continus et évènements exceptionnels pour toucher des jeunes pour Christ.

810.101 Formation des disciples

La JNI développe et met en œuvre divers ministères continus et évènements exceptionnels pour nourrir et encourager les jeunes à croître en tant que disciples du Christ dans leur culte personnel, l'adoration, la communion, le ministère et en amenant d'autres personnes à Christ.

810.102 Perfectionnement des responsables

La JNI développe et met en œuvre divers ministères continus et évènements exceptionnels pour guider et former les jeunes pour qu'ils soient des responsables pour Christ et Son Église.

Révisions

810.103 Disposition

1. Ce plan de ministère local donne une formule normalisée pour l'organisation, le fonctionnement et la direction de la JNI au niveau local. Un groupe local de la JNI peut adapter le plan en fonction des besoins du ministère local de jeunesse, en harmonie avec la charte de la JNI et le *Manuel* de l'Église du Nazaréen.
2. Tout domaine non couvert par ce plan de ministère relève de l'autorité du Conseil de la JNI locale.

810.104 Processus

1. Le Conseil de la JNI établit et communique le processus d'adaptation et de révision du plan de ministère local et doit approuver toute révision avant qu'elle soit présentée à la réunion annuelle de la JNI.
2. Les révisions proposées concernant le plan de ministère local doivent être distribuées aux membres de la JNI avant la réunion annuelle de la JNI.
3. Les révisions doivent être approuvées par un vote majoritaire des deux tiers de tous les membres de la JNI présents et votants lors de la réunion annuelle de la JNI et doivent faire l'objet de l'approbation du conseil de l'église.
4. Tous les changements concernant le plan de ministère local entrent en vigueur au plus tard trente jours après la réunion annuelle de la JNI. Le plan révisé doit être affiché par écrit avant de prendre effet.

Appartenance et concentration du ministère

810.105 Composition et responsabilisation

1. Les membres de la JNI locale sont les personnes qui s'affilient avec un groupe de la JNI en participant à ses ministères et en se joignant au groupe local.
2. La JNI locale maintient une liste d'inscription précise de tous ses membres actifs.
3. La JNI locale a une responsabilité envers ses membres, le conseil de l'église locale et le pasteur.
4. La JNI locale présente un rapport mensuel au conseil de l'église et à la réunion annuelle de l'église.

810.106 Concentration du ministère

1. La concentration traditionnelle du ministère de la JNI locale concerne les jeunes de douze ans et plus, les étudiants universitaires et les jeunes adultes. Un Conseil de la JNI locale peut modifier la concentration de son ministère selon les besoins, avec l'approbation du pasteur et du conseil de l'église locale.
2. En ce qui concerne la représentation et la programmation, le Conseil de la JNI locale établit des divisions par tranches d'âge en réponse aux besoins du ministère local envers les jeunes.

Direction

810.107 Responsables

1. Les responsables de la JNI locale sont: le président et au moins trois personnes élues lors de la réunion annuelle de la JNI ayant des responsabilités ministérielles fixées selon les besoins de l'église locale. Ces responsables forment le Comité exécutif.
2. Les responsables de la JNI locale doivent être membres de l'église locale de la JNI qu'ils servent, actifs dans le ministère local envers les jeunes et être des modèles par leur exemple personnel et leur service.
3. Dans les églises n'ayant pas encore de JNI organisée (pas de Conseil de la JNI locale), le pasteur, avec l'approbation du conseil de l'église, peut nommer le président de la JNI afin que l'église puisse commencer à atteindre des jeunes pour Christ et répondre à leurs besoins de croissance spirituelle.

810.108 Élections

1. Les responsables sont élus annuellement par les membres de la JNI locale lors de la réunion annuelle et assument leurs fonctions jusqu'à ce que leurs successeurs soient élus et assument leur rôle dans le ministère.
2. Un Comité de sélection propose les responsables de la JNI. Ce Comité de sélection est nommé par le pasteur et est composé de membres de la JNI, ainsi que du pasteur et du président de la JNI. Tous les candidats doivent être approuvés par le pasteur et le conseil de l'église. Les candidats pour le poste de président de la JNI locale doivent avoir atteint leur quinzième anniversaire à la date de leur élection.
3. Les responsables sont élus par un vote majoritaire des membres présents de la JNI lors de la réunion annuelle de la JNI. Lorsqu'il n'y a qu'un seul candidat pour un poste, un vote par voie de scrutin uninominal (oui/non) est utilisé, avec une approbation par un vote majoritaire des deux tiers.

Seules les personnes étant également membres de l'Église du Nazaréen locale peuvent voter pour élire le président.

4. Un responsable sortant peut être réélu par un vote par voie de scrutin uninominal (oui/non) lorsqu'un vote de ce type est recommandé par le Conseil de la JNI au Comité de sélection, approuvé par le pasteur et le conseil de l'église et approuvé par un vote majoritaire des deux tiers lors de la réunion annuelle de la JNI.

5. Un poste est déclaré vacant lorsqu'un responsable n'est plus membre de l'église locale, démissionne ou lorsqu'il est radié de son poste par un vote majoritaire des deux tiers du conseil à cause d'une négligence de ses devoirs ou d'une conduite inappropriée. Si un poste devient vacant parmi les responsables, le Conseil de la JNI comble le poste par un vote majoritaire aux deux tiers s'il n'y a qu'un seul candidat ou par un vote majoritaire s'il y a deux candidats ou plus. Si le poste de président de la JNI devient vacant, la réunion donnant lieu à son élection est présidée par le pasteur, le pasteur des jeunes ou un représentant désigné par lui.

810.109 Responsabilités

1. Les responsabilités du président de la JNI sont:
    a. Présider le Conseil de la JNI afin de définir et transmettre une vision du ministère envers les jeunes dans l'église.
    b. Faciliter le développement du ministère envers les jeunes et de travailler avec le Conseil de la JNI pour définir la concentration du ministère en réponse aux besoins de leurs jeunes.
    c. Faire partie du conseil de l'église et présenter un rapport mensuel au conseil. Un conseil de l'église locale peut établir, avant l'élection annuelle, un âge minimum pour que le président de la JNI puisse faire partie du conseil de l'église; si le président était en-dessous de cet âge, un autre représentant de la JNI au conseil de l'église peut être nommé par le Conseil de la JNI, avec l'approbation du conseil de l'église.
    d. Présenter un rapport annuel sur le ministère et les finances à la réunion annuelle de l'église.
    e. Recommander le budget de la JNI locale, selon l'approbation du Conseil de la JNI, au conseil de l'église.
    f. Faire partie, en tant que membre d'office, du Conseil des MEDFDI pour coordonner l'école du dimanche des jeunes dans l'église.
    g. Travailler avec le président de la Mission Nazaréenne International (MNI) pour que les jeunes prennent conscience de l'importance des missions.
    h. Être délégué à la Convention de la JNI de district et à l'assemblée de district. Si le président ne peut y assister, un

représentant élu par le Conseil de la JNI siégera comme suppléant.

2. Les responsabilités des autres responsables de la JNI sont:
   a. Développer et choisir des responsables pour les divers ministères de la JNI locale.
   b. Être des modèles et des guides spirituels pour les jeunes dans l'église et hors de l'église.
   c. Définir et donner des titres et des responsabilités concernant le ministère envers les jeunes en réponse aux besoins de l'église locale.
   d. Distribuer les responsabilités suivantes pour assurer la responsabilisation et l'efficacité:
      (1) Rédiger un procès-verbal de toutes les réunions du Conseil de la JNI et prendre en charge toute la correspondance de la JNI locale.
      (2) Débourser, recevoir et tenir les comptes de tous les fonds de la JNI selon les dispositions du conseil de l'église.
      (3) Créer un rapport financier annuel de tout argent collecté et dépensé pour le présenter à la réunion annuelle de l'église.
      (4) Travailler avec le président de la JNI pour créer un budget annuel à présenter au Conseil de la JNI et au conseil de l'église pour approbation.
   e. Coopérer avec le président de toutes les manières possibles pour faciliter le ministère de la JNI locale.
   f. Prendre en charge d'autres ministères selon les décisions du Conseil de la JNI.

810.110 Personnel salarié

1. Lorsqu'un pasteur des jeunes est employé dans une église, le pasteur, en consultation avec le conseil de l'église et le Conseil de la JNI, confère la responsabilité de la JNI au pasteur des jeunes. Dans ce cas, certains devoirs revenant habituellement au président de la JNI locale peuvent être pris en charge par le pasteur des jeunes. Cependant, l'importance du président de la JNI demeure un rôle vital en assurant une direction laïque, en soutenant et en représentant le ministère local envers les jeunes. Le pasteur, le pasteur des jeunes et le Conseil de la JNI travaillent ensemble pour définir les rôles et les responsabilités des deux postes et comment ils collaborent ensemble pour le bien du ministère de l'église envers les jeunes.

2. Le pasteur des jeunes ne peut être président de la JNI.

3. Le pasteur des jeunes est membre d'office du Conseil de la JNI, du Comité exécutif et du Comité de sélection de la JNI.

4. Le pasteur des jeunes peut être le délégué du pasteur pour les responsabilités liées à la JNI.

5. Si une église a plusieurs personnes salariées exerçant un ministère dans des divisions spécifiques de la JNI par tranches d'âge, cette église peut identifier des responsables pour chaque tranche d'âge sous la direction du personnel salarié et déterminer, parmi eux comment la JNI sera représentée au conseil de l'église.

Conseil

810.111. Composition

1. Le Conseil de la JNI locale est composé des responsables de la JNI, d'autres représentants des jeunes non désignés élus ou nommés et des responsables des ministères selon les besoins du pasteur et/ou pasteur des jeunes, qui ensemble définissent et transmettent la vision pour le ministère local envers les jeunes.
2. Les membres du Conseil de la JNI doivent être membres de la JNI locale. Il est aussi fortement recommandé d'être membre de l'église locale et il est attendu que les membres du Conseil de la JNI deviennent membres de l'église locale.

810.112 Élections

1. Un Comité de sélection de la JNI propose les membres de la JNI locale pour qu'ils soient élus au Conseil de la JNI.
2. Les membres de la JNI élisent ensuite les membres du Conseil de la JNI à partir des candidats proposés par un vote majoritaire lors de la réunion annuelle de la JNI.
3. Un poste est déclaré vacant lorsqu'un membre du conseil n'est plus membre de l'église locale, démissionne ou lorsqu'il est radié de son poste par un vote majoritaire des deux tiers du conseil à cause d'une négligence de ses devoirs ou d'une conduite inappropriée. Si un poste est vacant parmi les membres du conseil, le Conseil de la JNI comble le poste par un vote majoritaire des deux tiers s'il n'y a qu'un seul candidat ou par un vote majoritaire s'il y a deux candidats ou plus.
4. Si une église compte moins de sept membres de la JNI, le pasteur peut nommer les membres du Conseil de la JNI afin que le ministère envers les jeunes puisse être développé et que les jeunes soient atteints pour Christ.

810.113 Responsabilités

1. Le Conseil de la JNI est responsable de la planification et de l'organisation du ministère envers les jeunes au sein de l'église locale et, par ses dirigeants et responsables, initie et dirige des ministères et des activités afin d'atteindre les

jeunes pour Christ et de répondre à leurs besoins de croissance spirituelle, en harmonie avec la direction de l'église locale.

2. Le Conseil de la JNI définit la concentration du ministère de la JNI locale en réponse aux besoins du ministère local envers les jeunes, développe et attribue des titres et des descriptions de tâches pour les responsables de ministère.

3. Le Conseil de la JNI donne une direction à l'école du dimanche destinée aux jeunes et encourage la croissance et la participation des jeunes, en proposant des enseignants et responsables de l'école du dimanche pour les jeunes, en leur donnant une formation et en recommandant un curriculum et des ressources à utiliser, en coopération avec le Conseil des MEDFDI.

4. Le Conseil de la JNI coopère avec le Conseil de la JNI du district dans la promotion des ministères de la JNI de district, régionale et mondiale auprès des jeunes de l'église.

5. Le Conseil de la JNI établit et communique le processus de proposition de révisions concernant le plan de ministère local.

810.114 Comités

1. Le Comité exécutif de la JNI est composé des responsables élus de la JNI et du pasteur ou du pasteur des jeunes. Le Comité exécutif peut délibérer des questions concernant le Conseil de la JNI lorsque cela s'avère nécessaire. Toutes les actions du Comité exécutif sont communiquées aux autres membres du conseil et doivent faire l'objet de l'approbation de tout le conseil à sa prochaine réunion.

2. Le Conseil de la JNI peut établir des comités spécifiques à des ministères ou à des tranches d'âge en réponse aux besoins du ministère envers les jeunes.

810.115 Personnel salarié

1. Le pasteur désigne les responsabilités d'un pasteur des jeunes, en consultation avec le conseil de l'église et le Conseil de la JNI.

2. Le Conseil de la JNI et le pasteur des jeunes travaillent en coopération et en harmonie l'un avec l'autre.

3. Si une église a plusieurs membres du personnel salarié exerçant un ministère envers des tranches d'âge spécifiques au sein de la JNI, cette église peut développer des conseils ou des comités de la JNI pour chacune de ces tranches d'âge sous la direction du personnel. L'église peut décider de l'utilisation d'un conseil de coordination des différents groupes.

Réunions

810.116 Réunions de la JNI locale

1. Divers rassemblements de la JNI locale permettent d'avoir un ministère efficace envers les jeunes.
2. Le groupe de la JNI locale participe aux rassemblements de la JNI de district, régionale et mondiale qui améliorent le ministère envers les jeunes dans l'église.

810.117 Réunions du Conseil de la JNI

1. Le Conseil de la JNI se réunit régulièrement pour mener à bien sa mission et sa vision de la JNI.
2. Les réunions du conseil peuvent être organisées ou convoquées par le président ou le pasteur.

810.118 Réunion annuelle

1. La réunion de la JNI locale se tient pendant les soixante jours précédant la Convention de la JNI de district, en accord avec le *Manuel* de l'Église du Nazaréen.
2. Les responsables de la JNI, les membres du conseil et les délégués à la Convention de la JNI de district ont élus lors de la réunion annuelle de la JNI.
3. Le plan de ministère de la JNI locale peut être révisé par un vote majoritaire des deux tiers lors de la réunion annuelle de la JNI.

B. PLAN DE MINISTÈRE DE DISTRICT

EXEMPLE

Ministères

810.200 Évangélisation

La JNI de district développe et met en œuvre divers ministères continus et événements exceptionnels afin d'atteindre les jeunes pour Christ.

810.201 Formation des disciples

La JNI de district développe et met en œuvre divers ministères continus et événements exceptionnels pour nourrir et encourager les jeunes à croître en tant que disciples de Christ dans leur culte personnel, l'adoration, la communion, le ministère et en amenant d'autres personnes à Christ.

810.202 Formation des responsables

La JNI de district développe et met en œuvre divers ministères continus et événements exceptionnels pour guider et former des jeunes à être des responsables pour Christ et Son Église.

Révisions

810.203 Dispositions

1. Ce plan de ministère de district donne un format standard pour l'organisation, le fonctionnement et la direction de la JNI au niveau du district. La JNI de district peut adapter et réviser le plan en réponse aux besoins du ministère envers les jeunes dans le district, en accord avec la charte de la JNI et le *Manuel* de l'Église du Nazaréen.
2. Tout domaine non couvert par ce plan de ministère se trouve sous l'autorité du Conseil de la JNI de district.

810.204 Processus

1. Le Conseil de la JNI de district établit et communique le processus d'adaptation et de révision du plan de ministère de district et doit approuver les révisions proposées avant qu'elles soient présentées à la Convention de la JNI de district.
2. Les révisions proposées concernant le plan de ministère de district doivent être distribuées par écrit aux groupes de la JNI locale avant la Convention de la JNI de district.
3. Les révisions doivent être approuvées par un vote aux deux tiers de tous les délégués et membres présents et votants à la Convention de la JNI de district et doivent faire l'objet de l'approbation du surintendant de district et du Conseil consultatif de district.
4. Tous les changements concernant le plan de ministère de district entrent en vigueur au plus tard soixante jours après la convention. Le document révisé doit être distribué par écrit avant de prendre effet.

Appartenance et concentration du ministère

810.205 Composition et responsabilisation

1. Tous les groupes de la JNI locale et membres de la JNI au sein des limites d'un district forment la JNI de district.
2. La JNI de district doit rendre compte devant ses membres, le surintendant de district et le Conseil consultatif de district.
3. La JNI de district présente un rapport annuel à la Convention de la JNI de district et à l'assemblée de district par l'intermédiaire du président de la JNI de district.

810.206 Concentration du ministère

1. La concentration traditionnelle du ministère de la JNI de district concerne les jeunes de douze ans et plus, les étudiants universitaires et les jeunes adultes. Le Conseil de la JNI de district peut modifier la concentration de son ministère selon les besoins, avec l'approbation du surintendant de district et du Conseil consultatif de district.
2. En ce qui concerne la représentation et la programmation, le Conseil de la JNI de district établit des divisions par tranches d'âges selon les besoins du ministère envers les jeunes du district.

Direction

810.207 Responsables

1. Les responsables de la JNI de district sont le président, le vice-président, le secrétaire et le trésorier.
2. Les responsables de la JNI de district doivent être membres d'une Église du Nazaréen locale au sein du district à la date de leur élection, être actifs dans le ministère envers les jeunes au niveau local et du district et être perçus comme des responsables par leur exemple personnel et leur ministère.
3. Les responsables de la JNI de district servent sans percevoir de salaire. Le financement des dépenses administratives des responsables de la JNI de district fait partie du budget de la JNI de district.
4. Si un district n'a pas encore de JNI organisée (pas de Convention de la JNI de district), le surintendant de district peut nommer un président de la JNI de district afin que les églises locales puissent être aidées afin d'atteindre les jeunes pour Christ et répondre aux besoins de croissance spirituelle.

810.208 Élections

1. Les responsables de la JNI de district sont élus par la Convention de la JNI de district pour un mandat d'un an, de la clôture de la convention jusqu'à ce que leurs successeurs soient élus et assument leurs rôles dans le ministère. Sur recommandation du Comité de sélection de la JNI de district et avec l'approbation du surintendant de district, un responsable peut être élu pour un mandat de deux ans.
2. Un Comité de sélection de la JNI de district propose les responsables de la JNI de district. Le Comité de sélection est nommé par le Conseil de la JNI de district et est composé d'au moins quatre membres de la JNI de district ainsi que du surintendant de district et du président de la JNI de district. Tous les candidats doivent être approuvés par

le Conseil de la JNI de district et par le surintendant de district.

3. Les responsables sont alors élus par un vote majoritaire lors de la Convention annuelle de la JNI. Lorsqu'il n'y a qu'un seul candidat pour un poste, un vote majoritaire des deux tiers par voie de scrutin uninominal (oui ou non) doit avoir lieu. Si le Comité de sélection le recommande, la convention peut voter pour permettre au Conseil de la JNI de district de nommer le secrétaire et le trésorier de la JNI de district.

4. Un responsable sortant peut être réélu par un vote au scrutin uninominal (oui ou non) lorsqu'un tel vote est recommandé par le Conseil de la JNI de district, avec l'approbation du surintendant de district et avec un vote majoritaire des deux tiers de la Convention de la JNI de district.

5. Un poste est déclaré vacant lorsqu'un responsable n'est plus membre du district, démissionne ou est radié de son poste par un vote majoritaire des deux tiers du conseil à cause d'une négligence de ses devoirs ou d'une conduite inappropriée. Si le poste du président devient vacant, le vice-président assume les devoirs de président jusqu'à la prochaine Convention de la JNI de district. Si un poste parmi les autres responsables devient vacant, le Conseil de la JNI de district comble le poste par un vote majoritaire des deux tiers s'il n'y a qu'un seul candidat, ou par un vote majoritaire, s'il y a deux candidats ou plus.

810.209 Responsabilités

1. Les responsabilités du président de la JNI de district incluent:
   a. Donner la direction et l'orientation à la JNI de district en travaillant en coopération avec la JNI et les responsables du district.
   b. Présider le Conseil de la JNI de district en définissant et transmettant une vision du ministère envers les jeunes dans le district.
   c. Faciliter le développement du ministère envers les jeunes dans le district et travailler avec le Conseil de la JNI de district pour définir la concentration du ministère de la JNI de district selon les besoins.
   d. Présider la Convention de la JNI de district.
   e. Encourager le développement du ministère envers les jeunes dans chaque église locale du district.
   f. Représenter les intérêts de la JNI dans tous les conseils et comités de district appropriés.
   g. Présenter un rapport annuel à la Convention de la JNI de district et à l'assemblée de district.

h. Présenter un budget annuel au Comité des finances de district (ou à l'entité du district appropriée) et à la Convention de la JNI de district pour approbation.

i. Servir en tant que délégué d'office à l'assemblée de district.

j. Être délégué à la Convention de la JNI mondiale. Si le président ne peut y assister, un représentant élu par le Conseil de la JNI de district, avec l'approbation du surintendant de district et du Conseil consultatif de district, peut être représentant suppléant.

k. Être membre du Conseil de la JNI régionale, si le plan de ministère régional le spécifie.

2. Les responsabilités du vice-président incluent:

a. Coopérer avec le président autant que possible pour exercer un ministère efficace envers les jeunes du district.

b. Assumer les responsabilités du président en son absence.

c. Assumer les autres devoirs déterminés par le conseil et la Convention de la JNI de district.

d. Si le poste de président de la JNI de district est vacant, assumer les fonctions du président jusqu'à ce qu'un successeur soit élu et installé.

3. Les responsabilités du secrétaire incluent:

a. Rédiger un procès-verbal précis de toutes les actions du Conseil de la JNI de district, du Comité exécutif et de la Convention de la JNI de district.

b. Assumer toute la correspondance de la JNI de district.

c. Communiquer à la JNI mondiale et au président de la JNI régionale les noms et adresses des différents responsables de la JNI de district et des directeurs du ministère le plus tôt possible après leur élection.

d. Assumer les autres devoirs déterminés par le Conseil et la Convention de la JNI de district.

4. Les responsabilités du trésorier incluent:

a. Débourser, recevoir et garder un registre des fonds de la JNI de district.

b. Créer un rapport financier annuel de tout argent recueilli et déboursé à présenter à la Convention de la JNI de district tous les ans.

c. Travailler avec le président pour la création d'un budget annuel à présenter aux entités appropriées.

5. D'autres responsabilités peuvent être confiées aux responsables selon les besoins du ministère envers les jeunes du district.

810.210 Personnel salarié

1. Lorsqu'un pasteur des jeunes est employé par le district, le surintendant de district, en consultation avec le Conseil consultatif de district et le Conseil de la JNI de district, confère la responsabilité de la JNI de district au pasteur

des jeunes de district. Dans ce cas, certains devoirs qui reviennent habituellement à un président de la JNI de district peuvent être pris en charge par le pasteur des jeunes de district. Cependant, l'importance du président de la JNI demeure un rôle vital en assurant une direction laïque, en soutenant et en représentant le ministère local envers les jeunes. Le Conseil de la JNI de district et le surintendant de district travaillent ensemble pour définir les rôles et les responsabilités des deux postes et collaborent ensemble pour le bien du ministère de l'église envers les jeunes.

2. Un pasteur des jeunes de district ne peut être président de la JNI de district.

3. Le pasteur des jeunes de district est un membre d'office du Conseil de la JNI de district, du Comité exécutif et du Comité de sélection de la JNI de district.

4. Le pasteur des jeunes de district peut être le délégué du surintendant de district pour servir dans d'autres responsabilités de la JNI.

Conseil

810.211 Composition

1. Le Conseil de la JNI de district est composé des responsables de la JNI de district, d'autres jeunes membres non désignés et de responsables de ministère, élus ou nommés, tel que jugé nécessaire par le conseil, le surintendant de district et/ou le pasteur des jeunes de district.

2. Seuls les membres de la JNI qui sont membres de l'Église du Nazaréen dans le district peuvent être membres du Conseil de la JNI de district.

810.212 Élections

1. Le Comité de sélection de la JNI de district propose les membres de la JNI de district à élire au Conseil de la JNI de district.

2. La Convention de la JNI de district élit ensuite les membres du Conseil de la JNI de district, à partir des candidats proposés, par un vote majoritaire.

3. Un poste est déclaré vacant lorsqu'un membre du conseil ne fait plus partie du district, démissionne ou est radié de son poste par un vote majoritaire des deux tiers du conseil à cause de la négligence dans l'accomplissement de ses devoirs ou d'une conduite inappropriée. Si un poste de membre du conseil devient vacant, le Conseil de la JNI de district comble le poste par un vote majoritaire des deux tiers s'il n'y a qu'un candidat ou par un vote majoritaire si les candidats sont deux ou plus.

4. Le Comité de sélection peut autoriser le Conseil de la JNI de district à nommer des responsables de ministère de district.

810.213 Responsabilités

1. Le Conseil de la JNI de district est responsable de la planification et de l'organisation du ministère total envers la jeunesse au sein du district et, aidé de ses responsables et directeurs, initie et dirige des ministères et des activités afin d'atteindre des jeunes pour Christ et de répondre à leurs besoins de croissance spirituelle, en harmonie avec la direction du district.

2. Le Conseil de la JNI de district définit la concentration du ministère de la JNI de district en réponse aux besoins du ministère envers les jeunes dans le district et développe et attribue des titres et des responsabilités pour les responsables de ministère de la JNI.

3. Le Conseil de la JNI de district encourage et forme les églises locales du district pour un ministère efficace envers les jeunes.

4. Le Conseil de la JNI de district donne la direction de l'école du dimanche du district destinée aux jeunes en favorisant la participation des jeunes et en formant les enseignants et responsables de l'école du dimanche destinée aux jeunes, en coopération avec le Conseil des MEDFDI de district.

5. Le Conseil de la JNI de district assure la promotion des ministères et programmes de la JNI régionale et mondiale auprès de groupes de la JNI locale.

6. Le Conseil de la JNI de district présente des recommandations à la Convention de la JNI de district concernant le ministère de la JNI. La convention peut réviser ces recommandations avant de les adopter.

7. Le Conseil de la JNI de district établit et communique le processus d'amendement du plan de ministère du district.

810.214 Comités

1. Le Comité exécutif de la JNI est composé des responsables élus de la JNI de district, du surintendant de district et/ou du pasteur des jeunes de district. Si le secrétaire et le trésorier sont nommés membres du conseil, le conseil peut élire par vote majoritaire deux autres membres du Conseil de la JNI de district pour faire partie du Comité exécutif. Toutes les actions du Comité exécutif sont communiquées aux autres membres du conseil et doivent faire l'objet de l'approbation de tout le conseil à sa prochaine réunion.

2. Le Conseil de la JNI de district peut établir des comités spécifiques selon les ministères ou les tranches d'âge en réponse aux besoins du ministère envers les jeunes dans le district.

810.215 Zone de la JNI

1. En coopération avec les responsables du district, le Conseil de la JNI de district peut autoriser différentes zones au sein de la structure existante du district pour organiser la direction de la JNI afin de coordonner et d'améliorer le ministère de la JNI à travers le district.
2. Un Conseil de zone de la JNI peut être créé pour assumer la responsabilité de ministères et d'activités spécifiques de la zone.
3. Un président ou un représentant de chaque zone peut être membre du Conseil de la JNI de district, si la Convention de la JNI de district le spécifie.

810.216 Personnel salarié

1. Le surintendant de district désigne les responsabilités d'un pasteur des jeunes de district en consultation avec le Conseil consultatif de district et le Conseil de la JNI de district.
2. Le Conseil de la JNI de district et le pasteur des jeunes de district travaillent en coopération et en harmonie l'un avec l'autre.

Réunions

810.217 Réunions de la JNI de district

1. Divers rassemblements de la JNI de district permettent d'avoir un ministère efficace envers les jeunes.
2. La JNI de district encourage et améliore également le ministère de la JNI locale en se réunissant avec les groupes locaux de la JNI à travers le district pour leur fournir des ressources en vue d'un ministère efficace.
3. La JNI de district participe aux rassemblements de la JNI régionale et de la JNI mondiale qui améliorent l'efficacité du ministère envers les jeunes à travers le district.

810.218 Réunions du Conseil de la JNI de district

1. Le Conseil de la JNI de district se réunit régulièrement pour mener à bien sa mission et sa vision pour la JNI de district.
2. Les réunions du conseil peuvent être organisées ou convoquées par le président de la JNI de district ou par le surintendant de district.

810.219 Convention de la JNI de district

1. La Convention annuelle de la JNI de district permet des sessions qui inspirent les participants et des programmes pour l'avancement du ministère envers les jeunes dans le district. Les rapports sont présentés, les responsables élus

et les questions concernant le travail de la JNI sont délibérés à la convention. Les délégués à la Convention de la JNI mondiale sont également élus en accord avec le plan de ministère mondial.

2. Le Conseil de la JNI de district organise et supervise la Convention de la JNI de district, en coopération avec le surintendant de district. La convention se tient à la date et au lieu désigné par le Conseil de la JNI de district, avec l'approbation du surintendant de district et dans les quatre-vingt-dix jours précédant l'assemblée de district.

3. La Convention de la JNI de district est composée des membres du Conseil de la JNI de district, du surintendant de district, des pasteurs locaux, d'autres ministres ordonnés affectés du district participant au ministère de la JNI et des délégués locaux de la JNI.

4. Tous les délégués locaux de la JNI à la Convention de la JNI de district doivent être membres de l'Église du Nazaréen qu'ils représentent.

5. Le nombre de délégués locaux de la JNI de chaque église est déterminé par le nombre de membres figurant sur le rapport le plus récent du pasteur précédant l'assemblée de district. Les responsables de la JNI de district encouragent les églises locales à s'organiser en ce qui concerne les dépenses des délégués assistant à la Convention de la JNI de district.

6. La délégation locale de la JNI à la Convention de la JNI de district pour les églises comptant trente membres de la JNI ou moins, est composée:

   a. du pasteur et du pasteur des jeunes ou de tout membre du personnel pastoral salarié à plein temps et participant au ministère de la JNI;

   b. du président de la JNI locale nouvellement élu;

   c. d'au plus quatre délégués, dont la moitié au moins est active dans la concentration du ministère établie par la JNI de district;

   d. Les églises locales peuvent ajouter un délégué supplémentaire pour chaque tranche successive de trente membres de la JNI locale ou la part majeure finale de ces trente membres (c'est-à-dire de seize à vingt-neuf membres). La moitié au moins des délégués supplémentaires doit être active dans la concentration du ministère établie par la JNI de district.

7. Un délégué peut être nommé par le pasteur de toute église locale ou par le directeur d'un centre approuvé de Ministères de Compassion Nazaréenne n'ayant pas de JNI organisée.[4]

   5 à 45 membres: 4 délégués

---

[4] Le nombre des délégués élus d'une JNI local n'inclut pas les délégués d'office (pasteur, pasteur des jeunes, membres du Conseil de la JNI de district, etc.).

46 à 75 membres : 5 délégués
76 à 105 membres : 6 délégués
106 à 135 membres : 7 délégués
136 à 165 membres : 8 délégués
166 à 195 membres : 9 délégués
196 à 225 membres : 10 délégués
226 à 255 membres : 11 délégués

C. PLAN DE MINISTÈRE RÉGIONAL

EXEMPLE

Ministères

810.300 Évangélisation

La JNI régionale développe et met en œuvre divers ministères continus et événements exceptionnels afin d'atteindre les jeunes pour Christ.

810.301 Formation de disciples

La JNI régionale développe et met en œuvre divers ministères continus et événements exceptionnels pour nourrir et encourager les jeunes à croître en tant que disciples de Christ dans leur culte personnel, l'adoration, la communion, le ministère et en amenant d'autres personnes à Christ.

810.302 Perfectionnement des responsables

La JNI régionale développe et met en œuvre divers ministères continus et événements spéciaux pour guider et former des jeunes à être responsables pour Christ et Son Église.

Révisions

810.303 Disposition

1. Le plan de ministère régional donne un format standard pour l'organisation, la fonction et la direction de la JNI au niveau régional. Une JNI régionale peut adapter et réviser le plan en réponse aux besoins du ministère envers les jeunes dans la région, en accord avec la charte de la JNI et le *Manuel* de l'Église du Nazaréen.
2. Tout domaine non couvert par ce plan de ministère relève de l'autorité du Conseil de la JNI régionale.

810.304 Processus

1. Le Conseil de la JNI régionale, en coopération avec la région, établit et communique le processus d'adaptation et de révision du plan de ministère régional et doit approuver les révisions proposées avant qu'elles soient présentées au Comité électoral régional.
2. Les révisions proposées concernant le plan de ministère régional doivent être distribuées par écrit aux Conseils de la JNI de district avant le Caucus de la JNI régionale avant la Convention de la JNI mondiale.
3. Les révisions doivent être approuvées par un vote majoritaire des deux tiers de tous les délégués et membres présents et votants au Caucus de la JNI régionale et doivent être approuvées par le directeur régional et le Conseil consultatif régional (s'il y a lieu).
4. Tous les changements concernant le plan de ministère régional prennent effet au plus quatre-vingt-dix jours après la Convention de la JNI mondiale. Le document révisé doit être distribué par écrit avant de prendre effet.

Appartenance et concentration du ministère

810.305 Composition et responsabilisation

1. Tous les groupes locaux de la JNI, ministères de la JNI de district et membres de la JNI au sein des limites d'une région constituent la JNI régionale.
2. La JNI régionale doit rendre compte à ses membres, au directeur régional, au directeur de la JNI mondiale, au Conseil de la JNI régionale et au Conseil de la JNI mondiale.
3. La JNI régionale présente ses rapports au Conseil de la JNI mondiale annuellement.

810.306 Concentration du ministère

1. La concentration du ministère de la JNI régionale concerne les jeunes de douze ans et plus, les étudiants universitaires et les jeunes adultes. Un Conseil de la JNI régionale peut modifier la concentration du ministère selon les besoins, avec l'approbation des districts de la région et du directeur régional.
2. En vertu de la représentation et de la programmation, le Conseil de la JNI régionale peut établir des divisions par tranches d'âges selon les besoins du ministère envers les jeunes de la région.

Dirigeants

810.307 Dirigeants

1. Les dirigeants du Conseil de la JNI régionale sont le président, le vice-président et le secrétaire. Ces dirigeants et le coordinateur régional des jeunes constituent le Comité exécutif.
2. Les dirigeants régionaux de la JNI doivent être domiciliés et être membres de l'Église du Nazaréen à l'intérieur des limites de la région au moment de leur élection, être actifs dans le ministère envers les jeunes et être considérés responsables par leur exemple personnel et leur ministère.
3. Les dirigeants régionaux de la JNI servent sans percevoir de salaire. Le financement des dépenses administratives des dirigeants régionaux de la JNI fait partie des fonds régionaux.

810.308 Élections

1. Les dirigeants régionaux de la JNI sont élus par le caucus de la JNI régionale pendant une réunion spéciale durant la Convention de la JNI mondiale. Les dirigeants servent à partir de la clôture de la Convention de la JNI mondiale jusqu'à la clôture de la prochaine Convention de la JNI mondiale.
2. Un Comité de sélection de la JNI régionale propose les dirigeants de la JNI régionale. Le Comité de sélection est désigné par le Conseil de la JNI régionale et est constitué d'au moins quatre membres de la JNI régionale, incluant le président de la JNI régionale et le directeur régional. Au moins deux noms sont proposés au Caucus de la JNI régionale pour chaque poste. Tous les candidats doivent être approuvés par le Conseil de la JNI régionale et le directeur régional.
3. Un président sortant de la JNI régionale étant éligible pour un deuxième mandat peut être réélu par un vote au scrutin uninominal (oui ou non) lorsqu'une telle élection est recommandée par le Conseil de la JNI régionale et approuvée par le directeur régional et par un vote majoritaire aux deux tiers du caucus régional de la Convention de la JNI mondiale.
4. Un poste est déclaré vacant lorsqu'un dirigeant n'est plus membre au sein de la région, démissionne ou si celui-ci est radié de son poste par un vote majoritaire des deux tiers du Conseil de la JNI mondiale à cause de la négligence de ses devoirs ou d'une conduite inappropriée. Si un poste devient vacant parmi les dirigeants, le Conseil de la JNI régionale comble le poste par un vote majoritaire des deux tiers s'il

n'y a qu'un seul candidat ou par un vote majoritaire si les candidats sont au moins deux. Dans le cas d'une vacance au poste du président de la JNI régionale, la région élit un nouveau président en harmonie avec le plan de ministère mondial.

810.309 Responsabilités

1. Les responsabilités du président de la JNI régionale incluent:
   a. Diriger et orienter la JNI régionale, en travaillant en coopération avec la JNI et les responsables régionaux.
   b. Présider le Conseil de la JNI régionale pour définir et transmettre une vision pour le ministère envers les jeunes dans la région.
   c. Faciliter le développement du ministère envers les jeunes dans la région et travailler avec le Conseil de la JNI régionale pour définir la concentration du ministère de la JNI régionale selon les besoins.
   d. Présider le Caucus de la JNI régionale durant la Convention de la JNI mondiale.
   e. Encourager le développement du ministère de la JNI dans chaque district ou zone au sein de la région.
   f. Représenter les intérêts de la JNI régionale dans les conseils et comités régionaux appropriés.
   g. Soumettre un rapport annuel au Conseil de la JNI régionale, au directeur régional, au Conseil consultatif régional (s'il y a lieu) et au Conseil de la JNI mondiale.
   h. Recommander un budget annuel au Conseil de la JNI régionale et au bureau régional.
   i. Siéger comme délégué à la Convention de la JNI mondiale.
   j. Servir de liaison entre la JNI régionale et les institutions d'enseignement supérieur dans la région pour encourager la communication, la coopération et le partenariat ministériel.
2. Les responsabilités des dirigeants régionaux de la JNI incluent:
   a. Développer et désigner des responsables pour les divers ministères de la JNI régionale.
   b. Définir et assigner des titres et des responsabilités concernant les ministères envers les jeunes selon les besoins régionaux.
   c. Distribuer les responsabilités suivantes pour assurer le contrôle et l'efficacité:
      (1) Rédiger fidèlement le procès-verbal de toutes les réunions du Conseil de la JNI régionale et s'occuper de toute la correspondance de la JNI régionale.
      (2) Débourser, recevoir et garder des registres des fonds de la JNI régionale, selon les dispositions du Conseil

de la JNI mondiale, du Conseil général et du bureau régional.

(3) Aider le président à créer un rapport financier annuel de tout argent recueilli et déboursé pour le présenter au Conseil de la JNI mondiale et aux autres entités appropriées.

(4) Travailler avec le président pour créer un budget annuel à présenter au Conseil de la JNI régionale et au directeur régional pour approbation.

(5) Communiquer au Bureau des ministères de la JNI et au bureau régional les noms et adresses de tous les dirigeants régionaux de la JNI et des directeurs de ministère le plus tôt possible après leur élection ou nomination.

d. Coopérer avec le président autant que possible pour faciliter le ministère régional envers les jeunes.

e. S'occuper d'autres ministères selon les instructions du Conseil de la JNI régionale ou du caucus de la JNI régionale.

810.310 Personnel salarié

1. Lorsqu'un coordinateur de la JNI régionale est employé par la région, le directeur régional, en consultation avec le Conseil consultatif régional et le Conseil de la JNI régionale, peut donner la responsabilité de la coordination de la JNI régionale au coordinateur de la JNI régionale. Dans ce cas, certains des devoirs revenant habituellement au président de la JNI régionale peuvent être pris en charge par le coordinateur de la JNI régionale. Cependant, l'importance du président de la JNI régionale demeure, assurant une direction, un soutien et une représentation supplémentaire pour le ministère régional envers les jeunes. Le Conseil de la JNI régionale et le directeur régional travaillent ensemble pour définir les rôles et responsabilités des deux postes et leur manière de travailler ensemble pour le bien du ministère régional envers les jeunes.

2. Un coordinateur de la JNI régionale ne peut être président de la JNI régionale.

3. Le coordinateur de la JNI régionale est membre d'office du Conseil de la JNI régionale, du Comité exécutif et du Comité de sélection de la JNI régionale.

4. Le coordinateur de la JNI régionale peut servir comme la personne désignée par le directeur régional pour des responsabilités liées à la JNI.

Conseil

810.311 Composition

1. Le Conseil de la JNI régionale est composé des dirigeants régionaux de la JNI et d'autres représentants des jeunes et responsables de ministères élus ou nommés selon ce que le conseil jugera nécessaire et du directeur régional et/ou du coordinateur de la JNI régionale.
2. Seuls les membres de la JNI qui sont membres de l'Église du Nazaréen dans la région peuvent être membres du Conseil de la JNI régionale.
3. S'il y a lieu, les représentants des universités nazaréennes responsables de ministère partagé avec la JNI régionale peuvent également faire partie du Conseil de la JNI régionale.

810.312 Élections

1. Un Comité de sélection de la JNI régionale propose les membres de la JNI régionale devant être élus au Conseil de la JNI régionale.
2. Le caucus de la JNI régionale à la Convention de la JNI mondiale élit alors par vote majoritaire les membres du Conseil de la JNI régionale à partir des candidats proposés. Le caucus de la JNI régionale peut autoriser le Conseil de la JNI régionale à nommer des directeurs de ministères régionaux.
3. Un poste est déclaré vacant lorsqu'un membre devient membre hors de la région, démissionne ou est radié de son poste par un vote majoritaire des deux tiers du conseil à cause de la négligence de ses devoirs ou d'une conduite inappropriée. Si un poste était vacant parmi les membres du conseil élus ou nommés par le conseil, le Conseil de la JNI régionale pourvoit au poste par un vote majoritaire des deux tiers s'il n'y a qu'un seul candidat ou par un vote majoritaire s'il y a deux candidats ou plus. Si un poste est vacant parmi les membres représentant un district de la région, le poste est pourvu selon le plan de ministère de ce district.

810.313 Responsabilités

1. Le Conseil de la JNI régionale est responsable de la planification et de l'organisation de l'ensemble du ministère envers les jeunes dans la région et, au travers de ses dirigeants et directeurs, initie et dirige des ministères et des activités pour toucher les jeunes pour Christ et pour répondre à leurs besoins de croissance spirituelle, en harmonie avec les responsables de la région.

2. Le Conseil de la JNI régionale définit la concentration du ministère de la JNI régionale en réponse aux besoins régionaux du ministère envers les jeunes et développe et désigne des titres et des responsabilités pour les directeurs de ministères de la JNI régionale.

3. Le Conseil de la JNI régionale encourage et équipe les districts de la région pour un ministère efficace envers les jeunes.

4. Le Conseil de la JNI régionale facilite le domaine de l'école du dimanche concernant les jeunes dans la région en encourageant leur participation et en formant les responsables et enseignants de l'école du dimanche pour les jeunes en coopération avec les MEDFDI.

5. Le Conseil de la JNI régionale assure la promotion des ministères et des programmes de la JNI mondiale auprès des membres de la région.

6. Le Conseil de la JNI régionale dirige l'utilisation des fonds fournis à la région par les événements et partenariats de la JNI.

7. Le Conseil de la JNI régionale donne ses recommandations au caucus régional de la Convention de la JNI mondiale concernant le ministère de la JNI. Le conseil nomme également une ou deux personnes pour servir la région en tant que membres du Comité des résolutions de la Convention de la JNI mondiale, en accord avec le plan de ministère mondial.

8. Le Conseil de la JNI régionale travaille en coopération avec le directeur régional pour sélectionner un représentant pour siéger sur le Conseil de la JNI mondiale.

9. Le Conseil de la JNI régionale établit et communique le processus d'amendement du plan de ministère régional.

810.314 Comités

1. Le Comité exécutif est composé des dirigeants régionaux de la JNI, du directeur régional et/ou du coordinateur régional. Le Comité exécutif peut délibérer des questions du Conseil de la JNI régionale lorsqu'il est difficile ou impossible de réunir tout le conseil. Toutes les actions du Comité exécutif sont communiquées aux autres membres du conseil et soumises à l'approbation de tout le conseil à sa prochaine réunion.

2. Le Conseil de la JNI régionale peut établir des comités de ministères spécifiques en réponse aux besoins régionaux du ministère envers les jeunes.

3. Dans les pays comptant plusieurs districts, une région peut organiser le ministère national de responsables de la JNI pour coordonner et faciliter le ministère envers les jeunes dans ce pays.

810.315 La JNI du champ

1. S'il y a lieu et en coopération avec les responsables régionaux de l'église, le Conseil de la JNI régionale peut organiser la direction de la JNI dans plusieurs champs au sein de la structure existante d'une région, pour coordonner et favoriser le ministère de la JNI à travers la région.
2. Un Conseil de la JNI du champ peut être créé pour assumer la responsabilité de ministères et d'activités spécifiques dans la zone.
3. Un représentant de chaque champ peut faire partie du Conseil de la JNI régionale, si le caucus régional le spécifie.

810.316 Personnel salarié

1. Le directeur régional désigne les responsabilités du coordinateur de la JNI régionale, en consultation avec le Conseil consultatif régional et le Conseil de la JNI régionale.
2. Le Conseil de la JNI régionale et le coordinateur de la JNI régionale travaillent en coopération et en harmonie l'un avec l'autre.

Réunion

810.317 Réunions de la JNI régionale

1. Diverses réunions de la JNI régionale aident à l'efficacité du ministère envers les jeunes dans la région.
2. La JNI régionale encourage et favorise les ministères de la JNI de district en se réunissant avec les groupes de la JNI des districts de la région pour leur donner les moyens d'avoir un ministère efficace.
3. La JNI régionale participe aux rassemblements de la JNI mondiale qui favorisent l'efficacité du ministère envers les jeunes à travers la région.

810.318 Réunions du Conseil de la JNI régionale

1. Le Conseil de la JNI régionale se réunit régulièrement pour mener à bien la mission et la vision de la JNI régionale.
2. Les réunions du conseil sont programmées ou convoquées par le président de la JNI régionale, le directeur régional, un coordinateur régional de jeunes ou le directeur de la JNI mondiale.

810.319 Caucus régional

1. Un caucus régional est convoqué lors de la Convention de la JNI mondiale. Le caucus organise des sessions inspirantes et des programmes utiles à l'avancement du ministère envers les jeunes à travers la région. Les rapports sont présentés, les responsables élus et toute question législative

concernant le travail de la JNI dans la région est délibérée lors du caucus.

2. Le Conseil de la JNI régionale, en coopération avec le Conseil de la JNI mondiale, prépare et supervise le caucus régional.

3. Le caucus régional est constitué des membres du Conseil de la JNI régionale, du directeur régional et/ou du coordinateur de la JNI régionale et des délégués de la région à la Convention de la JNI mondiale qui sont élus selon le plan de ministère mondial.

4. Le caucus se rassemble lors de la Convention de la JNI mondiale à l'heure et au lieu désigné par le Conseil de la JNI mondiale. Lorsque cela est approuvé par le Conseil de la JNI régionale, le directeur régional et le Conseil de la JNI mondiale, un caucus peut être convoqué par courrier ou courriel ou pendant les six mois précédant la Convention de la JNI mondiale afin de délibérer des questions de la JNI régionale lorsque les circonstances ne permettent pas que la majorité des délégués élus assistent à la Convention de la JNI mondiale.

D. PLAN DE MINISTÈRE MONDIAL

Ministères

810.400 Évangélisation

La JNI mondiale développe et met en œuvre une variété de ministères continus et d'événements exceptionnels afin d'atteindre des jeunes pour Christ.

810.401 Formation de disciples

La JNI mondiale développe et met en œuvre une variété de ministères continus et d'événements exceptionnels pour nourrir et encourager les jeunes à croître en tant que disciples du Christ dans leur culte personnel, l'adoration, la communion, le ministère et en amenant d'autres personnes à Christ.

810.402 Développement des responsables

La JNI mondiale développe et met en œuvre une variété de ministères continus et d'événements exceptionnels pour guider et former les jeunes pour qu'ils soient responsables pour Christ et son Église.

Révisions

810.403 Disposition

1. La charte de la JNI et le plan de ministère mondial donnent une structure pour l'organisation, la fonction et les responsables de la JNI au niveau mondial. La Convention de la JNI mondiale peut réviser la charte et le plan de ministère de la JNI mondiale selon les besoins du ministère envers les jeunes dans le monde par la proposition de résolutions. Tous les amendements au plan de ministère mondial doivent être en harmonie avec la charte de la JNI et le *Manuel* de l'Église du Nazaréen.

2. Tout domaine non couvert par la charte de la JNI ou le plan de ministère mondial se trouve sous l'autorité du Conseil de la JNI mondiale et du directeur de la JNI.

810.404 Processus

1. Le Conseil de la JNI mondiale, en coopération avec le directeur de la JNI, établit et communique le processus d'amendement du plan de ministère mondial et de la charte de la JNI par la proposition de résolutions.

2. Ces résolutions peuvent être proposées par tout Conseil de la JNI de district, tout Conseil de la JNI régionale, le Conseil de la JNI mondiale ou parrainé par un groupe d'au moins six délégués de la Convention de la JNI mondiale. Les résolutions doivent être présentées sous le format propre aux résolutions et reçues avant l'échéance ci-dessous.

3. Le Bureau des ministères de la JNI doit recevoir toutes les résolutions au moins trente jours avant la réunion annuelle du Conseil de la JNI mondiale lors de l'année de la Convention de la JNI mondiale.

4. Les résolutions doivent être distribuées par écrit aux délégués de la Convention de la JNI mondiale avant la Convention de la JNI mondiale.

5. Les résolutions sont d'abord examinées par le Conseil de la JNI mondiale et par un Comité des résolutions de la Convention de la JNI mondiale, composé d'au plus deux délégués de la JNI de chaque région nommés par le Conseil de la JNI régionale. Les résolutions recevant un vote majoritaire recommandant leur approbation soit de la part du Conseil mondial, soit de la part du Comité des résolutions, sont alors examinées par la convention.

6. Les résolutions doivent être approuvées par un vote majoritaire des deux tiers de tous les délégués présents et votants à la Convention de la JNI mondiale.

7. Tous les changements approuvés dans la charte et le plan de ministère de la JNI mondiale entrent en vigueur au plus

tard quatre-vingt-dix jours après la Convention de la JNI mondiale. Le document révisé doit être distribué par écrit avant de prendre effet.

Appartenance et concentration du ministère

810.405 Composition et responsabilisation

1. Tous les groupes locaux, de district et tous les ministères régionaux de la JNI et leurs membres constituent la JNI mondiale.
2. La JNI mondiale doit rendre compte aux devant les membres de la JNI, le surintendant général en charge de la JNI et le Comité mondial pour les ministères et services du Conseil Général.
3. La JNI mondiale présente un rapport annuel au Conseil Général et tous les quatre ans à la Convention de la JNI mondiale et à l'Assemblée générale de l'Église du Nazaréen.
4. Le directeur des ministères de la JNI est responsable de la coordination et supervision générale pour le développement du ministère envers les jeunes pour l'Église du Nazaréen à travers la JNI.
5. Les bureaux de la JNI de par le monde travaillent ensemble avec le Conseil de la JNI mondiale pour la mise en œuvre efficace du ministère envers les jeunes pour l'Église du Nazaréen.

810.406 Concentration du ministère

1. La concentration du ministère de la JNI concerne les jeunes de douze ans et plus, les étudiants universitaires et les jeunes adultes. Les conseils régionaux du district et locaux de la JNI peuvent modifier l'orientation de leur ministère selon la situation et en restant en harmonie avec le plan de ministère pour ce niveau.
2. En ce qui concerne la représentation et la programmation, la JNI mondiale établit trois divisions – les jeunes juniors, les jeunes séniors et les étudiants universitaires/jeunes adultes – afin de fournir un ministère efficace envers les jeunes mondialement.

Dirigeants

810.407 Dirigeants

1. Les dirigeants élus de la JNI mondiale sont un président du conseil et un vice-président.
2. Aucun employé de l'Église du Nazaréen Inc. ou d'entités incluant les établissements d'enseignement qui reçoivent une aide financière de l'Église du Nazaréen, Inc. ne sera éligible

à être élu comme président du Conseil de la JNI mondiale. Les personnes provenant de districts ou d'autres entités recevant des fonds de fonctionnement de l'église générale sont également inéligibles.

3. Les dirigeants de la JNI mondiale doivent être membres de la JNI et de l'Église du Nazaréen, être actifs dans le ministère envers les jeunes et être responsables par leur exemple personnel et leur ministère.

4. Les dirigeants de la JNI mondiale servent sans percevoir de salaire. Le financement des dépenses administratives des dirigeants de la JNI mondiale fait partie des fonds des ministères de la JNI.

5. Un dirigeant de la JNI mondiale ne peut servir à son poste plus d'un mandat complet.

810.408 Élections

1. Le président du Conseil de la JNI mondiale est élu par un vote majoritaire durant la Convention de la JNI mondiale et siégera jusqu'à la clôture de l'Assemblée générale suivante ou jusqu'à ce que son successeur soit élu.

2. Chaque région choisit un nom comme président du Conseil de la JNI mondiale lors de la réunion du caucus régional de la JNI à la convention de la JNI mondial.

3. Le vice-président de la JNI mondiale est élu par le Conseil de la JNI mondiale à sa première réunion durant ou suivant l'Assemblée générale et siégera jusqu'à ce que son successeur soit élu.

4. Le poste de président ou de vice-président de la JNI mondiale est déclaré vacant lorsqu'il/elle démissionne ou lorsqu'il/elle est radié(e) par un vote majoritaire des deux tiers du Conseil de la JNI mondiale à cause de négligence à ses devoirs ou à cause d'une inconduite. Dans le cas d'une vacance de poste parmi les dirigeants de la JNI mondiale, le Conseil de la JNI mondiale sélectionnera un remplaçant parmi ses membres.

810.409 Responsabilités

1. Les responsabilités du président du Conseil de la JNI mondiale sont :
   a. Présider les séances de travail de la Convention de la JNI mondiale et les réunions du Conseil de la JNI mondiale.
   b. Représenter la JNI en tant que membre du Conseil général et en tant que délégué à l'Assemblée générale.
   c. Accomplir d'autres devoirs qui lui sont assignés par le Conseil et la Convention de la JNI mondiale.

2. Les responsabilités du vice-président de la JNI mondiale sont :

a. Coopérer avec le président du Conseil de la JNI mondiale de toutes les façons possible pour mener un ministère efficace envers les jeunes à l'échelle mondiale.

b. Assurer la tenue de procès-verbaux précis de toutes les actions de la Convention de la JNI mondiale et que les documents de toutes les réunions du Conseil de la JNI mondiale soient gardés pour être soumis au Conseil Général.

c. Présider le Conseil de la JNI mondiale, être représentant suppléant dans tout conseil et accomplir tout devoir assigné en l'absence du président du Conseil de la JNI mondiale.

d. Accomplir d'autres devoirs qui lui sont assignés par le Conseil de la JNI mondiale et par la Convention de la JNI mondiale.

810.410 Personnel salarié

1. Le surintendant général ayant juridiction de la JNI et le Conseil général confient la responsabilité de la JNI mondiale au directeur de la JNI. Le directeur de la JNI est sujet à la supervision du Conseil des surintendants généraux.

2. Le Conseil des surintendants généraux élit le directeur de la JNI et est sujet aux procédures d'élection du Conseil général.

3. Lorsque ce poste devient vacant, il est pourvu selon la séquence suivante :

   a. Le surintendant ayant juridiction propose comme candidat le directeur de la JNI en consultation avec le Conseil de la JNI mondiale et le Conseil des surintendants généraux.

   b. Un vote est alors présenté au Conseil de la JNI mondiale, avec l'approbation d'un vote majoritaire et est sujet aux procédures d'élection du Conseil général.

4. Après la sélection par le surintendant général ayant juridiction pour la JNI, le directeur de la JNI sortant est approuvé par un vote majoritaire du Conseil de la JNI mondiale lors de sa première réunion prévue suivant l'Assemblée générale et est sujet aux procédures d'élection du Conseil général.

5. Le directeur de la JNI ne peut pas siéger en tant que dirigeant élu de la JNI mondiale.

6. Le directeur de la JNI est membre d'office du Conseil de la JNI mondiale, du Comité exécutif, de tous les comités régionaux et autres comités de la JNI mondiale tel que nommé.

Conseil

810.411 Composition

1. Le Conseil de la JNI mondiale est composé du directeur de la JNI, du président du Conseil de la JNI mondiale et un

représentant de chaque région du monde, qui est sélectionné selon le plan de ministère adopté par chaque région.

2. D'autres personnes nommées selon l'avis du Conseil de la JNI mondiale peuvent êtres incluses en tant que membres non-votants du conseil.

3. Tous les membres du Conseil de la JNI mondiale doivent être membres de la JNI et de l'Église du Nazaréen.

810.412 Responsabilités

1. Le Conseil de la JNI mondiale, en coopération avec le directeur de la JNI et le personnel de la JNI, établit les procédures pour la JNI mondiale et dirige et soutient le développement de ressources pour le ministère envers les jeunes pour tous les niveaux de la JNI, sujets à l'approbation du surintendant général ayant juridiction pour la JNI et du Conseil général. Le ministère de la JNI est désigné pour atteindre les jeunes pour Christ et pour répondre aux besoins de leur croissance spirituelle. Ceci est facilité à travers le directeur de la JNI et les responsables de la JNI dans le monde.

2. Le Conseil de la JNI mondiale fournit une tribune pour le soutien et le développement de programmes, d'événements et de ressources efficaces pour les jeunes au niveau régional, en harmonie avec la mission et la vision de la JNI.

3. Le Conseil de la JNI mondiale donne l'occasion d'une représentation au niveau régional, de champ, du district et aux niveaux locaux de la JNI par les membres du conseil auprès du personnel de la JNI. Les membres du conseil représentent également la JNI mondiale en prenant contact avec leur région, leurs champs, leurs districts et leurs églises locales au nom du Conseil de la JNI mondiale et du Bureau de la JNI mondiale.

4. Le Conseil de la JNI mondiale aide à la planification et à l'administration de la Convention de la JNI mondiale.

5. Le Conseil de la JNI mondiale donne des propositions aux domaines de la jeunesse de l'école du dimanche/des études bibliques/des petits groupes et aide à la promotion des inscriptions des jeunes et leur assistance ainsi que la formation mondiale des enseignants et responsables de l'école du dimanche destinée aux jeunes, en coopération avec les MEDFDI.

6. Le Conseil de la JNI mondiale examine le budget annuel et les dépenses du Bureau de la JNI fournis par le Conseil général.

7. Le Conseil de la JNI mondiale dirige et examine l'utilisation des fonds fournis par les événements et partenariats de la JNI sujet à l'approbation du surintendant général ayant juridiction.

810.413 Comités

1. Le Comité exécutif est composé des dirigeants élus de la JNI mondiale et du directeur de la JNI. Le Comité exécutif peut délibérer des questions du Conseil de la JNI mondiale lorsqu'il n'est pas pratique ou qu'il est impossible de convoquer le conseil dans son entier. Toutes les actions du Comité exécutif sont communiquées aux autres membres du conseil et doivent faire l'objet de l'approbation du conseil entier lors de sa prochaine réunion.
2. Le Conseil de la JNI mondiale peut établir des comités spécifiques de ministères si nécessaire pour faire avancer son travail.

810.414 Personnel salarié

1. Le directeur de la JNI est sujet à la supervision du directeur de la mission mondiale et du Conseil des surintendants généraux. Le Conseil de la JNI mondiale peut recommander des révisions à ces devoirs au surintendant général ayant juridiction pour la JNI.
2. Le directeur de la JNI, en consultation avec le Conseil de la JNI mondiale, fixe les responsabilités du personnel salarié de la JNI mondiale. Le Conseil de la JNI mondiale coopère et travail en harmonie avec le personnel de la JNI mondiale
3. Le directeur de la JNI ne peut pas siéger comme président du Conseil de la JNI mondiale.

Réunions

810.415 Réunions de la JNI mondiale

1. Pour fournir un ministère efficace envers les jeunes, le ministère de la JNI mondiale peut inclure une variété de rassemblements pour l'adoration, l'enseignement, la formation, la communion et l'évangélisation. Les responsables de la JNI mondiale travaillent avec les responsables régionaux, des districts et locaux de la JNI pour planifier le ministère globalement et le relier à des groupes spécifiques et destinés à des régions multiples, afin que le ministère envers les jeunes dans l'Église du Nazaréen soit le plus efficace possible.
2. Les responsables et le personnel de la JNI mondiale sont activement engagés dans la JNI à tous les niveaux en tant que ressources pour un ministère efficace.

810.416 Réunions du Conseil de la JNI mondiale

1. Le Conseil de la JNI mondiale se réunit une fois par an pour faire progresser la mission et la vision de la JNI. La réunion est programmée en connexion avec la réunion annuelle du Conseil général.

2. Les dirigeants de la JNI mondiale ou le directeur de la JNI peuvent convoquer des réunions spéciales si nécessaire, en consultation avec le surintendant général ayant juridiction pour la JNI.

810.417 Convention de la JNI mondiale

1. Une Convention de la JNI mondiale quadriennale permet des sessions comme sources d'inspiration pour faire avancer le ministère envers les jeunes dans le monde. Les rapports sont reçus et toute question législative concernant le travail de la JNI est délibérée à la Convention de la JNI mondiale.
2. Le Conseil des surintendants généraux détermine la durée de la convention et sa date de convocation, à partir des recommandations du Conseil de la JNI mondiale au Comité de programmation de l'Assemblée générale. Les dirigeants de la JNI mondiale et le directeur de la JNI, encadrent la convention, avec l'aide du Conseil de la JNI mondiale.
3. Tous les délégués de la Convention de la JNI mondiale doivent être membres de l'Église du Nazaréen et de la JNI et avoir au moins douze ans à la date de la Convention de la JNI mondiale. De plus, chaque délégué de la JNI du district doit être membre d'une église du district et résider au sein des limites du district qu'il ou elle représente au moment de la convention.
4. La Convention de la JNI mondiale est constituée du Conseil de la JNI mondiale, du directeur de la JNI, des dirigeants exécutifs régionaux dûment élus (trois au maximum), des coordinateurs de jeunes de district, national, de champ, de région et des délégués des districts de la JNI comme suit :
   a. Les districts comptant 1 000 membres de la JNI ou moins peuvent envoyer les délégués suivants :
      (1) Le président de la JNI de district en fonction lors de la Convention de la JNI mondiale ;
      (2) Un délégué ministériel actif comme responsable de la JNI qui est un ministre affecté, soit ancien, soit diacre, ou ministre habilité ;
      (3) Un délégué laïc ayant plus de vingt-trois ans à la date de la Convention de la JNI mondiale comme responsable de la JNI ; et
      (4) Un délégué des jeunes ayant entre douze et vingt-trois ans à la date de la Convention de la JNI mondiale étant actif dans la JNI.
   b. De plus, un district peut envoyer un délégué ministériel supplémentaire, ainsi qu'un délégué laïc et un délégué des jeunes ayant entre douze et vingt-trois ans à la date de la Convention de la JNI mondiale, pour chaque tranche successive de 1 500 membres de la JNI ou la part majeure finale de 1 500 membres (de 751 à 1 499 membres).

c. La taille de la délégation du district est basée sur le rapport concernant les membres de la JNI de district de l'assemblée de district de l'année qui précède immédiatement la Convention de la JNI mondiale.

d. Tous les délégués du district doivent être élus par scrutin majoritaire lors d'une session de la Convention de la JNI de district pendant les dix-huit mois précédant la Convention de la JNI mondiale ou pendant les vingt-quatre mois la précédant dans les régions où des visas de voyage ou des préparations importantes sont nécessaires. Des délégués suppléants peuvent être élus après les délégués élus lors d'un autre scrutin à partir des nominations restantes par vote à la majorité relative, avec un premier suppléant, un deuxième suppléant, un troisième suppléant, etc., désignés par le nombre de votes reçu. Les délégués et les suppléants doivent être élus avant le 31 mars de l'année de la Convention de la JNI mondiale.

e. Le représentant des étudiants de chaque université, institut ou école théologique nazaréenne peut également être délégué, en tant que représentant du partenariat de la JNI avec son institution. S'il/elle était dans l'incapacité de remplir ses fonctions, un(e) représentant(e) choisi(e) par le Conseil des étudiants pourrait être suppléant(e).

5. Dans le cas de districts n'ayant pas de JNI organisée (pas de Convention de la JNI de district), le représentant à la Convention de la JNI mondiale peut être un délégué de l'âge des membres de la JNI choisi par l'assemblée de district. Si un délégué se désistait avant la convention, le Conseil consultatif de district peut nommer un délégué qualifié.

6. Le groupe des votants de la Convention de la JNI mondiale est mis en place afin de permettre à tous les délégués dûment élus de participer aux votes de la Convention de la JNI mondiale. Ce vote à lieu selon les procédures établies par le Comité des affaires de la convention.

7. Un caucus de chaque région a lieu lors de la Convention de la JNI mondiale et est composé du Conseil de la JNI régionale, du directeur régional, du coordinateur régional des jeunes et des délégués élus de la JNI des districts de cette région.[5]

    4 à 1.750 membres : 3 délégués
    175 à 3.250 membres : 6 délégués
    3.251 à 4.750 membres : 9 délégués
    4.751 à 6.250 membres : 12 délégués
    6.251 à 7.750 membres : 15 délégués
    7.751 à 9.250 membres : 18 délégués

[5] Le nombre des délégués élus d'une JNI de district n'inclut pas les délégués comme membres d'office, (président de la JNI de district, président et coordinateurs régionaux de la JNI et les dirigeants mondiaux etc.).

II. MISSION NAZARÉENNE INTERNATIONALE

811. CONSTITUTION DE LA MISSION NAZARÉENNE INTERNATIONALE

Article I. Nom

Le nom de l'organisation sera Mission Nazaréenne Internationale (MNI) de l'Église du Nazaréen.

Article II. But

Le but de cette organisation sera de mobiliser l'Église du Nazaréen pour les missions par 1) la prière, 2) les dons à la mission, 3) l'éducation et 4) en impliquant les enfants et les jeunes.

Article III. Structure

Section 1. Local

La MNI local sera un organisme de l'église locale et travaillera en collaboration avec le pasteur et le conseil de l'église à travers le Conseil de la MNI locale.

Section 2. District

Les responsables du Conseil de la MNI du district travailleront en collaboration avec le surintendant du district, le Conseil consultatif du district et autres responsables du district.

Toutes les organisations de la MNI locale à l'intérieur des limites du district constitueront à la MNI du district.

Section 3. Mondial

Les responsables du Conseil de la MNI mondiale, travailleront en collaboration avec le Bureau de la Mission mondiale, le Comité de la Mission mondiale du Conseil général et le surintendant général ayant juridiction.

Toutes les organisations de la MNI locale et de district constitueront la MNI mondiale

Article IV. Appartenance

Section 1. Les membres :

Toute personne qui est membre de l'Église du Nazaréen et qui soutient le but de la MNI peut être membre de la MNI dans cette église locale.

L'exercice du droit de vote et l'occupation d'une fonction seront limités aux membres âgés de quinze ans et plus, sauf dans les groupes d'enfants et de jeunes.

Sauf indication contraire dans cette constitution, la référence aux «membres» désigne les membres de la MNI qui sont membres de l'église.

Section 2. Membres sympathisants :

Toute personne qui n'est pas membre de l'Église du Nazaréen et soutient le but de la MNI peut être un membre sympathisant de la MNI.

Article V. Conseils et responsables

Section 1. Conseil local

A. **But**

Le conseil local fera la promotion du but de la MNI de mobiliser l'Église du Nazaréen pour les missions par 1) la prière, 2) les dons à la mission, 3) l'éducation, et 4) en impliquant les enfants et les jeunes.

B. **Composition**

1. Le Conseil de la MNI sera composé d'un président et d'un nombre de responsables et/ou de membres du conseil, selon ce qui a été convenu entre le président et le pasteur, selon les besoins et la taille de l'église.

2. Un conseil local peut avoir un comité exécutif composé du président, du pasteur principal (d'office) et de deux membres additionnels ou plus, selon ce que détermine le Conseil local de la MNI.

3. D'autres membres du conseil peuvent être responsables d'autres secteurs de la MNI, tel que, prier, donner aux missions, éduquer et mobiliser les enfants et les jeunes.

4. Un membre du conseil peut occuper plus d'un poste, mais ne pourra avoir qu'un seul vote.

5. Tout membre du Conseil de la MNI du district sera membre d'office du Conseil de la MNI locale avec l'approbation du Conseil de la MNI locale.

C. **Sélections, élections, nominations et postes vacants**

Le choix de candidates pour l'élection au conseil local peut se faire par un comité de sélection autre que le comité de sélection de l'église, si le conseil local en détermine la nécessité. Si un comité de sélection doit être utilisé, le comité de sélection sera nommé par le président en accord avec le conseil local.

1. Le président :
   a. Le conseil local en poste à la fin de l'année ecclésiastique peut recommander des noms à un comité de sélection qui pourra soumettre un ou plusieurs noms pour l'élection du poste de président, sujet à l'approbation du conseil de l'église.

   b. Le président sera élu ou réélu par un vote majoritaire par scrutin des membres présents et votants pour une durée d'une ou deux années ecclésiastiques. Le Conseil de la MNI et le pasteur recommanderont la durée du temps de service.

   c. Un candidat sortants peut être réélu par oui/non quand une telle élection est recommandée par le conseil local et approuvé par le pasteur et le conseil de l'église.

   d. Alternativement, dans une église qui n'a pas encore été organisée, organisée pour moins de 5 ans, ou ayant moins de 35 membres, le président peut être nommé par le pasteur en discussion et avec l'approbation du conseil de l'église.

2. Conseil du district:

   a. Sur recommandation du président actuel et en accord avec le pasteur principal, un conseil local autre que le président peut être élu par vote à la majorité par suffrage des membres de la MNI ou par l'assemblée annuelle de l'église ou nommé par le président et le pasteur avec l'approbation du conseil de l'église.

   b. La durée du service sera d'une ou deux années, ou jusqu'à ce que leurs successeurs soient élus ou nommés, sur recommandation du Conseil de la MNI ou, en son absence, du conseil de l'église et du pasteur.

   c. Ces responsables commenceront à siéger le premier jour de la nouvelle année ecclésiastique suivant l'élection.

   d. Si une église locale a un même trésorier qui gère les fonds de l'église et ceux de la MNI a été élu par le conseil de l'église, cette personne sera le trésorier de la MNI en tant que membre d'office du Conseil de la MNI locale avec tous les droits et privilèges sauf indication contraire par le conseil local.

3. Les délégués à la Convention du district:

   a. Les délégués et les suppléants seront élus par scrutin à la réunion annuelle par un vote à la majorité relative.

   b. Si une élection n'est pas possible ou faisable, l'élection peut être faite par le conseil local ou, en son absence, par le conseil de l'église, par un vote à la majorité relative. Voir l'article VI, section 3.A.3. Pour déterminer le nombre de délégués.

4. Postes vacants.

   a. Président: Le conseil local peut recommander des noms au conseil de l'église qui sélectionnera un ou plusieurs noms. L'élection se fera par un vote à la majorité relative des membres de la MNI locale lors d'une réunion convoquée selon les dispositions du *Manuel*. Alternativement, s'il n'y a pas de Conseil de la MNI, le conseil d'église comblera toute vacance par élection à vote majoritaire.

b. Autres membres du conseil : Le Conseil de la MNI ou en son absence le conseil de l'église, comblera toute vacance en les nommant.

D. **Devoirs des membres du conseil**

1. Président
   a. Dirige et contribue au travail de la MNI dans l'église locale.
   b. Préside les réunions régulières et spéciales de la MNI.
   c. Confie aux membres du conseil des fonctions qui peuvent être nécessaires de temps à autre.
   d. Siège comme membre d'office du conseil de l'église, du Conseil des MEDFDI, la Convention de la MNI du district et l'assemblé du district.
   e. Autres devoirs énumérées dans la description de tâches.
   f. Au cas où l'époux (se) du président local est membre du conseil de l'église, ou que l'époux (se) est le pasteur de l'église, si le président local choisit de ne pas siéger dans le conseil de l'église, un représentant choisi par le Conseil de la MNI est autorisé à siéger à la place du président avec tous les droits et privilèges.

2. Comité exécutif
   a. Délibère des questions entre les réunions du conseil.

Section 2 : Conseil du district

A. **But**

Le conseil du district fera la promotion du but de la MNI de mobiliser l'Église du Nazaréen dans les missions par 1) la prière, 2) les dons à la mission, 3) l'éducation et 4) en impliquant les enfants et les jeunes au sein du district.

B. **Composition**

1. Dans les districts de phase 3, le conseil comptera quatre responsables : un président, un vice-président, un secrétaire et un trésorier (les responsables de la MNI), plus trois membres ou plus selon les besoins et la taille du district.

2. Un membre du conseil peut occuper plus d'un poste, mais ne pourra avoir qu'un seul vote.

3. Le Comité exécutif sera composé du président et des autres responsables de la MNI. Au besoin, au moins trois autres membres du conseil peuvent être élus ou nommés par le conseil de district pour siéger au comité exécutif pour une période d'une année de convention ou jusqu'à

ce que leurs successeurs soient élus. Le surintendant de district sera membre d'office du comité exécutif.

4. Pour les districts et pionniers, de phase 1 et de phase 2 voir la Section 2.C.3 ci-dessus.

C. **Sélections, élections, nominations et postes vacants**

1. Sélections : 1. Sélections : Le conseil sera sélectionné par un comité de pas moins de cinq (5) membres de la MNI. Tous les candidats proposés devront être membres d'une Église du Nazaréen locale dans le district où ils siègeront.

   a. Le Comité exécutif du district désignera le comité de sélection et déterminera le nombre de membres du conseil qui sera élu.

   b. Le surintendant de district servira de président du comité de sélection du président de la MNI du district. Sur approbation du surintendant de district, le président de la MNI pourra servir de président du Comité de sélection pour les autres nominations.

2. Élections : Le président et au moins trois membres supplémentaires du conseil, seront élu par scrutin lors de la Convention annuelle du district. Les trois membres supplémentaires seront le vice-président, le secrétaire et le trésorier. La durée du service sera d'une ou de deux années tel que déterminée par le Conseil de la MNI du district avec l'approbation du superintendant de district ou jusqu'à l'élection de leurs successeurs. Lors de l'élection d'un nouveau président, le nouveau président entrera en fonction dans les 30 jours suivant l'ajournement de la Convention de district. Une année de convention dure à partir de l'ajournement de la Convention de district à l'ajournement de la prochaine Convention de district. Ces quatre membres du conseil formeront le comité exécutif. Trois ou plusieurs autres membres du conseil peuvent être élus ou nommés pour siéger au comité exécutif par le conseil de district.

   a. Président

      (1) Le Comité de sélection proposera un ou plusieurs noms pour le poste de président sauf lorsque le conseil du district recommande un vote oui/non pour un candidat sortant qui se présente pour un autre mandat.

      (2) Les candidats sortants peuvent être réélus par un vote oui/non lorsqu'une telle élection est recommandée par le conseil du district et approuvée par le surintendant de district. Un candidat réélu par oui/non doit recevoir un vote des deux tiers des membres présents et votants.

      (3) Le président sera élu par un vote favorable des deux tiers des membres présents et votants dans le

cas où un nom est présenté pour le poste de président ou à la majorité des voix lorsqu'il y a au moins deux candidats nommés à la présidence. Il siègera pour une durée de mandat d'une ou de deux années de convention jusqu'à ce que son successeur soit élu. Le Conseil de la MNI du district et le surintendant du district recommanderont la durée de service.

(4) Lors de la fusion de deux districts, les deux présidents de district titulaires peuvent assumer des fonctions de coprésidents. Les coprésidents peuvent continuer s'ils sont élus par la Convention de district jusqu'à ce qu'il soit déterminé par le comité exécutif du district de concert avec le Conseil consultatif de district, qu'il est préférable d'élire un seul président de district. Les coprésidents dirigent par consensus. En cas d'un désaccord qui ne peut être résolu, la question sera trachée par un vote du comité exécutif du district. Un seul des deux coprésidents, tel que déterminé par le comité exécutif de district, représentera la MNI du district à l'assemblée de district, aux comités du district et à la Convention mondiale de la MNI.

b. Le vice-président sera élu par scrutin de l'une des manières suivantes :

(1) Le comité de sélection proposera un ou plusieurs noms pour le poste de vice-président sauf lorsque le conseil du district recommande un vote oui/non pour un candidat sortant qui se présente pour un autre mandat ; ou

(2) Au conseil dans sa totalité avec des postes spécifiques du conseil déterminer par le conseil.

(3) Un district qui a deux co-présidents, n'a pas besoin d'un vice-président.

c. Le secrétaire et le trésorier seront élus par vote par :

(1) Le Comité de sélection proposera un ou plusieurs noms pour le poste du secrétaire et du trésorier sauf lorsque le conseil du district avec l'approbation du surintendant de district recommande un vote oui/non pour un candidat sortant qui se présente pour un autre mandat ; ou

(2) Si un district a un seul et même trésorier qui gère les fonds du district, dont ceux de la MNI, cette personne sera trésorière de la MNI en tant que membre d'office du Conseil de la MNI du district avec tous les droits et devoirs sauf autrement spécifié par le conseil du district.

d. Des membres supplémentaires du conseil: D'autres membres du conseil, en plus du président, du vice-président, du secrétaire et du trésorier, peuvent être élus par scrutin pour une ou deux années de convention avec des tâches déterminer par le conseil. Le comité de sélection et le surintendant du district recommanderont la durée de service d'une ou deux années de convention. Alternativement, d'autres membres du conseil peuvent être nommés par le comité exécutif ou le conseil de district avec tous les droits et privilèges.

e. Les candidatures pour des représentants des jeunes peuvent être demandées à la Jeunesse Internationale Nazaréenne du district (JNI).

3. Dans les districts pionniers, de phase 1 et de phase 2: un président du district peut être par la convention de la MNI de district ou là où cette convention n'a pas lieu, le superintendant du district nommera un président de la MNI du district qui fera la promotion des buts de la MNI dans le district. Le président peut siéger seul ou en consultation avec le surintendant de district il peut nommer d'autres membres de l'église dans le district pour aider le président en siégeant en tant que Conseil de la MNI.

4. Postes vacants

a. Président: Le comité exécutif proposera un ou plusieurs noms. L'élection se fera par un vote majoritaire des membres du conseil du district présents et votants. La personne élue siégera jusqu'à l'ajournement de la Convention de district suivante ou jusqu'à son successeur ai été élu.

b. Autres membres du conseil: Le comité exécutif ou le conseil du district remplira tout poste vacant par sélection. Les membres du conseil nouvellement élus siégeront jusqu'à l'ajournement de la Convention de district suivante ou jusqu'à son successeur ai été élu.

c. Trésorier unifié: Si un district a un seul et même trésorier servant de trésorier de la MNI du district, ce poste vacant sera comblé par le Conseil consultatif du district.

D. **Devoirs des membres du conseil**

1. Président

a. Dirige et contribue au travail du conseil de district en vue d'assurer la réalisation du but de la MNI dans le district.

b. Préside toutes les réunions du conseil du district, du comité exécutif et la Convention du district.

c. Prépare un budget annuel pour approbation par le Comité des finances du district.

    d. Soumet un rapport annuel écrit à la Convention de la MNI de district et au représentant régional du Conseil de la MNI mondiale et là où cela s'applique, au coordinateur de la MNI régionale pour les régions de la Mission mondiale.

    e. Confie aux autres membres du conseil des fonctions qui peuvent être nécessaires de temps à autre.

    f. Sert comme membre d'office du Comité consultatif du district (CCD) selon le paragraphe 207 du *Manuel*.

    g. Exécute d'autres fonctions telles que décrites dans la description de tâches

2. Vice-Président

    a. Exécute toutes les fonctions du président quand le président est absent.

    b. Sert dans d'autres domaines tel qu'assigné par le Conseil de la MNI du district.

    c. Exécute d'autres fonctions telles que décrites dans la description de tâches ou que le président du district peut lui confier de temps à autre.

3. Secrétaire

    a. Note les procès-verbaux de toutes les réunions.

    b. Apporte son aide et assistance à la demande du président:

        (1) Envoie annuellement des formulaires de rapport aux présidents de la MNI locale.

        (2) Compile les données statistiques et soumet un rapport annuel au président de la MNI du district, au directeur de la MNI mondial, au représentant du conseil mondial et là où cela est applicable, au coordinateur de la MNI régionale pour les régions de la Mission mondiale.

    c. Exécute d'autres fonctions telles que décrites dans la description de tâches ou que le président du district peut lui confie de temps à autre.

4. Trésorier

    a. Garde un compte précis de tous les fonds collectés et dépensés.

    b. Remet dans les délais les fonds aux trésoriers désignés.

    c. Fournit des rapports réguliers et précis au conseil du district et prépare un rapport annuel pour la Convention du district.

    d. Arrange avec le personnel approprié au niveau du district la vérification annuel des comptes du trésorier de la MNI du district.

    e. Exécute d'autres fonctions telles que décrites dans la description de tâches ou que le président du district peut lui confie de temps à autre.

5. Comité exécutif

      a. Nomme des membres supplémentaires du conseil du district, au besoin, comble les postes vacants au niveau du conseil.

      b. Délibère des questions entres les réunions du conseil.

      c. Propose un ou plusieurs noms pour le poste de président si le poste devient vacant entre deux conventions annuelles.

6. Autres membres du conseil

      a. Assume les fonctions que le président ou le conseil du district leurs attribuent.

Section 3 : Conseil Mondial

A. **But**

Le Conseil mondial de la MNI fera la promotion du but de la MNI pour mobiliser l'Église du Nazaréen pour les missions par 1) la prière, 2) les dons à la mission, 3) l'éducation et 4) en impliquant les enfants et les jeunes dans toute la dénomination en utilisant le réseau de régions, de champs, de districts et d'églises locales au sein de la dénomination.

B. **Composition**

1. Le Conseil de la MNI mondiale sera composé du président de la MNI mondiale, du directeur de la MNI mondiale, d'un représentant de chaque région de l'Église du Nazaréen et du directeur de la Mission mondiale.

2. Le Comité exécutif de la MNI mondiale sera composé du président de la MNI mondiale, du directeur de la MNI mondiale, du vice-président de la MNI mondiale, du secrétaire de la MNI mondiale, d'un autre membre du conseil et du directeur de la Mission mondiale.

C. **Sélections, élections et postes vacants**

1. Sélection et élection du directeur de la MNI mondiale :

      a. Le Comité exécutif de la MNI mondial et le Surintendant Général ayant juridiction formeront le comité de repérage pour identifier les candidats potentiels au poste de directeur de la MNI mondiale. Un ou deux noms de candidats potentiels seront soumis au Comité de la Mission Mondiale du Conseil général.

      b. Le Comité de la Mission Mondiale du Conseil général et le Surintendant Général ayant juridiction examineront les noms qui leur seront soumis et ratifieront un ou deux noms pour élection par le Conseil des Surintendants Généraux.

      c. Le Conseil des Surintendants Généraux élira le directeur de la MNI mondiale par bulletin de vote à partir soumis par le Comité de la Mission Mondiale du Conseil général.

2. Sélection et élection du président de la MNI mondiale :

a. Le comité de sélection sera composé de 6, 7 ou 8 personnes et présidé par le directeur de la MNI mondiale. Le comité sera composé de membres et de non-membres du conseil représentant la MNI mondiale et seront nommés par le comité exécutif.

b. Le comité proposera un ou deux noms pour le poste de président mondial. Les candidats seront approuvés par le Conseil des surintendants généraux. Les candidats ne seront pas des employés du Conseil général.

c. La Convention mondiale élira l'un de ces candidat(s) au poste de président mondial par un vote par scrutin majoritaire quand il y a deux candidats ou plus et par un vote par scrutin aux deux-tiers quand il y a qu'un seul candidat.

d. Le président mondial est élu pour un mandat de quatre ans à compter de la clôture de l'Assemblée générale jusqu'à la clôture de l'Assemblée générale suivante ou jusqu'à l'élection du successeur.

e. Le mandat du président mondial est limité à trois mandats de 4 année chacun. Si une personne est élue pour combler le poste vacant de président mondial, cette personne est également éligible pour siéger durant trois pleins mandats.

3. Sélection et élection des membres du Conseil mondial

a. Chaque Conseil de la MNI de district peut présenter un ou deux noms, au Bureau de la MNI mondiale, issus de sa région, comme représentants régionaux au scrutin de sélection.

(1) Ces personnes seront résidents et membre de l'Église du Nazaréen dans la région qu'elles représentent.

(2) Cette clause ne s'applique pas aux personnes dont le lieu de résidence est tout juste au-delà d'une frontière régionale du lieu où elle est membre.

3) Les employées du Conseil général ne peuvent pas être présentés comme candidats

b. Chaque région se regroupera en caucus lors de la Convention de la MNI mondiale et choisira deux candidats à partir des noms se trouvant dans le scrutin de nomination. Les deux qui auront le plus grand nombre de votes seront déclarés candidats; cependant elles ne devront pas venir du même district. Si c'est le cas, la personne venant en deuxième position avec le nombre le plus élevé de votes est remplacée par celle qui vient en troisième position avec le plus grand nombre de votes et provenant d'un district différent.

    c. La région se réunira en caucus pour élire une personne par un vote majoritaire pour représenter la région au conseil mondial.

    d. Les membres du conseil siègeront pour un mandat de quatre ans, à partir de la clôture de l'Assemblée générale à celle de l'Assemblée Générale suivante ou jusqu'à leur successeurs soient élus.

    e. Le temps de service est limité à trois mandats consécutifs. La durée d'un mandat est d'un quadriennal, quatre ans. Si une personne est élue pour combler une vacance d'un membre du conseil mondial, elle est également admissible à trois mandats pleins consécutifs. Une personne peut être élue pour servir de nouveau après avoir passé au moins un mandat complet.

4. Sélection et élection du Comité exécutif de la MNI mondial.

    a. Lors de sa première réunion, qui peut se tenir avant la clôture de l'Assemblée générale, le Conseil de la MNI mondial sélectionnera et élira un vice-président, un secrétaire et un membre supplémentaire du comité exécutif.

    b. L'élection se fera par un vote au scrutin majoritaire des personnes présentes et votantes.

5. Sélection et élection des représentants de la MNI au Conseil général

    a. Le Conseil de la MNI mondial propose un de ses membres comme représentant de la MNI au Conseil général de l'Église du Nazaréen.

    b. L'Assemblée générale élira le représentant de la MNI par scrutin majoritaire.

6. Postes vacants

    a. S'il y a une vacance du poste de président de la MNI mondial entre les Conventions de la MNI mondiale, un nouveau président mondial peut être élu à partir de la liste des candidats sélectionnés par le comité exécutif en consultation avec le surintendant général ayant juridiction. Cette élection se fera par un vote aux deux-tiers des voix du Conseil mondial. La personne élue assurera les devoirs de président mondial jusqu'à l'ajournement de la prochaine Assemblée Générale. La question de l'organisation d'une élection pour remplir le poste vacant sera décidée par le conseil mondial en consultation avec le surintendant général ayant juridiction.

    b. Si une vacance survient au sein du comité exécutif de la MNI mondial entre les Conventions de la MNI mondiale, le Conseil mondial proposera un ou plusieurs candidats. Le poste vacant sera rempli par un vote majoritaire par scrutin du Conseil de la MNI mondiale.

c. S'il y a un poste vacant au sein du Conseil de la MNI mondiale entre les deux conventions mondiales, chaque comité exécutif de district de la région concernée recevra une demande de présenter un candidat de sa région au Comité exécutif de la MNI mondial. Parmi ces noms le comité exécutif présentera deux comme candidats. Le poste vacant sera alors rempli par un vote majoritaire des présidents de la MNI des districts de cette région. La question de l'organisation d'une élection pour remplir le poste vacant sera décidée par le comité exécutif du Conseil mondial en consultation avec le surintendant général ayant juridiction.

d. S'il y a une vacance du poste de directeur de la MNI mondiale, la même procédure sera suivie pour la sélection et l'élection du directeur mondial (voir Article V. Section 3. C.1).

e. S'il y a une vacance au poste de représentant de la MNI au Conseil général, le Comité exécutif de la MNI mondial présentera un candidat après consultation avec le surintendant général ayant juridiction et l'approbation du Conseil des surintendants généraux. Le Conseil de la MNI mondiale élira le représentant au Conseil général par un vote majoritaire.

D. **Devoirs**

1. Président mondial:
   a. Préside les réunions du Conseil mondial, du Comité exécutif et la Convention mondiale
   b. Siège en tant que membre d'office à l'Assemblée générale.
   c. Confie aux autres membres du conseil des fonctions qui peuvent être nécessaires de temps à autre.
   d. Exécute d'autres fonctions telles que décrites dans la description de tâches.

2. Vice Président:
   a. Assume les fonctions du président lorsque ce dernier est absent.
   b. Exécute d'autres fonctions telles que décrites dans la description de tâches ou que le président mondial peut lui confier de temps à autre.

3. Comité exécutif : Délibère sur des questions entre les réunions du conseil.

4. Membre du conseil mondial:
   a. Coopère avec le président et le directeur de la MNI mondiale à promouvoir du but de la MNI.
   b. Fait la promotion de tout le programme de la MNI dans la région qu'ils représentent.

    c. Soumet un rapport du travail de la MNI dans la région à chaque réunion du conseil de la MNI mondial.

    d. Prend acte sur toute mesure législative promulguée par l'Assemblée générale et ayant trait à la représentation régionale.

    e. Exécute d'autres fonctions telles que décrites dans la description de tâches ou que le président mondial peut lui confier de temps à autre.

5. Directeur mondial :

    a. Sert de cadre de direction de la MNI.

    b. Fait avancer les intérêts de la mission de la MNI dans tous les districts de la MNI partout dans le monde en coopération avec le conseil mondial.

    c. Interprète le Guide et la constitution de la MNI.

    d. Dirige le personnel et les affaires de la MNI mondial.

    e. Sert comme rédacteur en chef de toutes les publications de la MNI.

    f. Présente un rapport financier et statistique au conseil mondial, au Comité de la Mission Mondiale et au Conseil général.

    g. Avec le président mondial, dirige l'organisation et le programme de la Convention mondiale en collaboration avec le Conseil mondial.

    h. Prépare le rapport statistique et financier de la Convention mondiale, et une version condensé par l'intermédiaire du Bureau de la Mission mondiale pour l'Assemblée Générale.

    i. Siège en tant que membre d'office à l'Assemblée Générale.

    j. Exécute d'autres fonctions telles que décrites dans la description de tâches

Article VI. Réunions

Section 1. Réunions et communications électroniques

A. **Réunions**

Toutes les conventions, les conseils, les comités, les sous-comités et les groupes de travail de la MNI seront autorisés à avoir des conférences téléphoniques ou par des moyens de communication électronique si tous les membres peuvent s'entendre simultanément et participer à la réunion.

B. **Communications**

Sauf indication contraire des membres, toutes les communications requises de la présente Constitution peuvent être envoyées par voie électronique.

Section 2. Activités Locales et Réunions

A. **Activités en cours**
   1. Il y aura une ou plusieurs réunions pour les informations sur la mission, l'inspiration et la prière à chaque mois.
   2. Les activités peuvent être sous forme de réunions, de services pour la mission, orateurs sur la mission, leçons sur la mission, des activités et événements sur la mission, des moments sur la mission, des thèmes sur la mission, etc.
   3. Le pasteur, le président de la MNI et le Conseil de la MNI travailleront en coopération à la planification de l'éducation et la participation missionnaire dans l'église locale.
   4. Dans les églises nouvellement implantées et les églises de type mission, le responsable de la congrégation nommé par le district est encouragé d'assurer l'éducation et la participation missionnaire dans la congrégation locale.

B. **Réunion annuelle**
   1. La réunion annuelle aura lieu pas plus de trente jours avant la Convention du district.
   2. Le vote et l'élection au conseil local seront limités aux membres de la MNI qui ont 15 ans ou plus.

C. **Réunions du conseil**
   Le conseil local se réunira au moins quatre fois par année pour planifier, faire des rapports, évaluer, informer, inspirer et accomplir le travail de l'organisation locale. En outre, des réunions spéciales peuvent être convoquées par le président. Une majorité des membres du conseil constituera un quorum.

Section 3. Réunions du district

A. Convention
   1. Il y aura une convention annuelle du district pour faire le rapport, prier, informer, inspirer présenter les plans et conduire des activités concernant l'organisation.
   2. L'heure et le lieu de la convention seront décidés par le conseil du district en consultation avec le surintendant du district.
   3. Les membres
      a. Seuls les membres du district respectif seront éligibles pour servir comme délégués d'office ou délégués élus.
      b. Les membres d'office de la convention seront le Conseil de la MNI du district; le surintendant du district; tous les ministres affectés et les ministres adjoints salariés et à plein temps des églises locales; les membres laïcs du Conseil consultatif du district; les présidents de la MNI locale de l'assemblée de l'année qui vient

de se terminer et les présidents nouvellement élus de la MNI ou les vice-présidents nouvellement élus si le président nouvellement élu ne peut pas participer; le membre du Conseil de la MNI mondiale; les ministres affectés retraités; les missionnaires à la retraite, les missionnaires en congé et les missionnaires désignés et ou tout ancien président de district encore membre du district.

c. Les délégués élus de chaque église locale ou église de type mission seront membres de la MNI (âgés de quinze ans ou plus). Le nombre maximum des délégués élus est basé sur la formule suivante: deux délégués de chaque MNI locale de vingt-cinq membres ou moins et un délégué supplémentaire pour chaque vingt-cinq membres supplémentaires, ou la plus grande portion correspondant. Le nombre de membres sera basé sur celui rapporté à la réunion annuelle de la MNI locale lors de leurs élections.

4. Les délégués présents constitueront un quorum.

B. **Conseil**

Le conseil du district se réunira au moins deux fois par an pour délibérer sur des questions dans l'intervalle des Conventions du district. En outre, des réunions spéciales peuvent être convoquées par le président. Une majorité des membres du conseil constituera un quorum.

Section 4. Réunions mondiales

A. **Convention**

1. Il y aura une Convention mondiale de la MNI juste avant l'Assemblée Générale pour faire les rapports, prier, informer, inspirer, présenter des plans et conduire des réunions de délibération des questions concernant l'organisation. Une majorité de délégués inscrits constituera un quorum.

2. L'heure et le lieu de la convention seront décidés par le conseil mondial en consultation avec le surintendant général ayant juridiction. Le Conseil de la MNI mondiale approuvera les lieux officiels

3. Les membres

a. Les membres d'office de la Convention mondiale seront: les membres du conseil mondial, les présidents des MNI du district indépendamment du statut du district, un vice-président de district peut représenter son district, dans le cas où le président se trouve dans l'incapacité d'y assister.

b. Les délégués et suppléants à la Convention mondiale seront élus par suffrage à la Convention du district. Les suppléants peuvent se faire élire par suffrage unique ou sur recommandation du conseil de district, au même suffrage que les délégués. Les délégués et suppléants peuvent être élus par vote à la majorité par suffrage sous l'approbation d'un vote majoritaire de deux-tiers de la Convention du district, avec recommandation du conseil de district (Voir Article 3.c. pour déterminer le nombre de délégués et le moment de l'élection).

c. L'élection des délégués à la Convention mondiale sera basée sur la formule suivante: deux délégués de chaque district en phase 3 et en phase 2 de 1.000 membres de la MNI ou moins, excluant les sympathisants et un délégué supplémentaire pour chaque 700 membres supplémentaires ou la plus grande portion de cela. Le nombre de membres s'accordera avec le nombre rapporté à la Convention du district quand les élections ont lieu. Le Comité de sélection du district proposera les délégués. (Voir le paragraphe 200.2 du *Manuel* pour les définitions des phases de districts.) Le Conseil de la MNI du district déterminera le nombre de suppléants que la Convention du district élira.

d. Un missionnaire mondial commissionné délégué pour chaque région de la Mission mondiale constituée de cinquante missionnaires ou moins, ou deux missionnaires mondiaux commissionnés délégués pour chaque région constituée de cinquante et un missionnaires ou plus, seront proposés et élus par les missionnaires mondiaux affectés dans cette région, par scrutin émie par le Bureau du directeur de la MNI mondiale. Le premier tour de scrutin sera un bulletin de sélection pour déterminer au moins deux noms pour une élection par scrutin majoritaire.

e. Les délégués doivent être élus sur bulletins par la Convention du district, seize mois avant la Convention mondiale, ou vingt-quatre mois avant dans les zones où les visas de voyage ou d'autres préparatifs inhabituels sont nécessaires.

f. Tout délégué élu résidera au moment de la Convention mondiale dans le district où il/elle était membre au moment de l'élection. Si un délégué élu quitte le district pendant la convention, le privilège de représenter l'ancien district lui sera retiré. Cette exclusion ne s'applique pas pour quelqu'un dont le domicile est juste de l'autre côté d'une frontière régionale de l'endroit où se situe l'église dont il est membre.

g. Dans le cas où le président du district, le vice-président, le délégué élu, le délégué suppléant dûment élu ou les délégués suppléants désignés ne peuvent pas

assister à la Convention mondiale et que ce fait ait
été noté après la dernière Convention du district et
avant la Convention mondiale, alors le remplacement
des délégués suppléants peut être fait par le Conseil
de la MNI du district ou dans le cas où il n'y a pas de
Conseil de la MNI du district, par le président de la
MNI du district avec l'approbation du surintendant du
district.

B. **Réunions du conseil**

Le conseil mondial se réunira annuellement durant le qua-
driennat pour administrer les affaires de l'organisation. La
majorité des membres du conseil constituera un quorum.

Article VII. Les fonds

Section 1. Fonds prélevés par les églises locales

A. **Fonds pour l'Évangélisation Mondiale**
1. Tous les fonds collectés au bénéfice du Fonds pour l'Évangélisation Mondiale (FEM) seront envoyés au trésorier
   général.
2. Le Fonds pour l'Évangélisation Mondiale est basé sur la
   formule suivante : chaque église contribuera 5.5% de leur
   revenue.
3. Les églises peuvent solliciter des fonds pour le FEM par
   divers moyens, tels que la Promesse de foi, les Offrande de
   Pâques et de l'Action de Grâces, les offrandes régulières
   au FEM, les offrandes de jeûne et de prière.

B. **Les projets spéciaux approuvés pour la mission**
1. L'opportunité sera offerte à tous de contribuer aux projets
   spéciaux approuvés pour la mission au niveau et au-delà
   des dons au FEM.
2. D'autres projets spéciaux pour la mission seront approuvés et autorisés par une équipe spéciale du Siège du Ministère Mondial nazaréen.
3. Le Conseil de la MNI mondiale autorisera tous les projets
   spéciaux approuvés pour la mission qui sont encouragés
   et collectés par la MNI au niveau mondial.

C. **Fonds exclusifs**

Aucune partie des fonds solliciter pour le Fonds pour l'Évangélisation Mondiale ou les projets spéciaux approuvés pour
la mission par une église locale ou de district ne sera utilisée par aucunes églises locales, ou district ou des œuvres
caritatives autres que les missions nazaréennes.

D. **Dépenses locales**

Le conseil de l'église locale s'assurera d'établir un budget
approprié pour le fonctionnement de la MNI de l'église locale, y compris le remboursement des dépenses des responsables locaux.

Section 2. Fonds collectés par les districts

Le Comité des finances du district s'assurera d'établir un budget approprié pour le fonctionnement de la MNI du district, y compris le remboursement des dépenses de responsables du district.

Section 3. Rémunération

Le ministère de la MNI dans l'église est un ministère d'amour et de service. Il n'y aura pas de salaire; ni au niveau général, ni du district, ni local, à l'exception du directeur mondial qui est employé par L'Église du Nazaréen Inc.

Une rémunération conséquente sera attribuée aux membres du conseil pour couvrir leurs dépenses et à tous les niveaux, local, du district et mondial.

Article VIII. Règles et procédures

Le Conseil de la MNI mondiale établira des règles et procédures supplémentaires à ajouter au Guide de la MNI et ainsi qu'à la Constitution de la MNI.

Article IX. Autorité parlementaire

Les règles contenues dans le *Robert's Rules of Order Newly Revised* (édition actuelle) (Code de règles de procédure Robert pour la procédure parlementaire), tant qu'elles ne s'opposeront pas à la loi en vigueur, les Statuts constitutifs de l'Église du Nazaréen, la Constitution de la MNI et toute autre règle d'ordre que la MNI peut adopter, gouverneront l'organisation.

Article X. Amendements

La Constitution de la MNI peut être amendée sur un vote majoritaire de deux-tiers pendant une Convention mondiale de la MNI.

III. MINISTÈRES DE L'ÉCOLE DU DIMANCHE ET DE LA FORMATION DE DISCIPLES INTERNATIONAUX

812. RÈGLEMENTS ADMINISTRATIFS DES MINISTÈRES DE L'ÉCOLE DU DIMANCHE ET DE LA FORMATION DE DISCIPLES INTERNATIONAUX

DÉCLARATION DE MISSION

La mission des Ministères de l'École du Dimanche et de la Formation de Disciples Internationaux (MEDFDI) est d'accomplir le Grand Mandat auprès des enfants, des jeunes et des adultes en préparation à la tâche d'être et de faire des disciples à l'image de Christ dans les nations.

BUT

Le but des MEDFDI est :

A. D'être un peuple de prière, engagé dans la Parole de Dieu faisant des disciples à l'image de Christ.

B. D'avoir des relations avec des personnes qui n'ont pas été évangélisées afin qu'elles deviennent des disciples semblables à Christ qui font des disciples semblables à Christ.

C. D'enseigner la Parole de Dieu aux enfants, aux jeunes et aux adultes pour qu'ils soient sauvés, entièrement sanctifiés et muris dans l'expérience chrétienne qui mène à une vie de compassion, d'évangélisation, d'éducation chrétienne et de formation de disciples.

D. D'encourager tout le monde à s'engager fidèlement dans le ministère de la formation de disciples, tels que l'École du Dimanche, les études bibliques, les petits groupes et les autres ministères de formation de disciples.

ARTICLE I. MEMBRES DES MEDFDI

Liste de responsabilité

Chaque église locale devrait assumer la responsabilité d'atteindre toutes les personnes de la communauté qui ne sont pas sauvées.

Chaque ministère des MEDFDI aura une Liste de responsabilité. La liste de responsabilité devrait inclure chaque personne pour qui le nom et les informations de contact / de suivi ont été obtenus. Une fois que la personne a été inscrite sur la Liste de responsabilité, l'église locale devrait activement prendre soin de cette personne, pendant qu'elle s'intègre dans la communion fraternelle de l'église. Tout enseignant/dirigeant de chaque ministère facilitera une communication régulière et la relation entre les membres du groupe et ceux sur la Liste de responsabilité.

Le total de tous les individus sur la Liste de responsabilité des MEDFDI doit faire partie du Rapport Annuel du Pasteur, RAP. La Liste de responsabilité inclut tous les groupes d'âge pour l'École du Dimanche, les réunions de formation de faire des disciples, les études bibliques et tous les ministères des MEDFDI.

SECTION 1. Ceux qui participent aux ministères suivants seront inclus sur la Liste de responsabilité:

a. Liste de la garderie: Les enfants de moins de quatre ans qui, avec leurs parents, ne participent à aucun ministère des MEDFDI, peuvent être inscrits sur la Liste de responsabilité sous le titre: Liste de la garderie.

b. Visites à domicile: Toute personne incapable d'assister régulièrement aux activités des MEDFDI pour incapacité physique ou professionnelle peut être inscrite dans les visites à domicile et mise sur la Liste de responsabilité.

c. Maison de retraite/Centre de convalescence/Centre de soins, etc.: Tout résident contraint à demeurer dans un de ces centres et qui participe régulièrement à un programme d'enseignement approuvé.

d. Église de type mission: Tout groupe parrainé par l'église locale ou le district qui se rencontre chaque semaine pour au moins une demi-heure dans un autre endroit afin d'étudier des principes bibliques et/ou un programme d'enseignement approuvé dans le but de devenir une église nazaréenne organisée.

e. Garderie et écoles: Tout groupe d'étudiants d'une garderie/école (jusqu'au secondaire) nazaréenne parrainé/géré par une l'Église du Nazaréen locale.

f. Centres de Développement pour Enfants (CDE): parrainés/gérés par une Église du Nazaréen locale.

SECTION 2. Retrait des noms

Le retrait de noms ne devrait être fait qu'avec l'approbation du pasteur lorsque la personne inscrite:

a. déménage de la ville.

b. s'intègre à une autre classe de l'École du Dimanche, un autre groupe de formation de disciples ou église.

c. la personne inscrite demande spécifiquement que son nom soit rayé.

d. la personne inscrite meurt.

ARTICLE II. L'ASSISTANCE AUX MEDFDI

L'objectif du décompte et de faire un rapport les présences aux MEDFDI dans l'église locale est de mesurer l'efficacité de l'effort de cette église à faire des disciples à l'image de Christ. Tous les efforts des MEDFDI devraient amener chaque personne à devenir un disciple de Christ, un membre de l'église et une personne qui fait des disciples.

Les présences aux MEDFDI incluent les sessions de l'École du Dimanche et les groupes de formation de disciples. Ces catégories seront comptées chaque semaine par l'église locale selon les directives définies ci-dessous et dans la section 1 de l'article I ci-dessus.

Les MEDFDI régionaux recevront mensuellement un rapport de la Liste de responsabilité ainsi que la moyenne des présences hebdomadaires aux MEDFDI de chaque district afin de compiler chaque année, un rapport précis de la croissance des MEDFDI dans la dénomination.

SECTION 1. Définitions et rapports

Les présences à tous les groupes de formation de disciples seront définies comme étant les personnes impliquées dans une étude de la Bible et l'application de ces principes bibliques dans la formation de disciples à l'image de Christ.

a. Pour la plupart des églises, le nombre de sessions pour l'École du Dimanche/les études bibliques offerte sera de 52 semaines et sera soumis dans un rapport. Le conseil des MEDFDI de district, en consultation avec le surintendant de district, déterminera tout exception valide et la fréquence de chaque rapport.

b. Une église locale, ayant plus d'un type de groupes ministériels pour la formation de disciples, devra combiner le nombre des présences et faire rapport d'une seule moyenne annuelle dans le RAP.

c. Étant donné que les ministères de formation de disciples peuvent débuter ou s'arrêter à n'importe quel moment durant l'année ecclésiastique, la moyenne annuelle devrait être déterminée en divisant les chiffres cumulés par le nombre de semaines durant lesquels les ministères ont été exercés.

ARTICLE III. CONSEIL DES MEDFDI DE L'ÉGLISE LOCAL

Les devoirs du conseil des MEDFDI de l'église locale sont définis dans le *Manuel* au 145-145.10 et incluent:

1. Travailler avec le pasteur et le conseil de l'église locale pour développer/organiser un conseil des MEDFDI.

2. Travailler avec le pasteur pour développer et mettre en pratique un plan stratégique pour la formation de disciples dans l'église locale qui est conforme avec les objectifs/stratégies de l'église et en harmonie avec la vision du district et la mission de l'Église du Nazaréen.

3. Rechercher, créer, développer un curriculum cohérent avec la mission et théologie de l'Église du Nazaréen, préparer par la Maison d'Édition Nazaréenne ou ses affiliées, coordonner et faire le suivi: de programmes d'éducation

290 L'ÉCOLE DU DIMANCHE / FORMATION DE DISCIPLES

ciblant la formation de disciples, le développement de responsables pour tous les membres de l'église en but de l'avancement de celle-ci, la formation de ceux qui travaille dans le ministère, impliqués dans tous les groupes d'âge et les projets spéciaux.

4. Évaluer et donner un rapport, à la réunion annuelle, de l'état actuelle de l'éducation de l'église locale et des projets et ministères de formation de disciples en exprimant clairement les résultats.

5. Approuver un curriculum cohérent avec la théologie, la mission, les ressources et le matériel de l'Église du Nazaréen à l'usage des MEDFDI de l'église locale.

ARTICLES IV. LES CLASSES ET DÉPARTEMENTS DE L'ÉCOLE DU DIMANCHE

SECTION 1. L'école du dimanche devra être divisée en classes pour enfants et jeunes sur la base de l'âge ou du niveau scolaire. Dans le cas des adultes les classes devraient être définies en fonction des intérêts communs, de la mission, ou du sujet. Selon les cas, les classes intergénérationnelles peuvent aussi être considérées.

SECTION 2. Lorsque le nombre de classes dans les catégories d'âge des enfants, des jeunes, ou des adultes augmente, il serait bon de considérer la répartition en département par groupe d'âge avec un superviseur désigné par le conseil local des MEDFDI.

SECTION 3. Les devoirs du superviseur de département seront déterminés par le conseil local des MEDFDI. La liste des devoirs suggérés est dans le guide des MEDFDI.

ARTICLE V. ENSEIGNANTS ET RESPONSABLES DES MEDFDI

SECTION 1. Les MEDFDI inclut l'École du Dimanche pour tout âge, les petits groupes, les ministères du mariage, les ministères pour hommes, les ministères pour femmes, les ministères pour enfants, l'école biblique des vacances, les groupes d'intérêts, etc. Les surveillants, enseignants/responsables de ministère/département seront nommés annuellement conformément au *Manuel* 145.8.

SECTION 2. Le conseil local des MEDFDI, en consultation avec le pasteur, peut déclarer vacant le poste d'un officier/enseignant/dirigeant dans les cas prouvés de doctrine mal fondée, d'imprudence ou de manquement au devoir.

SECTION 3. Tous les enseignants/dirigeants et remplaçants devraient être des personnes de prière, engagées dans la Parole, étant et faisant intentionnellement des disciples à l'image de Christ.

ARTICLE VI. DEVOIRS DES RESPONSABLES DES MEDFDI

SECTION 1. Le surintendant local des MEDFDI sera élu chaque année selon le 113.10-113-11 et 127 du *Manuel*. Les devoirs du surintendant des MEDFDI sont de:

a. coordonner les MEDFDI sous la supervision du pasteur.
b. planifier des réunions régulières pour les enseignants et dirigeants
c. fournir des opportunités de formation aux enseignants et dirigeants, actuels et potentiels.
d. évaluer annuellement, développer et mettre en pratique avec le conseil des MEDFDI une stratégie de formation de disciples pour atteindre ceux sur la Liste de responsabilité.
e. faire un rapport régulier des statistiques des MEDFDI à la zone, au district ou au bureau du champ,
f. encourager la présence aux fonctions des MEDFDI local, de zone, du district, du champ, de la région et mondial.

SECTION 2. Les devoirs des dirigeants de groupes d'âge sont détaillés dans 147.1-147.9 et 148.2 du *Manuel*.

SECTION 3. Le conseil des MEDFDI élira une personne responsable de la gestion des documents. Elle maintiendra un registre précis de la Liste de responsabilité, de présence, des visiteurs et autres statistiques selon les besoins des MEDFDI.

SECTION 4. Lorsque nécessaire, le conseil des MEDFDI élira un trésorier pour maintenir un compte exact des montants provenant des MEDFDI chaque semaine et autorisera les dépenses selon les directives du conseil. Un rapport mensuel sera soumis au conseil des MEDFDI.

SECTION 5. Tout curriculum et autres ressources utilisés dans les MEDFDI seront approuvés par le conseil des MEDFDI ou le surintendant et le pasteur.

ARTICLE VII. ADMINISTRATION ET SUPERVISION DES MEDFDI

SECTION 1. Les MEDFDI sont sous la responsabilité du pasteur, tenu de rendre compte au conseil de l'église locale, sous la supervision générale du conseil des MEDFDI et la direction du surintendant et des responsables de groupes d'âge.

SECTION 2. Si une église qui a employé un directeur de l'éducation chrétienne souhaite que cette personne replisse le rôle de surintendant des MEDFDI, l'église devrait élire une autre personne laïque comme membre votant au conseil de l'église locale pour représenter les MEDFDI. Nous encourageons que tous les efforts soient faits pour former et ressourcer des responsables laïcs pour diriger les MEDFDI.

SECTION 3. Lorsqu'un pasteur pour enfants, pour jeunes ou pour adultes est l'employé d'une église, le pasteur, en consultation avec le conseil de l'église, le conseil des MEDFDI et le conseil de la JNI, attribue la responsabilité des enfants, des jeunes et des adultes aux membres du personnel du groupe d'âge. Dans ce cas, le membre du personnel servant auprès des enfants, des jeunes ou des adultes assume certaines des charges normalement assignées au directeur local des Ministères Auprès des Enfants (MAE), au président de la JNI ou au directeur des Ministères Auprès de Adultes (MAA). Cependant, le directeur local des MAE, du président de la JNI ou du directeur des MAA garde la responsabilité de fournir une direction laïque vitale, un soutien et une représentation aux ministères locaux de groupes d'âge. Le pasteur et le membre du personnel du ministère d'un groupe d'âge consultent le conseil des MEDFDI et le conseil de la JNI pour définir les rôles et responsabilités des trois postes laïques.

ARTICLE VIII. CONVENTION DES MEDFDI

SECTION 1. Convention des MEDFDI de district.

Il est important que chaque district planifie une Convention annuelle des MEDFDI de district afin d'inspirer, de motiver et de former et de gérer les rapports et les élections. La promotion des ministères de l'École du dimanche et la formation de disciples et petits groupes devrait être le temps fort de chaque convention.

a. Les membres d'office de la Convention des MEDFDI de district sont : le surintendant de district, tous les pasteurs, les ministres ordonnés affectés, les ministres affectés ayant une licence de district, les ministres affectés à la retraite, les adjoints à plein-temps, le président des MEDFDI de district, les responsables des MAE et MAA de district, le président de la JNI de district, le président de la MNI de district, et tous les surintendants locaux des MEDFDI, les directeurs locaux des MAE et MAA, les présidents locaux de la JNI, les membres élus du conseil des MEDFDI de district, les membres laïcs du conseil consultatif de district, et tout nazaréen professeur d'éducation chrétienne à plein temps membre de ce district, de ce champ, de cette région, et les dirigeants des MEDFDI mondiaux.

b. En plus des délégués mentionnés au-dessus, chaque église locale élira des délégués supplémentaires des MEDFDI à la convention, représentant environ 25 pour cent des responsables et enseignants ou dirigeants des ministères locaux des MEDFDI. Au cas où ces délégués ne peuvent pas assister à la Convention, les délégués suppléants seront désignés dans l'ordre du nombre des votes qu'ils ont reçus.

c. Le conseil des MEDFDI de district nommera un comité de sélection pour proposer le double du nombre de candidats pour l'élection du poste de président des MEDFDI de district, et des trois membres élus du conseil des MEDFDI de district, qui seront alors élus lors d'un vote à la majorité relative. Ces candidats devraient être membres de l'Église du Nazaréen, activement impliqués dans l'un des ministères des MEDFDI et devraient être choisis parmi les différentes catégories d'âge (enseignants/ouvriers auprès des enfants, des jeunes et des adultes). Dans le cas où les délégués élus ne peuvent pas participer, des suppléants devraient être désignés dans l'ordre de réception des votes.

d. Les délégués à la Convention des MEDFDI de district pourront élire le président des MEDFDI de district (239 du *Manuel*) et les trois membres élus du conseil des MEDFDI de district et les délégués à la Convention mondiale des MEDFDI.

SECTION 2. Convention mondiale des MEDFDI.

En relation avec chaque Assemblée générale, les MEDFDI tiendront une Convention mondiale avec des délégués dans une ou plusieurs endroit du monde. Les délégués élus (et les invités) se réuniront afin d'inspirer, de motiver, de former pour équiper et enrichir la participation à accomplir la mission et le but des MEDFDI mondialement.

La Convention mondiale inclura aussi des forums régionaux composés du comité régional des MEDFDI, du directeur régional, du coordinateur régional des MEDFDI, et les délégués élus de la MEDFDI de district de cette région. Les forums auront lieu afin d'élire un candidat, susceptible de servir comme représentant des MEDFDI au Conseil général. Le comité mondial des MEDFDI et le directeur mondial des MEDFDI vont alors sélectionner un nom parmi ceux nommés et le soumettre à l'Assemblée générale pour approbation (332.6 du *Manuel*).

a. Les délégués d'office à la Convention mondiale des MEDFDI seront: les surintendants de district, les présidents des MEDFDI de district, les directeurs des MAE et des MAA de district, les coordinateurs régionaux des MEDFDI, les directeurs de champ des MEDFDI, les coordinateurs régionaux des MAE et MAA, et les directeurs et le personnel mondial des MEDFDI. De plus, les professeurs d'éducation chrétienne, des universités et séminaires nazaréens peuvent assister comme délégués.

b. De plus que les délégués d'office, chaque district devrait élire quatre délégués supplémentaires, ou un nombre égal à dix pour cent des églises organisées dans le district, en retenant le nombre le plus élevé.

c. Les directives suivantes devraient être suivies lors d'élections de délégués à la Convention mondiale des MEDFDI:

1. Le comité de sélection sera composé du surintendant de district, du président des MEDFDI de district et d'au moins trois autres membres nommés par le conseil des MEDFDI de district. Ils choisiront trois fois plus de candidats qu'il y a de personnes à élire.

2. La Convention des MEDFDI de district élira un nombre égal de délégués et de suppléants provenant de tous les ministères des MEDFDI (incluant les ouvriers et enseignants auprès des jeunes). Ceux qui seront élus devront être actuellement impliqués activement dans le domaine respectif pour lequel ils sont élus. Le nombre de suppléants élus devra inclure les suppléants des dirigeants de district qui sont membres d'office. Les personnes qui siégeront comme délégués à la Convention de la MNI mondiale ou à la Convention de la JNI mondiale ne devront pas être élues, car les trois conventions se déroulent en même temps.

3. Les délégués seront élus par scrutin dans la Convention de district des MEDFDI dans les seize mois précédant l'Assemblée générale ou dans les vingt-quatre mois pour les pays où les visas de voyage ou des préparatifs exceptionnels sont nécessaires.

4. Autant que possible, élire un nombre égal de laïcs et de membres du clergé – 50 pour cent de laïcs et 50 pour cent de ministres affectés, d'anciens, diacres ou de ministres habilités. Lorsque le nombre total est impair, le représentant supplémentaire sera un laïc.

5. Les dirigeants des MEDFDI de district élus avant et en fonction durant la Convention mondiale seront les membres d'office de la convention.

6. Tous les délégués membres d'office et élus qui sont présents à la Convention de district des MEDFDI seront éligibles lors du vote pour les délégués de la Convention mondiale des MEDFDI.

7. Un vote à la majorité relative sera suffisant pour l'élection.

8. Dans le cas où les délégués élus ne peuvent pas assister la Convention des MEDFDI, les délégués suppléants seront désignés dans l'ordre du nombre des votes qu'ils ont reçus. Si les délégués et suppléants ne peuvent pas assister, le surintendant de district et le conseil consultatif de district sont autorisés à remplir de tels postes vacants.

9. Lors de la tenue de la Convention mondiale des MEDFDI, chaque délégué habitera dans le district où il a été élu comme représentant et sera membre d'une église locale du Nazaréen de ce district.

10. Les délégués qui assistent à la convention devront recevoir du district une assistance financière équivalente aux dépenses données par le district pour les délégués à la Convention de la JNI et de la MNI.

11. Si l'élection des délégués à la Convention mondiale des MEDFDI n'a pas lieu lors de la Convention de district

des MEDFDI, les délégués seront élus à l'assemblée de district.

ARTICLE IX. CONSEIL MONDIAL DES MEDFDI

SECTION 1. Objectif

Promouvoir l'ensemble du programme des MEDFDI en travaillant avec la région, le champ, le district et les dirigeants locaux des MEDFDI, en reliant les stratégies mondiales pour une formation efficace des disciples.

SECTION 2. Composition:

a. Le conseil mondial des MEDFDI se réunira au moins une fois par année, soit en personne ou par média électronique, et consistera du coordinateur régional des MEDFDI de chaque région de la mission mondiale avec le directeur mondial des MEDFDI présidant la réunion.

b. Les coordinateurs régionaux des MEDFDI doivent être nommés par le directeur régional respectif, en consultation avec le directeur mondial des MEDFDI.

SECTION 3. Les devoirs des coordonnateurs régionaux des MEDFDI seront:

a. Représenter et parrainer les objectifs des MEDFDI dans leur région.

b. Fournir une vision et une inspiration liées à la mise en œuvre de stratégies et d'outils compatibles avec la vision régionale de l'église.

c. Faire des recherches, créer, développer, coordonner, et faire un suivi: des initiatives de formation en but de développer des dirigeants avec l'intention de former des disciples, pour la région, le champ, et l'avancement de l'église sur le district, reliant tous les ministères de l'église à la tâche de faire des disciples à l'image de Christ.

d. Assister à la réunion annuelle du conseil mondial des MEDFDI et soumettre un rapport.

e. Amener un ou des candidat(s) pour être le(s) représentant(s) au Conseil général, sélectionné(s) par leur forum régional au conseil mondial des MEDFDI. Le conseil présentera un nom à l'Assemblée générale pour élection en tant que représentant des MEDFDI au Conseil général (332.6 du *Manuel*).

ARTICLE X. AMENDEMENTS DES STATUS DES MEDFDI

Ces statuts pourraient être amendés par un vote à la majorité des membres du Conseil mondial présents et votants.

PARTIE X

Formulaires

L'ÉGLISE LOCALE

L'ASSEMBLÉE DE DISTRICT

CAHIERS DES CHARGES

I. L'ÉGLISE LOCALE

NOTE : Les formulaires suivants peuvent être préparés et utilisés par l'église locale au besoin.

813. Habilitation de ministère local

LA PRÉSENTE ATTESTE QUE (nom du candidat)_ est habilité comme ministre local de l'Église du Nazaréen pour la période d'un an, à condition que son esprit et sa conduite soient en conformité avec l'Évangile de Christ et que ses enseignements s'accordent avec les doctrines établies des Saintes Écritures, telles que soutenues par ladite église.

Par délégation du conseil de l'Église du Nazaréen (nom de l'église). Fait à (lieu), le (jour) (mois) (année).

_____ , Président

_____ , Secrétaire

NB : Le formulaire ci-dessus est disponible sur internet au Développement du clergé mondial du Siège du Ministère Mondial de l'Église du Nazaréen. L'acquisition du formulaire correct est importante pour établir et maintenir l'historique du candidat dans le ministère.

814. Recommandation à l'assemblée de district

(À compléter annuellement par les ministres habilités de district)

(Cocher le conseil approprié.)

☐ Le Conseil de l'Église du Nazaréen de (nom de l'Église)

☐ Le Conseil consultatif de district (nom de district)

(*Manuel* 225.13) recommande (nom) au/à (Conseil des créances ministérielles ou l'Assemblée de district) pour :

☐ L'habilitation de ministre de district

☐ Le renouvellement de l'habilitation de ministre de district

☐ Le renouvellement de l'habilitation de diacre

☐ Le renouvellement de l'habilitation de directeur de l'éducation chrétienne

Certification du rôle ministériel (Manuel 503-528)

☐ MEC – Ministre de l'éducation chrétienne (employé par une école organisée par une église locale)

☐ EDU – Éducation (employé pour servir dans l'équipe administrative ou enseignante d'une des institutions éducatives de l'Église du Nazaréen)

☐ EVE – Évangéliste enregistré (consacre son temps à voyager et à prêcher l'Évangile comme ministère principal, encourageant des renouveaux et pour diffuser l'Évangile en tous lieux dans le pays)

☐ AG - Affectation générale, missionnaire (nommé par le Conseil général pour servir l'église sous le couvert du Comité de la mission mondiale)

☐ AG - Affectation générale, autre (élu ou employé pour servir dans l'Église générale)

☐ PAS – Pasteur

☐ SVP-PT – Service pastoral à plein temps

☐ SVP-TP – Service pastoral à temps partiel (pasteur adjoint, effectuant des services pastoraux en relation avec une église, dans des domaines spécialisés de ministère reconnu et approuvé par les agences gouvernant, habilitant et autorisant le ministère)

☐ EMI – Évangéliste par la musique, inscrit (consacre la majeure partie de son temps au ministère d'évangélisation par la musique comme engagement principal)

☐ SPC – Service spécial ou intra-dénomination (en service actif d'une manière qui n'est pas accomplie autrement, qui doit être approuvé par l'assemblée de district sur recommandation du Conseil consultatif de district.) Les personnes désignées SPC sont tenues de maintenir des relations avec l'Église du Nazaréen et de soumettre annuellement par écrit au conseil consultatif de district, la nature de leur connexion permanente avec l'Église du Nazaréen.)

☐ ETU – Étudiant

☐ NA – Non affecté

Réévaluation des exigences minimales pour l'ordination (*Manuel* 533.3, 534.3) et aussi les procédures pour la formalisation de la relation, avec ou sans rétribution (*Manuel* 159-159.3). Ceci est important pour établir et maintenir l'historique du candidat dans le ministère.

Si la désignation du rôle de ministère SVP-PT ou SVP-TP est recommandée pour l'année qui vient, est-ce que l'approbation écrite du surintendant du district a été reçu (129.27; 159-159.2)?

☐ Oui ☐ Non

_____

_____

Si une désignation autre que ETU ou NA est indiquée ci-dessus, décrire la relation formelle qui existe avec le candidat, telle qu'approuvée par le conseil d'église et le surintendant de district.

_____

_____

Nous certifions que (<u>nom</u>) a rempli toutes les conditions pour une telle demande.

Par vote du conseil ce (<u>date</u>) et par réception d'une lettre de permission du surintendant de district ce (<u>date</u>).

_____ , Président

_____ , Secrétaire

☐ Référé ☐ Signalé ☐ Disposition _____

NOTE : Veuillez cocher à la fois une recommandation de licence et une recommandation pour la certification du rôle du ministère.

815. Certificat de recommandation

Je, soussigné, certifie par le présent que (<u>nom</u>) est un membre
de (<u>nom de l'église locale</u>) et qu'il (elle) est de ce fait recomman-
dé(e) à la confiance chrétienne de ceux à qui ce certificat peut
être présenté.

_____ , Pasteur
_____ date

Note : Quand un certificat de recommandation est remis à une personne,
l'appartenance de cette personne en tant que membre se termine immédiatement dans l'église locale qui a remis le certificat. (111.1)

816. Lettre de cessation

Je, soussigné, certifie par la présente que (<u>nom</u>) a été jusqu'à
cette date membre de (<u>nom de l'église locale</u>) et sur sa requête,
cette lettre de cessation lui est remise.

_____ , Pasteur
_____ date

Note : Son appartenance en tant que membre se termine immédiatement
par la remise d'une lettre de cessation. (112.2)

817. Transfert de membres

Je, soussigné, certifie par le présent que (<u>nom</u>) est membre de
(<u>nom de l'église locale</u>) et sur sa requête, il (elle) est transféré(e)
à (<u>nom de l'église</u>) dans le district de (<u>nom du district</u>).

Quand l'église qui reçoit accuse réception de ce transfert, son
adhésion en tant que membre dans cette église locale cessera.

_____ , Pasteur
_____ , Adresse
_____ Date

Note : Une lettre de transfert n'est valide que pour une période de trois
mois. (111)

818. Accusé de réception de transfert

Je, soussigné, certifie par la présente que (<u>nom</u>) a été reçu(e)
comme membre par (<u>nom de l'église locale</u>), fait à (<u>lieu</u>), ce (<u>date</u>).

_____ , Pasteur
_____ , Adresse

II. L'ASSEMBLÉE DU DISTRICT

819. Les formulaires officiels du district sont disponibles auprès du Secrétaire Général, 17001 Prairie Star Parkway, Lenexa, KS 66220, É-U

III. CAHIERS DES CHARGES

Section 1. Pour le jugement d'un membre de l'Église

Section 2. Pour le jugement d'un ministre ordonné

Section 3. Pour le jugement d'un ministre habilité

820. Les cahiers des charges sont disponibles auprès du Secrétaire Général, 17001 Prairie Star Parkway, Lenexa, KS 66220, États-Unis

I. DIRIGEANTS GÉNÉRAUX

900. Surintendants Généraux

Eugénio R. Duarte
David W. Graves
David A. Busic
Gustavo A. Crocker
Filimão M. Chambo
Carla D. Sunberg

900.1 Surintendants Généraux (émérite et retraité)

Eugene L. Stowe, émérite
Jerald D. Johnson, émérite
Donald D. Owens, émérite
Jim L. Bond, émérite
W. Talmadge Johnson émérite
James H. Diehl, émérite
Paul G. Cunningham, émérite
Nina G. Gunter, émérite
Jesse C. Middendorf, émérite
Jerry D. Porter, émérite
J.K. Warrick, émérite

900.2 Secrétaire général

David P. Wilson

900.3 Trésorier général

Keith B. Cox

CHURCH OF THE NAZARENE
GLOBAL MINISTRY CENTER
17001 PRAIRIE STAR PARKWAY
LENEXA, KS 66220 U.S.A.

II. CONSEILS D'ADMINISTRATION, CONSEILS ET ÉTABLISSEMENTS D'ENSEIGNEMENT

901. Conseil général

Membres par région

Ministres	Laïcs
Région Afrique	
Arsenio Jeremias Mandlate	Sibongile Gumedze
Solomon Ndlovu	Benjamin Langa
Stanley Ushe	Angela M. Pereira B. D. V. Moreno
Région Asie Pacifique	
Kafoa Muaror	Leonila Domen
Min-Gyoo Shin	Joung Won Lee
Région Canada	
D. Ian Fitzpatrick	David W. Falk
Région Centre des É-U	
Ron Blake	Judy H. Owens
Région Centre Est des É-U	
D. Geoffrey Kunselman	Carson Castleman
Région Est des É-U	
Samuel Vassel	Larry Bollinger
Région Eurasie	
Sanjay Gawali	David Day
David Montgomery	Vinay Gawali
Mary Schaar	Christoph Nick
Région Mésoamérique	
Elias Betanzos	Carmen L. Checo de Acosta
Wallière Pierre	Abraham Fernandez Gamez
Antoine St. Louis Plinio	E. Uriza Garcia Oorizar
Région Centre Nord des É-U	
Jim Bond	Larry Mcintire
Région Nord-Ouest des É-U	
Randall J. Craker	Joel K. Pearsall
Région Amérique du Sud	
Adalberto Herrera	Cuello Galdina Arrais
Fernando Oliveira	Jacob Rivera Medina
Amadeu Teixeira	Emerson Natal

Région Centre Sud des É-U

Terry C. Rowland   Cheryl Crouch

Région Sud-Est des É-U

Larry D. Dennis   Dennis Moore
Dwight M. Gunter II   Michael T. Johnson

Région Sud-Ouest des É-U

Ron Benefiel   Daniel Spaite

Éducation

John Bowling Bob Brower

MNI

Philip Weatherill

JNI

Adiel Teixeira

MEDFDI

Milton Patwary

902. Cour d'Appels Général

Hans-Günter Mohn, président   Janine Metcalf, secrétaire
D.Ian Fitzpatrick   Donna Wilson
Brian Powell

903. Conseil de la JNI mondiale

Gary Hartke, directeur de la JNI
Adiel Teixeira, président
Ronald Miller, Afrique
Janary Suyat de Godoy, Asie-Pacifique
Diego Lopez, Eurasie
Milton Gay, Mésoamérique
Christiano Malta, Amérique du sud
Justin Pickard, É-U/Canada

904. Conseil de la MNI mondial

Lola Brickey, Directrice Mondiale
Philip Weatherill, Président
Dawid De Koker, Région Afrique
Pauline Sheppard, Région Asie-Pacifique
Penny Ure, Région Canada
Carla Lovett, Région Central des É-U
Kathy Pelley, Centre Est des É-U
Sharon Kessley, Région Est des É-U
Cathy Terrant, Région Eurasie
Blanca Campos, Région Mésoamérique
Rhonda Rhoades, Région Nord-Est des É-U
Debra Voelker, Région Nord-Ouest des É-U

Antonio Carlos, Région Amérique du Sud
MaryRunion, Région Centre Sud des É-U
Teresa Hodge, Région Sud-Est des É-U
Martha Lundquist, Région Sud-Ouest des É-U
Verne Ward, Directeur de la Mission Mondiale
Les surintendants généraux affectés ayant
juridiction (conseiller)

905. Établissements d'enseignement supérieur nazaréens

CONSORTIUM NAZARÉEN
DE L'ÉDUCATION MONDIAL

Région Afrique

Africa Nazarene University
  Nairobi, Kenya – Desservant l'Afrique de l'Est
Nazarene Bible College of East Africa
  Nairobi, Kenya – Desservant le champ Est
Nazarene Theological College
  Honeydew, Afrique du Sud – Desservant le champ Sud
Nazarene Theological College of Central Africa
  Malawi, Centre de L'Afrique – Desservant le champ du Sud-Est
Nazarene Theological Institute
  Desservant les champs au Centre et à l'Ouest
Seminário Nazareno de Cabo Verde
  Santiago, Cape Verde
Seminário Nazareno em Moçambique
  Maputo, Mozambique – Desservant le champ Lusophone
Southern Africa Nazarene University
  Manzini, Swaziland – Desservant le Sud de l' Afrique

Région Asie Pacifique

Asia-Pacific Nazarene Theological Seminary
  Rizal, Philippines
Indonesia Nazarene Theological College
  Yogyakarta, Indonesia
Japan Nazarene Theological Seminary
  Tokyo, Japan
Korea Nazarene University
  Choong Nam, Korea
Melanesia Nazarene Bible College
  Mount Hagen, Papua New Guinea
Melanesia Nazarene Teachers College
  Mount Hagen, Papua New Guinea
Nazarene College of Nursing
  Mount Hagen, Papua New Guinea
Nazarene Theological College
  Thornlands, Queensland, Australia
Philippine Nazarene Bible College

Baguio City, Philippines
South Pacific Nazarene Theological College
   Suva, Fiji
Southeast Asia Nazarene Bible College
   Bangkok, Thaïlande
Taiwan Nazarene Theological College
   Peitou, Taiwan
Visayan Nazarene Bible College
   Cebu City, Philippines

Région Eurasie

Eastern Mediterranean Nazarene Bible College
   Karak, Jordan – Desservant le Sud Meditérranéen
European Nazarene College
   Desservant l'Europe et les champs de l'Eurasie
Nazarene Nurses Training College
   Washim, Maharashtra, Inde
Nazarene Theological College-Manchester
   Manchester, Angleterre
South Asia Nazarene Bible College
   Bangalore, India – Desservant l'Inde et le Sud de l'Asie

Région Mésoamérique

Caribbean Nazarene College
   Santa Cruz, Trinidad — Desservant les Antilles anglaises,
   hollandaise et françaises
Instituto Biblico Nazareno
   Coban, Alta Verapaz, Guatemala — Desservant le Nord du
   Guatémala
Séminaire Théologique Nazaréen d'Haïti
   Pétion-Ville, Haïti — Desservant Haïti
Seminario Nazareno de las Américas
   San José, Costa Rica — Desservant l'Amérique Latine et le
   champ Central
Seminario Nazareno Dominicano Santo Domingo,
   République Dominicaine — Desservant la République
   Dominicaine
Seminario Nazareno Mexicano
   Mexico City D.F., Mexico — Desservant le nord du Mexique
   et les champs du sud
Seminario Teológico Nazareno
   Guatemala City, Guatemala — Desservant le champ d'Amé-
   rique Centrale
Seminario Teológico Nazareno Cubano
   Ciudad Habana, Cuba—Desservant Cuba

Région Amérique du Sud

Faculdade Nazarena do Brasil
  Sao Paulo, Brazil— Desservant le Brésil
Instituto Biblico Nazareno Peru
  Bagua Chica, Amazonas, Peru — Desservant le district
  Aborigène du Pérou
Seminario Biblico Nazareno Chile
  Santiago, Chile — Desservant le Chili
Seminario Nazareno del Área Central
  La Paz, Bolivia — Desservant le pays de la Bolivie
Seminario Teológico Nazareno del Cono Sur
  Buenos Aires, Argentina — Desservant le champ du Cône
  Sud
Seminario Teológico Nazareno Perú
  Chiclayo, Peru — Desservant le Pérou
Seminário Teológico Nazareno do Brasil
  Sao Paulo, Brazil — Desservant le Brésil
Seminario Teológico Nazareno Sudamericano
  Quito, Ecuador — Desservant le champ des Andes du Nord

Région É-U/Canada

Ambrose University
  Calgary, Alberta, Canada
Eastern Nazarene College
  Quincy, Massachusetts, É-U
MidAmerica Nazarene University
  Olathe, Kansas, É-U
Mount Vernon Nazarene University
  Mount Vernon, Ohio, É-U
Nazarene Bible College
  Lenexa, Kansas, É-U
Nazarene Theological Seminary
  Kansas City, Missouri, É-U
Northwest Nazarene University
  Nampa, Idaho, É-U
Olivet Nazarene University
  Bourbonnais, Illinois, É-U
Point Loma Nazarene University
  San Diego, California, É-U
Southern Nazarene University
  Bethany, Oklahoma, É-U
Trevecca Nazarene University
  Nashville, Tennessee, É-U

III. RÈGLEMENTS ADMINISTRATIFS

906. Dons de rente viagère. Il est interdit au Conseil général et aux institutions de l'Église d'utiliser les dons de rente viagère jusqu'à ce qu'ils leur appartiennent valablement par la mort du rentier et de tels dons doivent être soigneusement investis dans les fonds ordinairement reconnus comme fonds en fiducie par les tribunaux du pays. (2017)

907. Dette. Aucune entité ne peut garantir des nantissements de charité en vue de souscrire une dette. Les promesses de dons ne doivent pas être comptées comme des capitaux. (2017)

908. Sociétés bibliques

1. Sociétés bibliques approuvées. L'Église du Nazaréen insiste que la Bible est la révélation écrite de Dieu, qu'elle est l'outil principal pour gagner de nouveaux disciples de Jésus-Christ et qu'il y a un besoin croissant de plus d'exemplaires des Saintes Écritures ; par conséquent, qu'il soit résolu :

Premièrement, que l'Assemblée générale exprime sa cordiale approbation et toute sa sympathie à l'œuvre entreprise par les Sociétés Bibliques Unies dans le monde.

Deuxièmement, que nous acceptions l'observance du Dimanche Universel de la Bible, en dirigeant notre attention en cette journée sur la place essentielle que doivent occuper les Écritures dans la vie chrétienne.

2. Offrandes pour les sociétés bibliques.

Il est résolu : Que l'Église du Nazaréen désigne le deuxième dimanche de décembre de chaque année comme un jour spécial pour la présentation de ce sujet important et la collecte d'une offrande pour la société biblique qui dessert chaque nation. La société biblique choisie sera membre (associé ou à part entière) de la communion mondiale des Sociétés Bibliques Unies ou en l'absence d'une société membre, telle autre société biblique désignée par le district ; aussi qu'un effort spécial soit fait pour encourager toutes nos églises à prendre part à une telle offrande. Toutes les églises devraient consulter leur district pour obtenir des instructions sur la façon d'envoyer leurs contributions à la société biblique de leurs pays respectifs. (2017)

909. Résolution pour la révision du *Manuel*. Qu'il soit résolu : Que les membres du Comité de Révision du *Manuel*, nommés par le Conseil des surintendants généraux, constituent de ce fait le Comité de Révision du *Manuel* ; en outre, qu'il soit résolu : Que le Comité de Révision du *Manuel* soit et de ce fait est, autorisé à harmoniser les déclarations contradictoires qui peuvent apparaître dans le procès-verbal de la vingt-neuvième Assemblée générale sur les changements à apporter dans le *Manuel* ; et aussi à faire de tels changements éditoriaux dans le *Manuel* courant qui peuvent servir à corriger le texte sans

altérer la signification ; et aussi à faire de tels changements éditoriaux dans les textes récemment adoptés pouvant servir à
corriger le texte sans altérer la signification.

Le Comité de révision du *Manuel* est de ce fait autorisé à remplacer les mots ou expressions prêtant à confusion par des mots
ou expressions faciles à comprendre, à réviser le numérotage
des chapitres, paragraphes, sections et autres subdivisions du
Manuel en harmonie avec les décisions prises par la vingt-neuvième Assemblée générale et aussi à préparer l'index en harmonie avec toutes décisions adoptées par la vingt-neuvième
Assemblée générale.

Il est aussi résolu : Que la supervision de toutes les traduc-
tions du *Manuel* incombe au Comité de révision du *Manuel*.
(2017)

910. Révision de l'appendice du *Manuel*. Tout sujet faisant partie des sections III et IV de l'appendice (paragraphes
906-933) durant trois périodes de quatre ans sans aucune re-
considération sera transmis par le Comité de référence au comité approprié de l'Assemblée générale, pour qu'il reçoive la même
considération qu'une résolution à l'Assemblée générale. (2013)

911. Durée des comités. Tout comité spécial créé pour un
besoin quelconque, à moins que cela ne soit spécifié autrement,
cessera d'exister à l'Assemblée générale suivante. (2017)

912. Les travaux de l'Assemblée générale
(Extrait des Règles de l'Assemblée générale, 2017)

Résolutions et Pétitions

**Règle 14. Présenter des résolutions à l'Assemblée gé-
nérale.** Les assemblées du district, un comité autorisé par
l'assemblée de district, les Conseils régionaux, le Conseil général ou l'un de ses départements reconnus, les conseils officiels, ou les commissions de l'Église générale, la Convention
de la Mission Nazaréenne Internationale (MNI) mondiale,
la Convention de la JNI mondiale, ou cinq membres ou plus
de l'Assemblée générale, peuvent présenter des résolutions
et des pétitions pour que l'Assemblée générale les examine
en conformité avec les règles suivantes :

a. Chaque résolution ou pétition présentée sera imprimée ou
   dactylographiée sur le formulaire officiel fourni par le Secrétaire général.
b. Chaque résolution ou pétition présentée comportera le
   sujet et les noms des délégués ou du groupe faisant la
   présentation.
c. Toutes les résolutions qui demandent une action impliquant des dépenses doivent inclure une estimation des
   coûts nécessaires à exécuter ces actions
d. Les propositions pour des changements à apporter au
   Manuel doivent être présentées par écrit et elles doivent

mentionner le paragraphe et la section du *Manuel* à être modifiée, ainsi que le texte du changement, dans le cas de son adoption.

e. De telles propositions seront présentées au Secrétaire général, au plus tard le 1er décembre avant la convocation de l'assemblée pour qu'elles soient numérotées et envoyées au Comité de Références, pour référence en accord avec la Règle 24 et à 305.1 du *Manuel* et afin qu'elles soient imprimées dans le Guide du délégué.

f. Toutes résolutions qui ne sont pas des éléments du *Manuel* doivent indiquer l'entité qui a la responsabilité d'adopter la législation.

Règle 15. Résolutions et pétitions pour références tardives. Avec le consentement de l'assemblée, les résolutions, pétitions et autres questions à considérer par l'assemblée peuvent être présentées au Secrétaire général pour être référées à un Comité législatif, au plus tard le 1er juin précédant la convocation de l'assemblée, à l'exception des Conventions mondiales qui ont lieu immédiatement avant l'Assemblée générale.

Règle 16. Changements apportés au *Manuel*. Les résolutions adoptées par l'Assemblée générale seront soumises au Comité de révision du *Manuel* pour être harmonisées avec les autres dispositions du *Manuel*.

913. Sites et repères historiques. Les assemblées de district et de région peuvent désigner comme Sites historiques certains lieux ayant une signification historique au sein de leurs frontières. Une période d'au moins 50 ans doit s'écouler avant qu'un lieu soit reconnu comme ayant une signification historique avant d'être reconnu en tant que Site historique. Il n'est pas obligatoire que des bâtiments et structures d'origine aient survécu pour qu'un site puisse être déclaré Site historique. Le secrétaire de l'assemblée rapportera des Sites historiques nouvellement désignés au Secrétaire général, indiquant la disposition prise, des informations concernant le site et l'importance du site.

Les assemblées de district et de région peuvent demander à l'Assemblée générale de désigner comme Repères historiques des lieux qui ont une importance pour l'ensemble de la dénomination. Les candidatures seront limitées aux lieux qui auront été préalablement déclarés sites historiques. Les surintendants généraux ou un comité nommé dans le but de trier les candidatures doivent être d'accord sur une candidature avant que l'Assemblée générale ne la reçoive pour la considérer.

Le Secrétaire général gardera un registre des Sites et Repères historiques et en fera la promotion de manière appropriée (paragraphe 327.2). (2009)

IV. QUESTIONS MORALES ET SOCIALES CONTEMPORAINES

914. Don d'organes. L'Église du Nazaréen encourage ses membres qui n'ont aucune objection personnelle à appuyer le programme de donneur/receveur d'organes anatomiques, au moyen de dons faits du vivant de leur vivant et en fiducie.

En outre, nous faisons appel à une distribution d'organes qui est moralement et éthiquement équitable, à ceux qui sont qualifiés pour les recevoir. (2013)

915. Discrimination. L'Église du Nazaréen désire réaffirmer sa position historique de compassion chrétienne pour les gens de toutes races. Nous croyons que Dieu est le Créateur de tous les êtres humains et que d'un seul sang tous les gens furent créés.

Nous croyons que chaque individu, sans considération de race, de couleur, de sexe ou de credo, devrait être égal devant la loi, y compris face au droit de vote, à l'accès égal aux opportunités d'éducation et à l'accès à toute infrastructure publique, ainsi qu'avoir l'opportunité égale, selon ses capacités, de gagner sa vie, exempt de toute discrimination dans le milieu du travail et économique.

Nous encourageons vivement nos églises en tous lieux à poursuivre et à renforcer les programmes d'éducation en vue de promouvoir la compréhension et l'harmonie entre les races. Nous sentons aussi que l'avertissement biblique qui se trouve en Hébreux 12.14 devrait guider les actions de nos membres. Nous prions instamment chaque membre de l'Église du Nazaréen d'examiner humblement ses attitudes personnelles et ses actions à l'égard des autres, comme un premier pas pour atteindre le but chrétien de la pleine participation de tous à la vie de l'Église et de la communauté entière.

Nous mettons à nouveau l'accent sur notre croyance que la sainteté de cœur et de vie est la base d'une vie droite. Nous croyons que l'amour chrétien entre les différentes races ou sexes viendra quand les cœurs des personnes seront transformés par la soumission complète à Jésus-Christ et que l'essence du vrai christianisme consiste à aimer Dieu de tout son cœur, de toute son âme, de tout son esprit et de toute sa force et son prochain comme soi-même.

Par conséquent, nous renonçons à toute forme d'indifférence raciale et ethnique, d'exclusion, d'assujettissement ou d'oppression en tant que péché grave contre Dieu et nos semblables.

Nous déplorons toutes les formes de tradition raciste à travers le monde, et nous cherchons à affronter ces traditions par le repentir, la réconciliation et la justice biblique. Nous cherchons à nous repentir de tout comportement dans lequel nous avons été ouvertement ou secrètement complices du péché du racisme, passé et présent; et par la confession et le regret, nous recherchons le pardon et la réconciliation.

En outre, nous reconnaissons qu'il n'y a pas de réconciliation en dehors de la lutte de l'homme pour s'opposer et surmonter tous les préjugés personnels, institutionnels et structurels responsables de l'humiliation et de l'oppression raciale et ethnique. Nous appelons les Nazaréens partout dans le monde à identifier et à chercher à supprimer les actes et les structures de discrimination, à faciliter les occasions pour rechercher le pardon et la réconciliation et à prendre des mesures pour dynamiser ceux qui ont été marginalisés. (2017)

916. Abus contre les plus faibles. L'Église du Nazaréen abhorre l'abus de toute personne, quels que soient son âge et son sexe et encourage une conscience publique accrue de cet abus par le biais de ses publications et en fournissant des informations éducatives appropriées.

L'Église du Nazaréen réaffirme sa position historique en indiquant qu'il est interdit aux personnes agissant sous l'autorité de l'Église de s'engager dans l'inconduite sexuelle ou toute autre forme d'abus envers les plus faibles. Lorsqu'elle place des personnes dans des postes de confiance ou d'autorité, l'Église du Nazaréen présumera que la conduite passée d'une personne est d'habitude un indicateur fiable de son comportement futur le plus probable. L'Église interdira l'accès à des postes d'autorité aux personnes ayant, par le passé, utilisé une position de confiance ou d'autorité pour s'engager dans l'inconduite sexuelle ou pour abuser des plus faibles, à moins que des mesures suffisantes soient prises pour prévenir des comportement illicites dans le futur. Les expressions de remords par la personne coupable ne seront pas considérées comme suffisantes pour surmonter la présomption d'une probabilité d'un comportement fautif futur, à moins que les expressions de remords soient accompagnées d'un changement de comportement observable sur une période suffisamment longue, indiquant qu'une récidive du comportement fautif est improbable. (2009)

917. Responsabilité à l'égard des pauvres. L'Église du Nazaréen croit que Jésus a commandé à Ses disciples d'avoir une relation spéciale avec les pauvres de ce monde; que l'Église de Christ devrait, premièrement, se garder simple et libre d'un accent sur la richesse et l'extravagance; et, deuxièmement, qu'elle s'engage à soigner, à nourrir, à vêtir et à abriter les pauvres. À travers la Bible et dans la vie et l'exemple de Jésus, Dieu s'identifie et vient en aide aux pauvres, les opprimés et ceux qui n'ont pas de droit de parole dans la société. De la même manière, nous sommes aussi appelés à nous identifier aux pauvres et à être solidaires avec eux et pas simplement offrir la charité du haut de nos positions de confort. Nous croyons que les ministères de compassion envers les pauvres comportent des actes de charité aussi bien qu'une lutte pour fournir l'opportunité, l'égalité et la justice aux pauvres. Nous croyons, en outre, que la responsabilité chrétienne envers les pauvres est un aspect essentiel de la vie de chaque croyant qui recherche une foi agissante dans l'amour.

Enfin, nous comprenons que la sainteté chrétienne est inséparable du ministère envers les pauvres en ce qu'elle pousse le chrétien à aller au-delà de sa propre perfection individuelle, vers la création d'une société et d'un monde plus justes et plus équitables. La sainteté, loin d'éloigner les croyants des besoins économiques désespérés des personnes vivant dans le monde d'aujourd'hui, nous motive à offrir nos moyens en vue d'alléger de tels besoins et d'ajuster nos désirs selon les besoins des autres. (2001)

(Exode 23.11; Deutéronome 15.7; Psaumes 41.1; 82.3; Proverbes 19.17; 21.13; 22.9; Jérémie 22.16; Matthieu 19.21; Luc 12.33; Actes 20.35; 2 Corinthiens 9.6; Galates 2.10)

918. Langage non-sexiste. L'Église du Nazaréen reconnaît et encourage l'utilisation d'un langage non-sexiste. Les publications, y compris le *Manuel* et le langage public devraient refléter cet engagement à l'égalité des sexes tel que décrit dans le paragraphe 501. Ces adaptations linguistiques ne s'appliqueront ni aux citations bibliques ni aux références faites à Dieu. (2009)

919. L'Église et la liberté humaine. Soucieux que notre important héritage chrétien soit compris et protégé, nous rappelons à notre peuple que nos libertés politiques et religieuses reposent toutes deux sur les concepts bibliques de la dignité de l'humanité comme création de Dieu et de la sainteté de la conscience individuelle. Nous encourageons notre peuple à participer à des activités appropriées pour le soutien de ces concepts bibliques et d'être toujours vigilant contre les menaces à ces libertés précieuses.

Ces libertés sont constamment en danger; par conséquent, nous conseillons vivement l'élection de personnes à la fonction publique à tous les niveaux de gouvernement, qui croient à ces principes et qui sont responsables seulement devant Dieu et les électeurs qui les ont élus, quand ils exercent un mandat public. En outre, nous résistons à toute atteinte à ces principes par des groupes religieux recherchant des faveurs spéciales. Et nous sommes solidaires avec nos frères et sœurs à qui une telle liberté a été refusée, que ce soit par des restrictions politiques ou sociétales.

Nous croyons que le rôle de l'Église est d'être prophétique et de rappeler constamment à son peuple que «la justice élève une nation» (Proverbes 14.34). (2017)

920. Affirmation et déclaration de la liberté humaine. Considérant qu'en tant que Nazaréens, nous embrassons l'appel divin à une vie de sainteté, de plénitude et de restauration où toutes les choses et tous les peuples sont réconciliés avec Dieu. En réponse, le Saint-Esprit apporte la liberté aux marginalisés, aux opprimés, aux abattus et aux blessés, et la justice pour corriger les injustices et met fin à l'influence égoïste causée par le péché, jusqu'à ce que toutes choses soient restaurées sous le règne de Dieu.

En accord avec notre patrimoine et notre indenté de sainteté wesleyenne, nous affrontons le fléau contemporain de l'esclavage moderne, du travail illégal ou forcé et du trafic d'êtres humains et de corps.

Et, en conformité avec ces affirmations,

Il est résolu que les membres et les congrégations de l'Église du Nazaréen internationale:

1. En tant que peuple de sainteté, dans notre poursuite de la justice, nous reconnaissons que nous sommes appelés à se repentir des injustices de notre passé, à modifier le présent et à créer un avenir juste;

2. Exiger des comptes de ceux qui oppriment les autres;

3. Apporter des secours compassionnels à ceux qui sont pris dans le travail illégal ou forcé, les prélèvements d'organes et l'esclavage sexuel (ainsi que tout autre type d'oppression qui demeure dans l'obscurité);

4. Écouter activement et amplifiez les cris des opprimés;

5. Dénoncer les injustices et travailler humblement contre les causes de l'injustice;

6. Agir en solidarité avec notre frère et notre sœur contre tout assujettissement afin de progresser ensemble vers la liberté; et

7. Accompagner ceux qui sont vulnérables dans les pratiques chrétiennes qui apportent la rédemption, la restauration, la guérison et la liberté (1 Jean 3: 8).

S'appuyant sur notre héritage chrétien de sainteté wesleyenne et notre appel à la sainteté, nous faisons les affirmations suivantes:

1. Nous affirmons que la recherche de la justice, de la réconciliation et de la liberté est au cœur de la sainteté de Dieu reflété dans le monde. Nous nous engageons, ainsi que nos ressources ecclésiales, à travailler pour l'abolition de toutes les formes d'esclavage, de trafique et d'oppression, et à s'impliquer intentionnellement dans des réseaux, des conversations et des actions qui offrent des alternatives pleines d'espoir.

2. Nous affirmons qu'en répondant fidèlement à l'impulsion du saint amour de Dieu, les églises doivent travailler à rendre le règne de Dieu toujours plus visible. Nous sommes appelés à être des témoins fidèles en pensées, paroles et actions, du Saint Dieu qui entend les cris de ceux qui sont opprimés, emprisonnés, trafiqués et abusés par des systèmes économiques ou politiques, égoïstes et maléfiques. Dieu nous appelle à répondre avec compassion et justice dans l'humilité.

3. Nous affirmons que la justice dans l'action identifie les injustices, accorde un soulagement compatissant à ceux qui nous entourent et dénonce les responsables. La justice en action et l'amour de la miséricorde ont souvent conduit à des conflits entre le peuple de Dieu et les pouvoirs dominants et les principautés de leur temps. La justice de Dieu nous appelle au-delà de l'égalité de traitement, de la tolérance de nos différences ou du simple renversement des rôles des opprimés et des oppresseurs. En suivant l'exemple de Jésus, nous sommes appelés à une justice par laquelle nous sommes prêts à nous donner pour l'amour des autres.

4. Nous affirmons que la justice chrétienne nécessite les étapes suivantes, un engagement profond à la confession individuelle et collective, à la repentance et au pardon.

5. Nous affirmons que nous devons être les défenseurs des pratiques justes et pleines d'espoir dans tous les domaines de la vie. Identifiant les conditions qui conduisent à des circonstances déshumanisantes, nous reflétons l'espoir compatissant du Christ et l'amour pour tous. Nous deviendrons les porte-parole de ceux qui ne sont pas entendus, et côtoierons les vulnérables en apportant la rédemption, la restauration, la guérison et la liberté.

6. Nous affirmons que nous sommes appelés à devenir un peuple qui incarne une alternative pleine d'espoir à l'oppression et l'injustice. Nous sommes appelés à refléter le saint Dieu par des vies saintes, en apportant la justice dans nos motifs et pratiques aux personnes, aux circonstances, aux organisations et aux nations. Tandis que l'entreprise rédemptrice de la restauration de toutes choses peut ne pas mettre fin à toutes les souffrances, en tant que corps de Christ, nous sommes contrait d'apporter la sainteté de Dieu comme agent de guérison.

7. Nous affirmons qu'en tant que réseau collaboratif, nous devons réfléchir profondément, travailler de manière holistique et nous engager localement et globalement. Des problèmes complexes animent l'esclavage moderne; par conséquent, plusieurs solutions doivent être déployées.

Ceux-ci procéderont du tissu de notre identité chrétienne et se déverseront naturellement dans ce que nous faisons.

Nous nous engageons donc à:

1. Travailler séparément et ensemble, comme individus et institutions, en harmonie avec notre identité de sainteté wesleyenne à servir avec compassion et à défier prophétiquement les systèmes oppressifs;

2. Soutenir, encourager, ressourcer, planifier et s'engager ensemble dans des actions efficaces, sages et durables;

3. Travailler en tant que collectivité adorant le Christ, imprégnée de la puissance de l'Esprit dans un mouvement d'espoir;

4. Penser profondément, prier avec espérance et agir avec courage.

C'est pour cela que, nous vivons et travaillons jusqu'à ce que le règne de Dieu arrive «sur la terre comme au ciel». (2017)

921. Valeur des enfants et des jeunes. La Bible commande à tout chrétien d'ouvrir la «bouche pour le muet, pour la cause de tous les délaissés». (Proverbes 31.8) Le Shema nous exhorte (Deutéronome 6.4-7; 11.19) à communiquer la grâce de Dieu à nos enfants. Le psaume 78.4 déclare: «Nous dirons à la génération future les louanges de l'Éternel et sa puissance et les prodiges qu'il a opérés.» Jésus confirme cela en Luc 18.16: «Laissez venir à moi les petits enfants et ne les empêchez pas; car le royaume de Dieu est pour ceux qui leur ressemblent.»

En réponse à cette perspective biblique, l'Église du Nazaréen reconnaît que les enfants sont importants pour Dieu et une priorité dans Son royaume. Nous croyons que Dieu nous a donné pour directive de nous occuper de tous les enfants — de les aimer, les élever, les protéger, les soutenir, les guider et de défendre leur cause. C'est le plan de Dieu que nous introduisions les enfants à la vie du salut et la croissance dans la grâce. Le salut, la sainteté et la formation de disciples sont possibles et impératifs dans la vie des enfants. Nous reconnaissons que les enfants ne sont pas des moyens destinés à une fin, mais des participants à part entière du Corps de Christ. Les enfants sont des disciples en formation et non des disciples en attente.

Par conséquent, un ministère holistique et transformateur auprès des enfants et leurs familles sera une priorité dans chaque église locale manifestée en:

- fournissant des ministères efficaces et édifiants à l'enfant tout entier — physiquement, mentalement, émotionnellement, socialement et spirituellement;

- articulant les positions chrétiennes sur les questions actuelles de justice sociale qui impliquent les enfants;

- reliant les enfants au cœur de la mission et du ministère de la communauté de foi;

- faisant de ces enfants des disciples formés à faire d'autres disciples ;
- équipant les parents à prendre soin de l'édification spirituelle de leurs enfants.

Vu que les établissements d'enseignement de l'église (écoles bibliques, universités et séminaires) préparent les étudiants à diriger ; ils jouent un rôle crucial dans la mise en place de la vision et de la mission consistant à communiquer l'importance des enfants. Ils se joignent aux églises locales et aux familles en se chargeant de préparer le clergé et les laïcs à élever la prochaine génération d'enfants et de jeunes dans la connaissance biblique et théologique. Ainsi, cette nouvelle génération pourra affronter autant les défis connus qu'imprévus afin d'évangéliser, de faire des disciples et de transformer sa société.

L'Église du Nazaréen a pour vision une communauté de foi intergénérationnelle où les enfants et les jeunes sont aimés et valorisés. C'est une communauté où ils font l'objet d'un ministère et sont incorporés dans la famille de l'Église par le biais d'une grande variété de moyens et de méthodes. Dans cette famille, ils ont l'opportunité d'avoir un ministère envers les autres, d'une manière conforme à leur âge, leur développement, leurs capacités et leurs dons spirituels. (2009)

922. Guerre et service militaire. L'Église du Nazaréen croit que la condition idéale du monde est celle de la paix et que c'est l'obligation entière de l'Église chrétienne d'utiliser son influence à la poursuite des moyens qui permettront aux nations de la terre de vivre en paix et de consacrer tous ses organismes à la propagation du message de paix. Cependant, nous réalisons que nous vivons dans un monde où les forces et les philosophies maléfiques sont activement en conflit avec ces idéaux chrétiens et qu'il peut se produire des crises internationales qui obligeront une nation à avoir recours à la guerre pour la défense de ses idéaux, de sa liberté et de son existence.

S'étant ainsi consacrée à la cause de la paix, l'Église du Nazaréen reconnaît que la suprême allégeance du chrétien est envers Dieu et, par conséquent, elle n'essaie pas de déterminer la conscience de ses membres à l'égard de leur participation au service militaire en cas de guerre, bien qu'elle croie que le chrétien individuel en tant que citoyen doit servir sa propre nation par tous les moyens qui sont compatibles avec la foi chrétienne et la manière de vivre chrétienne.

Nous reconnaissons aussi comme conséquence de l'enseignement chrétien et du désir chrétien de paix sur la terre, qu'il y a parmi nos membres des individus qui ont des objections de conscience à l'égard de certaines formes de service militaire. Par conséquent, l'Église du Nazaréen réclame pour les objecteurs de conscience existant au sein de son organisation, les mêmes exceptions et considérations concernant le service militaire, qui sont accordées aux membres des organisations religieuses non combattantes reconnues.

L'Église du Nazaréen, par l'intermédiaire de son Secrétaire général, préparera un registre dans lequel ces personnes, qui fournissent la preuve de leur appartenance à l'Église du Nazaréen, pourront noter leurs convictions d'objecteurs de conscience. (2017)

923. La Création. L'Église du Nazaréen croit au récit biblique de la création («Au commencement Dieu créa le ciel et la terre.» Genèse 1: 1). Nous sommes ouverts aux explications scientifiques sur la nature de la création tout en s'opposant à toute interprétation de l'origine de l'univers et de l'humanité qui rejette Dieu en tant que Créateur (Hébreux 11: 3). (1, 5.1, 7) (2017)

924. Soin de la Création. En raison de notre appréciation profonde pour la Création de Dieu, nous croyons que nous devons nous efforcer de manifester les qualités d'intendance qui contribueront à préserver Son œuvre. Reconnaissant que nous sommes invités à jouer un rôle dans la préservation de notre cadre de vie, nous acceptons cette responsabilité individuelle et collective. (2009) (Genèse 2.15, Psaumes 8.4-10; 19.1-4; 148)

925. Évidence du baptême du Saint-Esprit. L'Église du Nazaréen croit que le Saint-Esprit rend témoignage à la nouvelle naissance et à l'œuvre subséquente de la purification du cœur, ou entière sanctification, par la plénitude du Saint-Esprit.

Nous affirmons que l'évidence biblique de l'entière sanctification, ou de la plénitude du Saint-Esprit, est la purification du cœur par la foi, du péché originel, comme cela est affirmé en Actes 15.8-9: «Et Dieu, qui connaît les cœurs, leur a rendu témoignage, en leur donnant le Saint-Esprit comme à nous; et il n'a fait aucune différence entre nous et eux, ayant purifié leurs cœurs par la foi.» Et cette purification est manifestée par le fruit de l'Esprit dans une vie sainte. «Mais le fruit que porte l'Esprit, c'est l'amour, la joie, la paix, la tolérance, la bienveillance, la bonté, la fidélité, la douceur, la maîtrise de soi; il n'y a pas de loi qui soit contraire à cela ! Or, ceux qui sont à Jésus-Christ ont crucifié la chair avec ses passions et ses convoitises» (Galates 5.22-24, Synodale).

Affirmer même qu'une évidence physique spéciale ou présumée, ou une «langue de prière», est l'évidence du baptême de l'Esprit est contraire à la position biblique et historique de l'Église. (2009)

926. Pornographie. La pornographie est un mal qui sape les bases morales de la société. Les supports imprimés et visuels qui dégradent la dignité de l'humanité et qui sont contraires au point de vue biblique sur la sainteté du mariage et la pureté de la sexualité doivent être exécrés.

Nous croyons que nous sommes créés à l'image de Dieu et que la pornographie dégrade, exploite et maltraite les hommes, les femmes et les enfants. L'industrie de la pornographie est motivée par la cupidité ; elle est l'ennemie de la vie familiale ; elle a conduit à des crimes de violence ; elle empoisonne les esprits et souille le corps.

Afin d'honorer Dieu comme le créateur et le rédempteur, nous exhortons nos adhérents à s'opposer activement à la pornographie par tous les moyens légitimes et à faire des efforts positifs en vue d'atteindre pour Christ ceux qui sont impliqués dans ce mal. (2009)

927. La modestie chrétienne. Conscients de la tendance croissante du manque de pudeur dans les lieux publics, nous rappelons à notre peuple le concept chrétien de la pudeur en tant qu'expression de la sainteté et nous encourageons vivement l'exercice de la pudeur chrétienne à tout moment dans les lieux publics. (2017)

928. Bien-être. Les Écritures appellent tous les croyants à l'équilibre, la santé et la plénitude par le pouvoir transformateur du Saint-Esprit. La gloutonnerie est l'action de consommer au détriment du corps, de la communauté et de la vie spirituelle. L'obésité peut apparaître pour des raisons génétiques ou à cause de contraintes culturelles ou de limitations physiques, mais la gloutonnerie, quant à elle, est le reflet d'un mode de vie qui consomme à l'excès ce que Dieu a créé de bon (nourriture, ressources, relations), nuisant autant aux personnes qu'à la communauté. La pratique de l'intendance chrétienne nous appelle à rechercher à maintenir la santé et la bonne forme physique de nos corps en tant que temples du Saint-Esprit et à vivre de manière modérée avec toutes les ressources et relations que Dieu nous donne. (2009)

(Proverbes 23.19-21 ; Matthieu 11.19 ; 23.25 ; 1 Corinthiens 9.27 ; Galates 5.23 ; Philippiens 3.19 ; Tite 1.8 ; 2.12 ; Hébreux 12.16 ; 2 Pierre 1.6.)

929. Toxicomanie. L'Église du Nazaréen continue de s'opposer fortement à la toxicomanie comme un mal social. Nous encourageons les membres de l'église à jouer un rôle actif et hautement visible et à participer à la réhabilitation et à l'éducation concernant la toxicomanie et l'incompatibilité d'un tel usage avec l'expérience chrétienne et une vie sainte. (2013)

930. Désocialisation des boissons alcoolisées. L'Église du Nazaréen appuie publiquement la désocialisation de la consommation des boissons alcoolisées. Nous encourageons les organismes et les organisations civiques, professionnelles, sociales, bénévoles et privées, d'aider à une telle désocialisation, afin de contrecarrer la publicité et la promotion par les médias du caractère acceptable de la «culture de l'alcool» dans la société. (2013)

931. L'usage du tabac et sa publicité. L'Église du Nazaréen encourage fortement ses membres à continuer à prendre position contre l'usage du tabac, tant comme un danger pour la santé que comme un mal social. Notre position historique est basée sur la Parole de Dieu qui nous exhorte à maintenir nos corps comme des temples du Saint-Esprit (1 Corinthiens 3.16-17 ; 6.19-20).

Notre position contre l'usage du tabac sous toutes ses formes est fortement appuyée par l'évidence médicale, documentée par de nombreux organismes sociaux, gouvernementaux et sanitaires autour du monde. Ces organismes ont démontré que le tabac est un danger majeur pour la santé et ont montré de manière concluante que son usage peut produire dans la physiologie corporelle normale des changements à la fois sérieux et permanents.

Nous reconnaissons que nos jeunes sont grandement influencés par les millions de dollars qui sont dépensés pour la publicité du tabac et de l'alcool, cet autre mal qui est comme un frère jumeau. Nous appuyons une prohibition de toute publicité du tabac et de l'alcool dans les revues, les affiches, ainsi qu'à la radio et la télévision et les autres médias. (2013)

932. VIH/SIDA (Virus Immunodéficitaire Humain, Syndrome Immunodéficitaire Acquis). Depuis 1981, notre monde a été confronté par une maladie des plus dévastatrices connue sous le nom de VIH/SIDA. En vue des besoins profonds de ceux qui souffrent du VIH/SIDA, la compassion chrétienne nous motive à nous informer au mieux du VIH/SIDA. Le Christ voudrait nous aider à trouver le moyen par lequel nous pouvons communiquer son amour et sa compassion pour ceux qui en souffrent dans n'importe quel pays du monde. (2013)

933. Utilisation des médias sociaux. Avant tout, le contenu que nous partageons devrait être respectueux. Comme dans toutes les relations interpersonnelles, nous pensons que le contenu de nos médias sociaux doit également refléter les cœurs sanctifiés auxquelles nous aspirons. Les membres du clergé et les laïcs doivent être attentifs à la manière dont leurs activités sur les médias sociaux affectent l'image du Christ et de son église et leur impact sur sa mission au sein de leurs communautés. Nos activités devraient être porteuses de vie encourageantes et devraient chercher à édifier tout le monde. (2017)

(Proverbes 15 : 4, 15 :28, 16 :24; Ecclésiaste 5 : 2-4; Matthieu 15:11; Galates 5 : 13-15; Éphésiens 4 :29; Colossiens 4 :62; 2 Timothée 2 :16; Jacques 3 : 1-13)

INDEX SPÉCIAL DES RÉVISIONS

Les changements autorisés par l'Assemblée générale de 2017 sont indexés ici. Ces changements sont indexés par ordre numérique.

INDEX DE PARAGRAPHES VIDES

36-99, 160-199, 247-299, 308-313, 347-399, 404-499, 541-599,
617-699, 710-799, 800-809, 821-899, 934-999

INDEX

*Les chiffres renvoient aux paragraphes énumérés
dans le* Manuel

TABLE DE MATIÈRES
Les chiffres renvoient aux paragraphes énumérés du
Manuel (sauf indiqués)

www.ingramcontent.com/pod-product-compliance
Lightning Source LLC
LaVergne TN
LVHW091213080426
835509LV00009B/975